新格局

西部大开发25周年回顾

吴振磊 岳利萍 等◎著

教育部人文社会科学重点研究基地——
西北大学中国西部经济发展研究院建设项目
西北大学“双一流”建设项目
永秀智库深入推进西部大开发形成新格局研究著作

科学出版社
北京

内 容 简 介

实施西部大开发战略，是党中央总揽全局，在世纪之交作出的重大战略决策，事关我国改革开放和现代化建设全局，事关中华民族的伟大复兴。本书系统梳理了党领导西部大开发的伟大历程、积累的宝贵经验和启示，是中国特色社会主义政治经济学的理论与实践的创新发展，为欠发达地区和生态脆弱区协调经济发展与生态环境保护提供宝贵的经验证据。

本书适合的读者对象主要为区域经济学、发展经济学、产业经济学等专业研究生、高年级本科生与区域协调发展研究者。

图书在版编目（CIP）数据

新格局 ： 西部大开发 25 周年回顾 / 吴振磊等著. -- 北京 ： 科学出版社，2025. 7. -- ISBN 978-7-03-081845-4

Ⅰ. F127

中国国家版本馆 CIP 数据核字第 202529NQ43 号

责任编辑：陶　璇 / 责任校对：张亚丹

责任印制：张　伟 / 封面设计：有道设计

科学出版社 出版

北京东黄城根北街 16 号

邮政编码：100717

http://www.sciencep.com

北京市金木堂数码科技有限公司印刷

科学出版社发行　各地新华书店经销

*

2025 年 7 月第　一　版　开本：720×1000　1/16

2026 年 1 月第二次印刷　印张：11 1/2

字数：232 000

定价：136.00 元

（如有印装质量问题，我社负责调换）

前　言

2024 年，西部地区总面积占全国约 72%，虽然人口仅占约 27%，但其地区生产总值总量达到了全国的约 21%。这片地域辽阔且资源丰富的地区，在全国的改革、发展与稳定大局中发挥着至关重要的作用。实施西部大开发战略，是党中央总揽全局，在世纪之交作出的重大战略决策，对于推动东西部地区协调发展和最终实现共同富裕，维护民族团结、国家安全和社会稳定，扩展国家发展的战略回旋空间，具有重大而深远的意义，不仅事关我国改革开放和现代化建设全局，更事关中华民族的伟大复兴。

党的十八大以来，习近平总书记先后 30 多次深入西部考察调研，足迹遍布西部 12 个省区市，为新时代西部大开发把脉定向、擘画蓝图。西部大开发走过了战略构想、奠定基础、加速发展、再到形成新格局的演进历程。本书以西部大开发 25 年作为重要时间节点，将西部置于新发展格局下，深入剖析了西部重点区域、基础设施、大保护、特色优势产业、乡村振兴、城乡融合、创新发展、开放发展和公共服务领域的做法和成效。在结构体系上，采用总—分形式，第一章总体回顾西部大开发的历史背景，其他章均对应西部大开发关注的重点领域展开论述，在体现西部大开发理论思想性的同时，更加突出了西部大开发的内容与成效，本书主要包括以下内容。

加快开发步伐：西部大开发历史沿革与时代内涵。西部大开发是党中央自 1999 年开始部署、在党的十八大特别是十九大以来实现深入推进的区域协调发展总体战略。围绕从“实施西部大开发战略”到“新时代推进西部大开发形成新格局”，沿着战略构想、奠定基础、加速发展，再到形成新格局的逻辑梳理了西部大开发的演进历程，并总结了十八大以后习近平总书记关于西部大开发的重要论述。

重点区域：有力有序有效推进。采用西部地级市丰富的统计数据，通过纵向、横向对比，从重点经济区、农产品主产区、重点生态区、资源富集区、沿边地区、特殊困难地区六大区域剖析了西部地区重点区域发展路径，强调依据西部不同地区的发展优势，推进西部重点区域的率先发展，逐步形成以点成线、以线带面的发展格局。对西部重点区域有力、有序、有效的建设，证明国家推进西部大开发战略的正确性，也为西部地区国民经济发展开拓了更为广阔的发展空间。

基础设施：跨越山海展新图。西部大开发战略实施以来，西部地区牢牢把握交通的基础先导作用，坚持“交通先行”，强化基础设施规划建设。围绕重大工程建设、综合运输网络、交通运输均等化，通过西部地区基础设施和交通运输数据，辅以案例分析，总结、展示西部地区基础设施措施及成效。在重大工程建设方面，川藏铁路及配套公路工程、G4216宜宾新市至攀枝花段（沿江高速）新建工程、西部陆海新通道（平陆）运河建设工程、北部湾港等港口提升工程有序推进。在交通运输网络方面，西部陆海新通道初步形成东中西三条主通道布局，铁路、公路、水运、民航等交通基础设施网络规模不断提升，成渝地区双城经济圈综合交通枢纽初具优势，成都天府机场等客货运枢纽相继建成。在交通运输均等化方面，农村交通基础设施网络不断完善，城乡交通一体化水平显著提升，交通运输推进乡村振兴、推动区域协调发展、实施区域重大战略的服务保障能力不断增强。

大保护：绘就美丽新画卷。从重点生态工程、重点区域综合治理、绿色发展三个方面对西部地区生态环境大保护展开论述。首先，围绕西部地区的森林、草原、湿地等生态系统，采用经典案例，对西部地区生态工程和生态补偿机制的做法和成效进行梳理和分析。其次，围绕西北草原荒漠化防治区、黄土高原水土保持区、青藏高原江河水源涵养区、西南石漠化防治区、重要森林生态功能区，分析西部地区重点区域环境综合治理的措施与成效。最后，从农业、工业和创新三个方面，总结了西部地区绿色发展的措施及成效。

特色优势产业：形塑发展新优势。从现代化产业体系、能源供需结构、新质生产力三个方面探究了西部地区如何发展特色优势产业。首先，按照“开发—深　化—提升—支撑—融合”的逻辑，对西部大开发以来，西部地区现代化产业体系建设的措施进行总结，并展示了现代化产业体系的成效。其次，通过西部地区能源项目研究发现西北地区能源资源开发利用重点逐渐发生转移，开采绿色化、产业高端化、能源结构低碳化成为新趋势。最后，西部地区生产力发展水平与东中部地区相比，依然存在着较大差距，必须加快培育和形成新质生产力，开辟区域高质量发展的新途径，从而加快推进西部地区中国式现代化进程。

乡村振兴：平畴沃野换新颜。围绕农业建设、农村社会治理、共同富裕，对西部地区乡村振兴展开丰富讨论。其中，在产业兴旺方面，通过对比西部地区一、二、三产业增加值数据发现，第三产业增加值超过第二产业，第三产业成为促进西部地区经济发展最为重要的产业，产业结构不断优化。在生态宜居方面，指出青藏铁路等一批重大基础设施项目相继建成，实施退耕还林、退牧还草、天然林保护、三北防护林、石漠化综合治理等重点生态工程，生态环境明显改善；在乡风文明方面，重视村民道德建设，充分发掘和保护古村落、古民居和民俗文化等历史文化遗迹遗存，美化村庄人居环境。在治理有效方面，全面落实五级书记抓乡村治理，有效激活农村基层治理活力，加强引导培育规范，开启乡村善治之路。在生活富裕方面，研究发现西部地区各省份居民人均可支配收入不断提高，各省份居民收入相对差距有缩小趋势，城乡差距逐渐缩小，有效引入和对接各类市场主体参与西部乡村建设，促进村集体经济组织与国有企业、工商资本、新型农业经营主体等各类经济组织交叉融合，构筑共同富裕的基本单元。

城乡融合：构筑互动新格局。从新关系、城乡空间布局优化和新机制三个方面，对西部地区城乡互促发展展开了丰富的讨论。首先，人、钱、地等城乡要素平等交换和双向流动更加充分。教育、医疗、文化等资源稳步向农村倾斜，城乡公共资源均衡配置得到明显促进。其次，新型城镇化步伐加快，城乡空间布局得到持续优化，城市对乡村的辐射带动能力不断增强。最后，“三变六联”新机制的探索与实践成果突出，显著促进了农村一、二、三产业的融合和农业现代化，拓宽了农民增收渠道。

动力变革：打造西部发展新引擎。围绕打造特色创新高地、推动东西部创新合作和深化科技体制改革，描绘西部地区在创新发展方面的重要成就。首先，以打造创新型省份为主线，积极培育国内及区域性的科技创新领军地，激发西部地区创新活力；其次，通过构建多层次科技合作平台，深化东西部创新合作，聚焦并释放西部地区创新活力；最后，以深化科技体制改革增强创新动力。通过全面提升区域科技创新能力，西部地区已形成“中心带动、多点支撑、开放合作、协同创新”的区域创新格局，为推动西部大开发战略提供了强有力的支撑。

大开放：迈向制度型开放新阶段。聚焦有效市场与高水平对外开放，剖析在深化要素市场化改革、优化良好营商环境、打造内陆开放型经济等方面取得的实质性进步。首先，在要素市场化改革方面，西部地区的土地、资本、劳动力、技术等要素配置效率不断提高，要素市场发育程度指数从1999年的1.76上升到2022年的10.65，与全国其他地区差距逐年缩小。其次，在营商环境方面，西部地区积极发挥有为政府的关键作用，各类市场主体公平参与市场竞争的保障措施逐步完善落实。最后，在打造开放型内陆经济方面，西部各省份一方面不断加大内陆与沿海地区的合作，建设内陆自由贸易试验区，充分利用西部后发优势，积极承接产业转移，重点承接产业链关键环节，培育形成优势产业集群。另一方面，主动融入国家重大发展战略，对接“一带一路”建设，搭建对外开放平台。

人民为中心：共筑幸福新家园。围绕人民获得感、幸福感和安全感，分析西部大开发以来社会公共服务体系建设的现状及成就。首先，西部大开发基本公共服务发展进程历经了以“筑基架梁”为特征的体系建立阶段，以“包容普惠”为特征的均等化阶段、以“系统谋划”为特征的系统化阶段和以“提质增效”为特征的体系完善阶段，基本形成政府保障基本、社会多元参与、资源合理配置、全民共建共享的公共服务体系。其次，从提升人民教育质量、健全社会保障制度、加强医疗保障体系建设、强化公共文化体育服务、推动公共服务均等化等多方面综合施策，公共服务供给水平全面提升。最后，满足群众多样化的民生需求、纳入有效衔接的生活服务、保障重点人群民生兜底、持续推动人力资本水平提升，推动基本公共服务从注重效率向注重质量转变，基本民生底线不断兜牢兜实。

本书由西北大学经济管理学院完成，永秀智库协助完成。具体分工如下：第一章：吴振磊、程旭翀；第二章：刘军胜、郑佳楠；第三章：岳利萍、皮建欣；第四章：李楠、陈佩桢；第五章：张雪妹；第六章：张旺；第七章：王泽润、罗小丹；第八章：薛飞、贾仕钰；第九章：武宵旭、王卓君；第十章：卢昱嘉。

目　　录

第一章　加快开发步伐：西部大开发历史沿革与时代内涵

西部大开发是党中央自 1999 年开始部署、在党的十八大特别是十九大以来实现深入推进的区域协调发展总体战略，事关中国式现代化建设全局。从“实施西部大开发战略”到“新时代推进西部大开发形成新格局”，西部大开发走过了战略构想、奠定基础、加速发展，再到形成新格局的演进历程。在习近平的亲自谋划、亲自部署、亲自推动下，西部大开发不断攻坚克难，书写出中国式现代化的西部篇章。

第一节　西部大开发的战略意义

一、国际视野：发展西部地区是增强综合国力的必然要求

当前世界正处于百年未有之大变局，世界经济发展陷入瓶颈，逆全球化趋势扩张，中国发展面临的外部环境日益复杂。同时，美西方国家不断采取各种手段限制中国发展，中国被迫卷入与西方国家激烈竞争的“修昔底德陷阱”之中。在此外部背景下，中国增强自身综合国力的需求日益迫切，以自身发展应对外部挑战的必然要求日益清晰。从内部看，西部地区以全国约 72%的国土容纳约 27%的人口，地广人稀，具有独特的资源优势。从外部看，西部地区与中国周边 13 个国家接壤，边境线长达 1.8 万多千米，约占全国陆地边境线的 91%，在中国的对外开放和“一带一路”倡议中占有核心地位。发挥西部地区的资源优势和地缘优势，推进西部大开发，对于中国综合国力的增强和对外交流与合作具有不可替代的重要作用。

二、国内关怀：发展西部地区是推进中国式现代化的重要抓手

区域协调发展是中国式现代化的重要支撑。改革开放以来，中国的区域经济发展在地区禀赋和国家战略的作用下形成东西部发展的差距。党的二十大报告指出：“中国式现代化是人口规模巨大的现代化，是全体人民共同富裕的现代化。”[①]

① 《习近平：高举中国特色社会主义伟大旗帜 为全面建设社会主义现代化国家而团结奋斗——在中国共产党第二十次全国代表大会上的报告》，https://www.gov.cn/xinwen/2022-10/25/content_5721685.htm。

改善广大西部地区群众相对落后的发展现状，推动西部地区发展，是在第二个百年奋斗目标新征程上推进中国式现代化的重要抓手。针对区域发展不平衡的现状，党的十九大报告指出，应该实施区域协调发展战略[①]。党的二十大报告再次提出，要“深入实施区域协调发展战略”“构建优势互补、高质量发展的区域经济布局和国土空间体系”[②]。在区域协调发展战略下推动西部发展、以西部发展缩小东西部差距，不仅是中国特色社会主义追求共同富裕的价值追求，也是在新发展格局下扩大内需、推动中国经济实现高质量发展的重要手段。

第二节　西部大开发的历史沿革

打开中国版图，西部地区涵盖内蒙古、广西、重庆、四川、贵州、云南、西藏、陕西、甘肃、青海、宁夏、新疆等12个省区市，拥有全国约72%的国土面积、约27%的人口。辽阔的西部大地，曾是中华文明的重要发祥地，也扩展了国家发展的战略回旋空间。但因种种原因，西部与东部地区的发展差距一度拉大，一条“胡焕庸线”揭示了区域发展的不平衡。世纪之交，党中央作出实施西部大开发战略的重大决策（图1-1）。一场被称为人类历史上“规模最大、难度最大”的战略大开发，在占据中国版图约三分之二的西部大地拉开帷幕。

一、战略构想（1949～1999年）

新中国成立以后尤其是20世纪60年代后，由于中国当时周边紧张的国际局势，在毛泽东同志“备战、备荒、为人民”（侯鲁梁，1993）的指导思想下，党中央开始在西部地区推行三线建设。以建设战略大后方为目标，党中央在1964年至1980年间共投资2000多亿元、动员上千万人，在西部地区进行了大规模的国防、工业、交通、科研和基础设施建设，为西部地区发展构造了基本框架。

改革开放以后，邓小平同志提出了“两个大局”[③]的战略构想，强调推动沿海地区率先发展起来，并带动内地更好地发展。西部地区按照“两个大局”的战略构想，为东部地区发展提供了有力支持。1995年，江泽民同志在党的十四届五中全会上发表的《正确处理社会主义现代化建设中的若干重大关系》讲话中提出，中央政府“要更加重视支持中西部地区经济的发展”，部署“中央财政转移支付、优先安排资源开发和基础设施建设项目、鼓励到中西部地区投资、理顺资源性产

① 《习近平：决胜全面建成小康社会 夺取新时代中国特色社会主义伟大胜利——在中国共产党第十九次全国代表大会上的报告》，https://www.gov.cn/zhuanti/2017-10/27/content_5234876.htm。

② 《习近平：高举中国特色社会主义伟大旗帜 为全面建设社会主义现代化国家而团结奋斗——在中国共产党第二十次全国代表大会上的报告》，https://www.gov.cn/xinwen/2022-10/25/content_5721685.htm。

③ 《全面建成小康社会大事记》，https://www.gov.cn/xinwen/2021-07/27/content_5627807.htm。

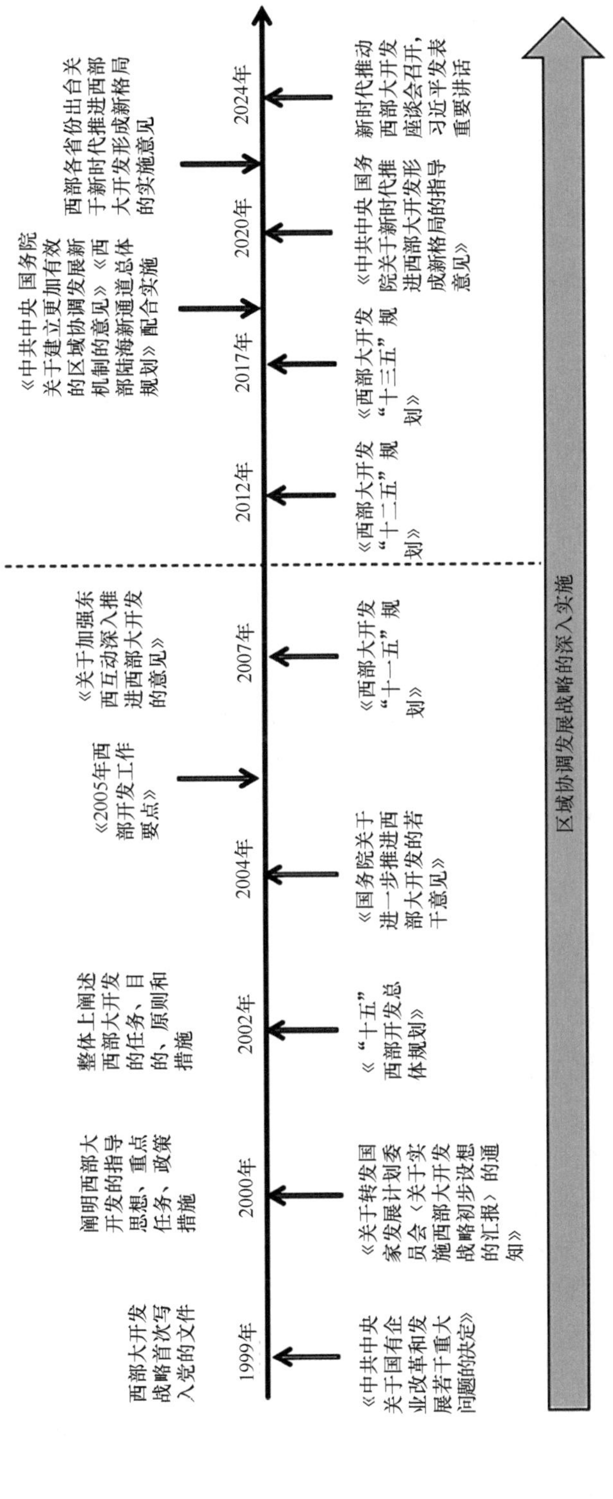

图 1-1　西部大开发推进政策时间路线图

品价格体系”等措施①。1999年6月，以江泽民同志为核心的第三代中央领导集体按照邓小平同志提出的“两个大局”的战略构想，认为我国已具备加快西部地区发展的条件，实施西部大开发战略的时机已经成熟，江泽民同志在同年9月的讲话中正式提出“实施西部大开发战略”②，党的十五届四中全会审议并通过了《中共中央关于国有企业改革和发展若干重大问题的决定》，首次将西部大开发战略写入党的文件，西部大开发的战略构想在中央层面初步形成。

二、奠定基础（2000～2011年）

进入21世纪以来，中国的改革开放进一步深化。一方面，2001年加入世界贸易组织标志中国的对外开放进入新阶段；另一方面，党的十六届三中全会首次提出要实施区域协调发展战略，并首先部署“积极推进西部大开发”的战略任务③。在此背景下，党中央对“西部如何开发”作出系列部署，西部地区的开发水平在这一时期获得实质性提升。

2000年1月发布的《关于转发国家发展计划委员会〈关于实施西部大开发战略初步设想的汇报〉的通知》阐明了西部大开发的指导思想、重点任务、政策措施，提出要加快西部地区改革和扩大对内对外开放步伐，并提出到21世纪中叶建成新西部的目标，正式拉开了西部大开发的序幕。随后，《“十五”西部开发总体规划》（2002年）、《国务院关于进一步推进西部大开发的若干意见》（2004年）、《2005年西部开发工作要点》（2005年）、《关于加强东西互动深入推进西部大开发的意见》（2007年）、《西部大开发“十一五”规划》（2007年）等一批文件相继获得印发和批复，从总体到局部，阐述了西部大开发的任务、目的、原则和措施。

在实践上，生态环境保护、基础设施建设、产业结构优化、重点区域规划、科教文卫发展等内容成为这一阶段的靶点，各类举措均以改善西部地区的发展条件为内容。基于此，党和国家在西部地区建设了大批基础性工程项目，如天然林资源保护工程（2000年）、都江堰紫坪铺水利枢纽工程和青藏铁路（2001年）、西气东输工程（2002年）、实施《退耕还林条例》（2003年）、溪洛渡电站（2005年）、成都至都江堰铁路（2008年）等等。2008年以后，西部大开发逐渐从宏观战略规划向具体的区域性规划转变，如2009年国务院正式批准《关中—天水经济区发展规划》、2010年国务院批复我国内陆第一个国家级开发开放新区——重庆两江新区等规划便反映了这种变化。总体而言，这一时期西部大开发的战略重点聚焦于经济增长、交通基础设施建设、生态环境建设、重点区域与产业发展以及新农村

① 《正确处理社会主义现代化建设中的若干重大关系》，https://www.gov.cn/test/2008-07/10/content_1041256.htm。
② 《共和国的足迹——1999年：西部大开发》，https://www.gov.cn/test/2009-10/10/content_1435029.htm。
③ 《中国共产党十六届三中全会公报》，https://news.sina.com.cn/c/2003-10-14/21231921305.shtml。

建设等领域。西部大开发的前十年成果为后续工作的推进奠定了基础。

三、加速发展（2012～2019年）

党的十八大以来，西部地区发展问题在中央层面获得进一步重视，新一轮西部大开发进入了承前启后、深入推进的关键时期。2012年，国家发展和改革委员会（简称国家发展改革委）再次召开西部大开发工作会议，全面总结了西部大开发战略实施以来的成就与问题，深入分析了西部大开发面临的新形势。同年2月，《西部大开发“十二五”规划》正式出台，主要围绕重点区域、基础设施、生态环境、特色优势产业、城镇化与城乡统筹、科教和人才以及民生事业等多个方面对新一轮西部大开发作出了规划部署。自2013年起，国家发展改革委连续多年发布西部大开发新开工的重点工程，并对上一年的工程进展进行公布。2017年，国家发展改革委发布了《西部大开发“十三五”规划》，围绕多个重点方面对深入推进西部大开发作出了新指示，主要包括构建区域发展新格局、坚持开放引领发展、筑牢国家生态安全屏障、培育现代产业体系、完善基础设施网络、增加公共服务供给以及推进新型城镇化等多个方面的规划措施。

同时，西部地区还通过“一带一路”进一步加强与世界各国的互动。2013年以来，“一带一路”的提出进一步提升了西部地区在空间、产业、资源等方面的价值，西部地区逐渐成为世界经济发展的新兴增长极。在此背景下，国家相继出台各类规划支持西部各地融入“一带一路”经济圈，如《西部大开发“十三五”规划》（2017年）提出促进西部大开发与“一带一路”建设、长江经济带发展紧密衔接、相互支撑，打造陆海内外联动、东西双向开放的全面开放新格局。2018年，《中共中央 国务院关于建立更加有效的区域协调发展新机制的意见》提出以西部、东北、中部、东部四大板块为基础，促进区域间相互融通补充的战略设计。2019年，《西部陆海新通道总体规划》提出“加快西部陆海新通道建设，对于充分发挥西部地区连接‘一带’和‘一路’的纽带作用，深化陆海双向开放”。

党的十八大以来的西部大开发战略实施获得丰富成效，在关注经济建设、基础设施、公共服务、生态环境、重点地区培养的基础上更加着力于民生问题、创新能力与产业转型的解决。西部地区经济水平不断提高、社会民生持续改善、基础设施日益完善、生态保护成效显著，地区经济社会发展取得历史性成就，对全国发展起到重要的支撑作用。

四、形成新格局（2020年至今）

2020年我国全面建成小康社会、实现第一个百年奋斗目标，乘势而上开启全面建设社会主义现代化国家新征程、向第二个百年奋斗目标进军的新阶段，这将西部大开发的战略安排推向了新高度。同时，“一带一路”与“西部陆海新通道”的建设，对西部地区提升在国际贸易体系中的生态位、开展国际产能合作、拓展外向型经济发展新空间提出了新要求。基于此，党的十九大以来，习近平高度重视西部地区经济社会持续健康发展，多次赴西部省份考察，发表了一系列重要讲话，作出一系列重要指示批示，为新时期深入推进西部大开发指明了方向、提供了根本遵循，由此，西部大开发战略进入形成新格局阶段。

2020年《中共中央 国务院关于新时代推进西部大开发形成新格局的指导意见》的出台，是党中央在新时代背景下对西部发展作出新部署、提出新要求、指明新方向的纲领性文件，对新时代推动西部大开发具有战略性意义。该意见要求积极参与和融入“一带一路”建设、强化开放大通道建设、构建内陆多层次开放平台、加快沿边地区开放发展、发展高水平开放型经济、拓展区际互动合作。之后，各省区也相继出台了各自的实施办法，如内蒙古出台《内蒙古自治区党委 自治区人民政府关于新时代推进西部大开发形成新格局的实施意见》；甘肃出台《中共甘肃省委 甘肃省人民政府贯彻落实中央关于新时代推进西部大开发形成新格局决策部署的实施意见》；云南出台《中共云南省委 云南省人民政府关于新时代推进西部大开发形成新格局的实施意见》；广西、青海、新疆等省区也分别制定了相应的方案和措施。在2022年，国务院再次针对贵州出台《国务院关于支持贵州在新时代西部大开发上闯新路的意见》。党的十八大以来的西部大开发更加强调各省份的产业结构优化和区域的对外开放，通过加强区域互通合作，切实解决区域内部发展的不平衡、不协调、不可持续问题。

关于这一时期西部大开发工作的成效，习近平在新时代推动西部大开发座谈会上指出：“党中央对新时代推进西部大开发形成新格局作出部署5年来，西部地区生态环境保护修复取得重大成效，高质量发展能力明显提升，开放型经济格局加快构建，基础设施条件大为改观，人民生活水平稳步提高，如期打赢脱贫攻坚战，同全国一道全面建成小康社会，踏上了全面建设社会主义现代化国家新征程。”①

第三节 习近平关于西部大开发的重要论述

习近平关于西部大开发的论述，以推进西部大开发形成新格局部署为分界点，形成了在两个阶段具有递进关系的论述体系。党的十八大以来，习近平高度重视西部地区的经济社会发展问题，赴西部省份考察30余次，深入基层边疆一线，发

① 《习近平主持召开新时代推动西部大开发座谈会强调：进一步形成大保护大开放高质量发展新格局 奋力谱写西部大开发新篇章》，https://www.gov.cn/yaowen/liebiao/202404/content_6947130.htm。

表系列重要讲话，为新时代西部大开发的推进指明了方向。2019 年，习近平提出了“推进西部大开发形成新格局”①的重要指示，而后《中共中央 国务院关于新时代推进西部大开发形成新格局的指导意见》（以下简称《意见》），在西部大开发提出 20 周年之际为西部大开发的推进打开了新局面。2024 年 4 月 23 日，习近平在重庆主持召开新时代推动西部大开发座谈会并发表重要讲话，总结了党中央对新时代推进西部大开发形成新格局作出部署 5 年来西部地区发展的成效与不足，提出了进一步形成西部大开发新格局的要点，丰富了习近平关于西部大开发的论述体系。

一、进入新阶段：新常态下西部大开发战略的推进

2014 年，我国经济进入新常态，国家发展面临的内外部条件开始改变。西部大开发战略地区发展虽然在 1999 年提出以来的 12 年间已经取得了较好成绩，但仍面临着与发达地区差距扩大等诸多挑战，地区发展中的不平衡、不协调、不可持续、产业创新能力不足、农业基础薄弱、城乡差距较大等问题依然存在。2017 年，国家发展改革委发布了《西部大开发“十三五”规划》，围绕多个重点方面对深入推进西部大开发作出了新指示。党的十八大以来，习近平关于西部大开发战略推进的论述主要集中于区域协调发展和推动全面开放两条主线，习近平关于西部大开发的思想体系的基底在这一时期开始初步建立。

（一）以西部发展推动区域协调发展

区域协调发展战略在党的十八大以来得到更高程度的重视，西部大开发正是在全国范围实施区域协调发展战略的重要一环。2013 年以来，在中央经济工作会议和党的十九大等历次党和国家重要会议上，习近平在论及区域协调发展战略时总是对西部大开发和东北振兴、中部崛起等战略作出重点强调。

在西部省份考察工作时，习近平则将通过西部大开发实现区域协调发展的任务具体地向各省份各地区作出要求。2013 年 3 月，习近平在参加十二届全国人大一次会议西藏代表团审议时提出要“坚定不移走有中国特色、西藏特点的发展路子，坚持不懈保障和改善民生”“加快推进西藏跨越式发展和长治久安”②。2014 年 4 月，习近平总书记在新疆考察工作时指出，“要坚定不移实现新疆跨越式发展，同时必须紧紧围绕改善民生、争取人心来推动经济发展。发展要落实到改善

① 《习近平主持召开新时代推动西部大开发座谈会强调：进一步形成大保护大开放高质量发展新格局 奋力谱写西部大开发新篇章》，https://www.gov.cn/yaowen/liebiao/202404/content_6947130.htm。

② 《习近平李克强张德江俞正声王岐山 分别参加全国人大会议一些代表团审议》，http://jhsjk.people.cn/article/20736573。

民生上，落实到惠及当地上，落实到增进团结上。特别是要全面深化改革”，并进一步指出要“发展二、三产业，开发项目、建设重点工程，无论谁投资，都要注重增加当地群众就业，促进当地群众增收”“要通过抓发展、惠民生，让群众有事干、有钱挣、有盼头，日子越过越好”①。2015年在云南考察时，习近平也指出：“希望云南用全面建成小康社会、全面深化改革、全面依法治国、全面从严治党引领各项工作，主动服务和融入国家发展战略，闯出一条跨越式发展的路子来。”②

在西藏、新疆和云南等西部省区市，习近平都使用了“跨越式发展”的表述③。跨越式发展要求西部各地要以经济的快速成长赶上和超越以东部省份为参照物的发展水平，通过用好自身优势，以质量变革、效率变革、动力变革相统一的更高速发展方式，赶上更为发达的地区，从而实现区域间发展差距的缩小。

（二）以西部开放推动全面开放

2013年以来，“一带一路”的提出提升了西部地区在空间、产业、资源等方面的价值，西部地区逐渐成为中国对外开放的新窗口和增长极。在此背景下，国家相继出台各类规划支持西部各地融入“一带一路”经济圈。在同外国领导人会谈和在西部省份考察的讲话中，习近平也对通过西部开放推动中国全面开放表示重点关注。

在同外国领导人会见时，习近平力邀“一带一路”共建国家与西部地区开展经贸合作。2013年9月18日，习近平同约旦国王阿卜杜拉二世举行会谈时指出“结合中方西部大开发战略和约方‘向东看’战略，扩大双边经贸、投资合作规模，并提升中国同中东地区国家合作水平”④。2015年在同新加坡总统陈庆炎举行会谈时，他表示中方同样关心和支持两国在中国西部地区新的政府间项目，希望其成为“一带一路”、中国西部大开发和“长江经济带”建设示范性重点项目⑤。

在西部省份的考察中，习近平同样对西部省份参与“一带一路”表示了殷殷期盼。2014年4月在新疆考察工作时，他指出“新疆在建设丝绸之路经济带中具有不可替代的地位和作用，要抓住这个历史机遇，把自身的区域性对外开放战略融入国家丝绸之路经济带建设、向西开放的总体布局中去”⑥。2015年在云南考

---

① 《习近平：紧紧依靠各族干部群众共同团结奋斗 建设团结和谐繁荣富裕文明进步安居乐业的社会主义新疆》，人民日报，2014-05-01（1）。

② 《总书记的云南情》，云南日报，2016-01-20（1）。

③ 《走稳走实高质量跨越式发展之路（推动高质量发展·权威发布）》，http://yn.people.com.cn/n2/2024/0601/c378439-40864936.html。

④ 《习近平同约旦国王阿卜杜拉二世会谈》，http://jhsjk.people.cn/article/22967027。

⑤《习近平同新加坡总统陈庆炎举行会谈 双方同意共同推动中新关系上升到新高度》，https://www.gov.cn/xinwen/2015-07/03/content_2890010.htm。

⑥ 《把祖国的新疆建设得越来越美好——习近平总书记新疆考察纪实》，人民日报，2014-05-04（1）。

察时，他要求要把云南建设成为“面向南亚东南亚辐射中心”①。2015年3月在参加十二届全国人大三次会议广西代表团审议时，他讲道：“随着国家推进‘一带一路’建设，广西在国家对外开放大格局中的地位更加凸显，迎来了历史性的发展机遇。”②

在习近平关于西部开放论述的指导下，推进西部各地的开放进程成为这一时期西部大开发的突破点。例如，国务院对贵州提出按照“黔中带动、黔北提升、两翼跨越、协调推进”的原则，构建区域协调发展新格局；2012年9月，宁夏设立内陆开放型经济实验区，这是内陆地区第一个对外开放试验区，也是全国首个以省域为单位的内陆试验区；2014年，国务院批复陕西设立西咸新区、批复贵州成立贵安新区；2016年8月，国务院发布同意设立贵州内陆开放型经济试验区的批复。这些政策的确立都成为西部开放的重要事件。

二、迈上新台阶：构建大保护、大开放、高质量发展的西部大开发新格局

2019年3月，习近平在中央全面深化改革委员会第七次会议时提出更加注重抓好大保护、更加注重抓好大开放、更加注重推动高质量发展，推进西部大开发形成新格局。同年5月《意见》的出台标志着习近平关于西部大开发思想体系的进一步发展及其在中央政策层面的落实，也标志着西部大开发的历史新阶段。在这一时期，多项中央文件也对西部大开发工作在新的时期提出新要求。2021年3月《中华人民共和国国民经济和社会发展第十四个五年规划和二〇三五年远景目标纲要》在“深入实施区域协调发展战略”部分将“推进西部大开发形成新格局”放在第一位。主要内容包括深入实施一批重大生态工程、积极融入“一带一路”建设、构建内陆多层次开放平台、加大西部地区基础设施投入，支持发展特色优势产业、推进成渝地区双城经济圈建设、提升关中平原城市群建设水平等数十项任务。《“十四五”推进西部陆海新通道高质量建设实施方案》和《西部大开发“十四五”实施方案》也在该年相继出台。2024年习近平在重庆召开的新时代推动西部大开发座谈会上总结了新格局五年以来的成效，并从高水平保护、坚持大开放、统筹发展和安全、推进新型城镇化和乡村全面振兴有机结合，以及铸牢中华民族共同体意识五个方面深化了论述体系。在此阶段，随着“一带一路”倡议深入实施，西部地区把握新机遇积极参与、深度融入，正在从开放的“末梢”走向“前沿”。

---

① 《瞭望·治国理政纪事丨加快建设我国面向南亚东南亚辐射中心》，https://www.xinhuanet.com/politics/leaders/20250118/a3d1273483b34455b0086541407ba254/c.html。

② 《习近平参加全国人大会议广西代表团审议，肯定广西一年来工作并指出广西在对外开放大格局中地位更加凸显 迎来历史性发展机遇》，Https:www.gxrd.gov.cn/html/art147488.html。

（一）推动“大开放”

西部地区是中国进一步推进对外开放的重要窗口。《意见》指出，要“以共建‘一带一路’为引领，加大西部开放力度”，具体来说，要积极参与和融入“一带一路”建设，强化开放大通道建设，构建内陆多层次开放平台，加快沿边地区开放发展，发展高水平开放型经济，拓展区际互动合作。《“十四五”推进西部陆海新通道高质量建设实施方案》和《西部大开发“十四五”实施方案》则进一步细化了《意见》的要求。

在这一时期对西部省份的考察中，习近平对不同地区的对外开放工作作出更为细致的部署。2019年4月，习近平在重庆考察时强调，要“加大创新支持力度，坚定不移推进改革开放，努力在西部地区带头开放、带动开放”[①]。2020年4月，习近平在陕西考察时指出：“新时代陕西要有勇立潮头、争当时代弄潮儿的志向和气魄，既要抓住西部大开发、共建‘一带一路’等重大机遇，又要善于从眼前的危机和挑战中抢抓和创造机遇，不断发展新模式、新业态、新技术、新产品，创造新的更大业绩，迈上新的台阶。”[②]2021年2月，习近平在贵州慰问群众时强调，要积极参与西部陆海新通道建设，主动融入粤港澳大湾区发展，加快沿着“一带一路”走出去，以开放促改革、促发展[③]。2021年6月，习近平在青海考察时强调，要贯彻落实党中央关于新时代推进西部大开发形成新格局、推动共建“一带一路”高质量发展的战略部署，主动对接长江经济带发展、黄河流域生态保护和高质量发展等区域重大战略，增强经济发展内生动力[④]。2022年7月，习近平在新疆考察时强调，随着我国扩大对外开放、西部大开发、共建“一带一路”等深入推进，新疆从相对封闭的内陆变成对外开放的前沿，要推进丝绸之路经济带核心区建设，把新疆的区域性开放战略纳入国家向西开放的总体布局中，创新开放型经济体制，加快建设对外开放大通道，更好利用国际国内两个市场、两种资源，积极服务和融入新发展格局[⑤]。

在2024年4月由习近平主持召开新时代推动西部大开发座谈会，会上习近平总结，党中央对新时代推进西部大开发形成新格局作出部署5年来，西部地区的

---

① 《习近平：统一思想一鼓作气顽强作战越战越勇 着力解决“两不愁三保障”突出问题》，人民日报，2019-04-18（1）。

② 《习近平：扎实做好“六稳”工作落实“六保”任务 奋力谱写陕西新时代追赶超越新篇章》，人民日报，2020-04-24（1）。

③ 《习近平春节前夕赴贵州看望慰问各族干部群众》，http://jhsjk.people.cn/article/ 32024158。

④《习近平在青海考察时强调 坚持以人民为中心深化改革开放 深入推进青藏高原生态保护和高质量发展》，人民日报，2021-06-10（1）。

⑤《习近平在新疆考察时强调 完整准确贯彻新时代党的治疆方略 建设团结和谐繁荣富裕文明进步安居乐业生态良好的美好新疆》，人民日报，2022-07-16（1）。

开放型经济格局加快构建[①]。面向未来，要坚持以大开放促进大开发，提高西部地区对内对外开放水平。大力推进西部陆海新通道建设，推动沿线地区开发开放，深度融入共建“一带一路”。完善沿边地区各类产业园区、边境经济合作区、跨境经济合作区布局，推动自由贸易试验区高质量发展。稳步扩大制度型开放，打造市场化、法治化、国际化营商环境。更加主动服务对接区域重大战略，积极融入全国统一大市场建设，创新东中西部开放平台对接机制，深化与东中部、东北地区务实合作。

（二）坚持“大保护”

党的十八大以来，以习近平同志为核心的党中央将生态文明建设放到治国理政的重要位置，以“绿水青山就是金山银山”理念作为环境治理与保护工作的指导方针。西部地区是我国大江大河的主要发祥地，是森林、草原、湿地和湖泊等集中分布区，这里既是我国重要的生态安全屏障，也是珍贵的生态资源宝库。但是，西部地区又是中国自然生态的脆弱区，人地关系矛盾、生态破坏和退化问题突出，《意见》也指出，要“加大美丽西部建设力度，筑牢国家生态安全屏障”，一是要深入实施重点生态工程，二是要稳步开展重点区域综合治理，三是要加快推进西部地区绿色发展。

面对西部地区几个自然环境最为脆弱、“大保护”任务最为艰巨的地区，习近平作出了更为具体的安排。2019 年 8 月，习近平在甘肃考察时强调，要加强生态环境保护，正确处理开发和保护的关系，加快发展生态产业，构筑国家西部生态安全屏障。治理黄河，重在保护，要在治理。要坚持山水林田湖草综合治理、系统治理、源头治理，统筹推进各项工作，加强协同配合，共同抓好大保护，协同推进大治理，推动黄河流域高质量发展，让黄河成为造福人民的幸福河[②]。2021 年西藏之行，习近平在雅尼湿地考察时强调了“要坚持保护优先，坚持山水林田湖草沙一体化保护和系统治理，加强重要江河流域生态环境保护和修复，统筹水资源合理开发利用和保护，守护好这里的生灵草木、万水千山”[③]。2021 年习近平在青海考察时强调：“保护好青海生态环境，是‘国之大者’。要牢固树立绿水青山就是金山银山理念，切实保护好地球第三极生态。”[④]

在 2024 年 4 月由习近平主持召开新时代推动西部大开发座谈会上，习近平首

---

① 《习近平主持召开新时代推动西部大开发座谈会强调：进一步形成大保护大开放高质量发展新格局 奋力谱写西部大开发新篇章》，https://www.gov.cn/yaowen/liebiao/202404/content_6947130.htm。

② 《习近平：坚定信心开拓创新真抓实干 团结一心开创富民兴陇新局面》，人民日报，2019-08-23（1）。

③《习近平在西藏考察时强调 全面贯彻新时代党的治藏方略 谱写雪域高原长治久安和高质量发展新篇章》，http://www.qstheory.cn/yaowen/2021-07/23/c_1127687465.htm。

④《习近平在青海考察时强调 坚持以人民为中心深化改革开放 深入推进青藏高原生态保护和高质量发展》，人民日报，2021-06-10（1）。

先充分肯定了五年以来西部地区生态环境保护修复取得了重大成效，但同时也要求，要坚持以高水平保护支撑高质量发展，筑牢国家生态安全屏障。优化国土空间开发保护格局，加强生态环境分区管控，加快推进重要生态系统保护和修复重大工程，打好“三北”工程三大标志性战役。强化生态资源保护，加强森林草原防灭火能力建设，深化重点区域、重点领域污染防治。大力推动传统产业节能降碳改造，有序推进煤炭清洁高效利用。完善生态产品价值实现机制和横向生态保护补偿机制[①]。

（三）聚焦西部高质量发展

在中央全面深化改革委员会第七次会议上，习近平提出西部地区“要更加注重推动高质量发展，贯彻落实新发展理念，深化供给侧结构性改革，促进西部地区经济社会发展与人口、资源、环境相协调”[②]。《意见》则从两个方面对西部高质量发展作出规划：一是要“深化重点领域改革，坚定不移推动重大改革举措落实”，具体包括深化要素市场化配置改革、积极推进科技体制改革、持续推进信用体系建设、努力营造良好营商环境四个方面；二是要“坚持以人民为中心，把增强人民群众获得感、幸福感、安全感放到突出位置”，具体包括着力强化公共就业创业服务、支持教育高质量发展、提升医疗服务能力和水平、完善多层次广覆盖的社会保障体系、健全养老服务体系、强化公共文化体育服务、改善住房保障条件、增强防灾减灾与应急管理能力八个方面。2021年国务院西部地区开发领导小组会议则指出，西部地区要培育发展特色产业和新兴产业，支援传统产业向中高端升级，发挥风光水电和矿产资源优势，增强国家能源和重要资源保障能力[③]。

在新时代推动西部大开发座谈会上，习近平指出，党中央对新时代推进西部大开发形成新格局作出部署五年来，西部地区高质量发展能力明显提升，基础设施条件大为改观，人民生活水平稳步提高，如期打赢脱贫攻坚战，同全国一道全面建成小康社会，踏上了全面建设社会主义现代化国家新征程[①]。同时，习近平从“坚持统筹发展和安全，提升能源资源等重点领域安全保障能力”“坚持推进新型城镇化和乡村全面振兴有机结合，在发展中保障和改善民生”“坚持铸牢中华民族共同体意识，切实维护民族团结和边疆稳定”[①]三个方面，对西部进一步构建新格局提出要求。

---

① 《习近平主持召开新时代推动西部大开发座谈会强调：进一步形成大保护大开放高质量发展新格局 奋力谱写西部大开发新篇章》，https://www.gov.cn/yaowen/liebiao/202404/content_6947130.htm。

② 《习近平主持召开中央全面深化改革委员会第七次会议》，https://www.gov.cn/xinwen/2019-03/19/content_5375140.htm。

③《李克强主持召开国务院西部地区开发领导小组会议强调 依靠改革开放和创新发展 推动西部大开发迈上新台阶》，http://cpc.people.com.cn/n1/2021/0623/c64094-32138035.html。

首先，西部大开发要坚持统筹发展和安全。西部地区面积辽阔、资源独特，在维护国家生态安全、水安全、能源资源安全、国防边境安全等方面具有重要战略地位。《意见》特别指出："统筹发展与安全两件大事，更好发挥西部地区国家安全屏障作用。巩固和发展平等团结互助和谐的社会主义民族关系，促进各民族共同团结奋斗和共同繁荣发展。深入推进立体化社会治安防控，构建坚实可靠的社会安全体系。"在新时代推动西部大开发座谈会上，习近平重点就西部地区提升能源资源等重点领域安全保障能力作出部署。他指出，加快建设新型能源体系，做大做强一批国家重要能源基地；加强管网互联互通，提升"西电东送"能力；提高水资源安全保障水平等。①在西部省份的调研中，习近平多次叮嘱要做好统筹发展与安全的大文章。在广西，他强调要全面落实粮食安全党政同责②。在四川，他强调要积极服务国家产业链供应链安全③。在青海，他强调，进入新发展阶段、贯彻新发展理念、构建新发展格局，青海的生态安全地位、国土安全地位、资源能源安全地位显得更加重要④。

其次，西部大开发要坚持铸牢中华民族共同体意识。中国的大部分少数民族生活在西部地区，各民族在历史发展中形成过许多优秀的文化传统与民族意识。习近平在新时代推动西部大开发座谈会上指出："要坚持铸牢中华民族共同体意识，切实维护民族团结和边疆稳定。民族地区要把铸牢中华民族共同体意识贯彻到发展的全过程和各方面。紧贴民生推动经济社会发展，健全社会保障体系，兜牢民生底线，着力解决群众急难愁盼问题。全面准确贯彻党的民族政策，加快建设互嵌式社会结构和社区环境，促进各族群众交往交流交融。全面贯彻党的宗教工作基本方针，坚持我国宗教中国化方向，持续治理非法宗教活动。深入推进新时代兴边富民行动，加强边境地区基础设施和公共服务设施建设，发展边境旅游等产业，努力实现边民富、边关美、边境稳、边防固。"①

最后，西部大开发要坚持推进新型城镇化和乡村全面振兴有机结合。西部地区因其发展水平限制，城镇化水平低于东部地区和全国平均水平，城乡二元结构明显，城乡发展差距大，中心城市对周边地区和农村的带动作用比较薄弱。新时代推动西部大开发座谈会上，习近平指出："深入实施乡村振兴战略，加大对国家乡村振兴重点帮扶县支持力度，建立低收入人口和欠发达地区常态化帮扶机制，

---

① 《习近平主持召开新时代推动西部大开发座谈会强调：进一步形成大保护大开放高质量发展新格局 奋力谱写西部大开发新篇章》，https://www.gov.cn/yaowen/liebiao/202404/content_6947130.htm。

② 《习近平在广西考察时强调：解放思想创新求变向海图强开放发展 奋力谱写中国式现代化广西篇章》，https://www.cq.gov.cn/ywdt/zyyw/202409/t20240912_13625285.html。

③ 《习近平在四川考察时强调 推动新时代治蜀兴川再上新台阶 奋力谱写中国式现代化四川新篇章 返京途中在陕西汉中考察》，https://www.sc.gov.cn/10462/13241/2023/7/29/8ca958f73980488d8352239f13a8408a.shtml。

④ 《习近平在青海考察时强调 坚持以人民为中心深化改革开放 深入推进青藏高原生态保护和高质量发展》，https://china.cnr.cn/news/20210610/t20210610_525509119.shtml。

坚决防止发生规模性返贫。学习运用“千万工程”经验，打造具有地域特色的乡村建设模式。发展各具特色的县域经济，培育一批农业强县、工业大县、旅游名县，促进农民就近就业增收，因地制宜推进城镇化进程。推进高标准农田建设，扛好重要农产品稳产保供责任，为保障国家粮食安全作出应有贡献。加强农村精神文明建设，推进移风易俗，积极培育时代新风新貌。健全党组织领导的基层治理体系，坚持和发展新时代‘枫桥经验’，实现扫黑除恶常态化，保持基层稳定、群众平安。”①

① 《习近平主持召开新时代推动西部大开发座谈会强调：进一步形成大保护大开放高质量发展新格局 奋力谱写西部大开发新篇章》，https://www.gov.cn/yaowen/liebiao/202404/content_6947130.htm。

第二章　重点区域：有力有序有效推进

西部地区面积广阔、人文与自然资源丰富，但与我国中东部相比，经济发展差距明显。为此，为推进全国区域经济的协调发展，党中央、国务院提出并实施西部大开发政策，依据西部不同地区的发展优势，通过推进西部重点区域的率先发展，逐步形成以点成线、以线带面的发展格局，带动西部地区的大开发与大发展，实现全国层面的共同富裕。在推进西部大开发的过程中，推进关中—天水、成渝等重点经济区优先发展，抢占了西部经济发展战略新高地；加强关中平原、河套平原、天山地区农产品主产区建设，助力了农业强国的建设；加强内蒙古草原、宁夏中部干旱带、天山北麓、塔里木河上游等重点生态区综合治理，共筑了西部生态安全屏障；引导鄂尔多斯盆地、塔里木盆地、攀西—六盘水等资源富集区转型，实现了西部经济的高效与韧性发展；持续实施兴边富民工程，推进了重点口岸、城市、经济合作区等沿边地区整体发展；增强六盘山区、秦巴山区、武陵山区等特殊困难地区内生发展能力，助力地区开发建设，实现了欠发达地区的高质量发展。通过对西部重点区域有力、有序、有效地建设，证明了国家推进西部大开发战略的正确性，也为西部地区国民经济发展开拓了更为广阔的发展空间。

第一节　战略新高地：推进重点经济区优先发展

西部大开发的重点经济区包括成渝地区、关中—天水地区、北部湾地区、呼包银榆地区、兰西格地区、天山北坡地区、滇中地区、黔中地区、宁夏沿黄地区、藏中南地区、陕甘宁革命老区。在上述经济区优先发展过程中，依据“以线串点、以点带面”的发展思路展开布局，依托西部地区重要交通枢纽和区域中心城市，强化重点城市发展联动，积极推进区域内部工业化和城镇化协调发展，促进和引导产业集聚、人口集中与土地集约使用，建设西部大开发战略新高地，辐射和带动周边地区与城市的发展。

一、做法

成渝地区在发展过程中，首先，通过积极推动城乡基础设施一体化建设，完善城乡路网和交通网络；推动城乡基本公共服务均等化，建立城乡教育联合体；推进自治、法治、德治相结合的城乡基层治理体系，推动成渝地区双城经济圈建设，形成统筹城乡发展的示范区。其次，围绕航空航天、智能制造和电子信息等领域推进战略性产品设计与研发；兴建重大科技基础设施和科教基础设施，引导地方、科研机构和企业共建交叉创新研究平台和科技创新基地，强化科研开放共享，促进科技成果转化，培育原始创新集群，将成渝地区建设成为全国重要的高新技术产业与先进制造业发展基地。最后，完善成渝地区公路、铁路、航空、航运等交通立体网络，提升综合运输水平，建设综合交通枢纽；引导企业延伸服务链条，提升企业服务化水平和产业链价值，强化重庆、成都国家枢纽功能，提高商贸物流发展水平，建设成渝地区商贸物流与服务基地；推动成都与重庆展开金融改革创新，设立市场化征信机构，开展绿色金融、金融科技等试点，共建西部地区金融发展中心。

在关中—天水地区发展方面，第一，以高端装备制造业与高技术产业为发展重点，打造以航空航天、机械制造等为代表的高端制造发展集群，培育出具有国际竞争力的企业品牌，建设全国重要的先进制造业基地；第二，依托杨凌国家级农业高新技术产业示范区，以横贯关中的渭河为生态轴，统筹关中地区的新型城镇化与乡村振兴，打造现代农业技术推广服务平台，建设现代农业高技术产业基地；第三，强化物流基础设施建设，加快西安国际港务区、咸阳空港产业园等重点物流园区项目建设，发挥西安作为国家级物流节点城市的辐射带动作用，打造具有重要影响力的亚欧大陆桥重要现代物流中心、商贸中心与综合交通枢纽；第四，依据该地区深厚的文化积淀与资源禀赋，积极发掘历史文化遗产与旅游资源，传承、活化与创新秦风唐韵、佛道宗教等历史文化，推出精品旅游线路与景区，积极发展广播影视业、新闻出版业、文娱演出业和创意产业，打造文化产业发展基地与品牌，建设全国重要的历史文化基地，推进区域旅游经济发展；第五，积极推动以国家级产业园区为载体的科创基地建设，依托地区高校集群，引进和培育高新技术产业，促进产学研结合和科技成果转化，加快创建高新技术产业化基地，把关中—天水地区打造成西北地区重要的科技创新基地。

北部湾地区作为我国面向东盟国家对外开放的重要门户与桥头堡，在发展过程中，首先，通过大力发展规模化、通道化、网络化铁海、公水、江海联运，降低物流成本，完善通道沿线物流枢纽布局，培育发展专业化物流服务，打造海港、陆港、空港联动发展的物流服务网络体系，建设区域性物流基地与商贸基地；其次，大力提高产业链供应链现代化水平，实施产业基础再造和全产业链提升工程，加快培育壮大具有全国影响力、竞争力的产业园区和产业集群，形成区域加工制造基地和信息交流中心；最后，努力建设国家级高端化工新材料产业基地，打造全国重要的金属新材料产业发展中心，推进临海石化、钢铁基地建设。

呼包银榆地区在发展过程中，首先，依托本地区的能源与矿产资源，推进资源整合和企业兼并重组，发展大型煤炭企业集团，建设大型煤炭基地，建设大型油气资源接续地，建成一批高水平的石油炼化项目，根据煤资源和水资源组合条件，建设清洁高效燃煤机组和热电联产机组，将该区域打造成全国重要的能源化工基地；其次，依托该区域草原水土条件，积极发展规模化、现代化畜牧养殖业，推进牧区草原畜牧业提质增效示范工程，支持肉类标准化养殖小区等建设，提高肉类、鲜奶、羊绒生产等加工能力，高标准建设农畜产品加工基地；再次，重点发展高效光电光热、光伏产品、生物质能等新能源，推进稀土功能材料、特种钢、硅材料等新型化工材料建设，打造新材料和原材料产业基地；最后，推动区域制造业升级发展，打造铅、锌、镁等有色金属生产加工产业链，大力推进工程、矿山与煤炭机械、化工装备、新能源设备等特色装备制造，积极发展载重汽车、新能源汽车、智能机械等装备，建设北方地区重要的冶金和装备制造业基地。

兰西格地区在发展过程中，首先，根据区域丰富的资源，大力引进节能环保、核能配套等装备制造业，推动传统产业向高端化、绿色化、智能化发展，推进关键领域材料创新，加快建设特种合金材料、高分子化学材料等新材料研发生产中心，推进新能源、石化、有色金属产业基地建设；其次，重点建设绿色化工园区、新材料园区、装备制造园区、生物医药园区、大数据产业园区等，打造区域性新材料和生物医药产业基地。

天山北坡地区作为我国面向中亚、西亚地区对外开放的陆路交通枢纽和重要门户，在发展过程中，首先，加快推进该地区大型油气生产加工与储备基地、大型煤炭煤电煤化工基地、大型风电和光伏发电基地等的建设，打造成全国重要的综合性能源资源生产及供应基地；其次，积极推进农牧业供给侧结构性改革，不断统筹调优种养结构，做大做强特色优势产品，发展适度规模经营，延伸农牧产业链条，建设现代化农牧业示范基地；最后，依托“一带一路”倡议，紧扣向西开放的大通道优势，推进物流基础设施与物流基地建设，构建现代物流发展体系，提高物流业信息化水平与效益，完善进出口商品集散口岸建设，推进物流运营发展的专业化水平，提升对外合作能力，打造西北地区国际商贸中心、物流中心和对外合作加工基地。

滇中地区作为我国连接东南亚、南亚国家的陆路交通枢纽，以及面向东南亚、南亚对外开放的重要门户，首先，依托区域丰富的烟草资源，积极推进烟草种植、加工产业一体化建设，推进区域旅游资源的开发与文化发掘，打造区域旅游增长极，提升区域交通基础设施与网络建设，打造全国重要的烟草、旅游、文化、商贸物流基地；其次，重点培育磷化工、煤化工、石油化工三大化工产业集群，建设区域性资源精深加工基地。

黔中地区在发展过程中，首先，重点依托贵州新能源材料创新中心，联合新能源电池及材料产业链相关企业，加快新能源产业技术创新，建设全国重要的能源原材料基地；其次，积极布局发展航空发动机制造、整机研发、航空装备大部件制造等业务，打造航空航天产业装备制造基地；最后，依托地区烟草资源，展开烟草种植、加工一体化产业园，打造烟草工业基地；推进区域辣椒、石斛、蓝莓等农业产品，打造绿色食品基地；开展旅游资源调查、开发与活化利用，提升服务质量，打造高质量旅游目的地；提升地区城市群内部物流的标准化、网络化与信息化水平，高标准建设区域性商贸物流中心。

宁夏沿黄地区在发展过程中，首先，高水平建设国家现代煤化工产业示范区，深入开展产业技术升级示范，加快推进关联产业融合发展，促进产业高端化、多元化、低碳化发展，建设基础材料、关键战略材料、前沿新材料等产业链条，打造全国重要的能源化工、新材料基地；其次，推进清真产业园区建设，集成食品认证、研发设计、生产加工、展示交易和集散为一体的国家级清真产业发展平台，打造清真食品及穆斯林用品和特色农产品加工基地；最后，打造区域“通道+枢纽+网络”物流运行体系，保障国际物流通道畅通，建设区域商贸物流中心。

藏中南地区在发展过程中，首先，依托区域丰富的农林牧畜资源，打造农牧产品加工、运输、销售为一体的产业链条，围绕藏药与文化旅游资源，打造康养系列产品，展开文化活化与开发，推出精品旅游线路，建设农林畜产品生产加工、藏药产业、旅游、文化和矿产资源基地；其次，依托西藏地区丰富的水能、太阳能与地热资源，构建新型电力系统，建设水电后备基地。

陕甘宁革命老区在发展过程中，首先，加快科技创新与新技术应用，提升改造现有油田，促进增产稳产，而在新能源领域，积极发展风能、生物质能和太阳能光伏产业，将该区域打造成全国重要的能源化工基地；其次，依据高效、生态、安全的发展要求，构建集农业新品种培育、产业化经营、新技术引进的现代旱作农业示范区；再次，加大区域生态环境建设，大力发展循环经济，建设资源节约型社会，构建黄土高原生态文明示范区；最后，发挥区域红色旅游文化资源的优势，推进红色文化旅游资源发掘与活化利用，强化爱国主义教育基地建设，打造国家重点红色旅游区。

二、成效

通过推进西部地区重点经济区的优先发展，打造了西部大开发新高地，有效带动了西部地区的新发展和新格局。

在经济发展方面，形成了以重点经济区为核心的经济圈和城市群，包括成渝地区双城经济圈、关中平原城市群、北部湾城市群、兰州—西宁城市群、滇中城市群、呼包鄂榆城市群等，其中，成渝地区双城经济圈2023年地区生产总值已达81 986.7亿元。

在工业发展方面，依据各个重点经济地区的矿产资源与区位优势，积极发展特色工业，形成特色工业链条，形成了特色工业分布格局。形成了以成渝地区、关中—天水地区、黔中地区为代表的航空航天、智能制造、电子信息、机械制造、高分子化学材料、整机研发等高端技术研发生产基地。搭建了以呼包银榆地区、天山北坡地区、宁夏沿黄地区、陕甘宁革命老区为代表的新能源与矿产资源发展基地。

在农牧业建设方面，各经济区依据区域发展基础，调整农牧业发展结构，形成了以宁夏沿黄地区为主的清真食品特色农产品加工基地，以陕甘宁革命老区为代表的现代旱作农业示范区，以呼包银榆地区和天山北坡地区为主的现代化畜牧养殖业基地。

在商贸物流方面，依据西部地区重点城市区位与交通枢纽，积极发展对外贸易，搭建了“一带一路”发展桥梁。建设了辐射西南地区的成渝商贸物流中心，面向东南亚的北部湾与滇中商贸物流中心，链接丝绸之路经济带关中与天山北坡贸易中心。

在文化旅游方面，依托西部地区丰富的文化与旅游资源，打造旅游精品路线，建设特色旅游目的地，积极发展旅游经济。形成了以关中—天水地区为主的历史文化旅游目的地，以陕甘宁地区为主的红色文化旅游目的地，以滇中地区和藏中南地区为主的特色种植与康养产品开发旅游目的地。

典型案例　关中平原城市群旅游经济迅速发展

关中平原城市群是关中—天水地区的发展载体，其拥有深厚的文化历史积淀与旅游资源禀赋，也是国家重要的历史文化基地。自西部大开发以来，关中平原城市群旅游发展规模与效益突出，城市群内部旅游经济联系密切，已经成为西部地区乃至全国重要的旅游经济发展的重要区域。根据西部大开发以来 2010 年、2013 年、2016 年和 2020 年关中平原地区各城市的旅游总收入和旅游总人次数据，采用社会网络分析法来综合探讨该城市群旅游经济的联系程度。

一、关中平原城市群旅游经济网络联系度日益提升

通过分析发现，2010 年关中平原城市群各节点旅游经济联系强度均值为 4.96，2013 年与 2016 年各节点城市旅游经济联系度大幅上升，城市群内部联系强度均值由 23.77 增长至 60.36。在城市关联方向上，西安—咸阳、西安—商洛、西安—渭南的旅游经济联系度比较高，各城市节点旅游经济联系度快速增长。随着西部大开发政策的进一步推进，2018 年以来关中平原城市群城市间的旅游经济联系得以强化，在关联方向上，西安—咸阳、西安—宝鸡是旅游经济联系度最高的城市组合，在关联强度上，旅游经济联系度均值由 2016 年的 60.36 提升至 2018 年的 215.33，在政策支持的作用下，各节点旅游经济联系更加紧密。

二、关中平原城市群旅游经济网络结构日益密切

分析发现，自西部大开发以来，关中平原城市群旅游经济网络结构日益密切，网络结构整体上表现出以西安为核心对周边广泛辐射的特征。其中，2010 年至 2020 年，该城市群旅游经济联系由稀疏变得紧密，网络密度由 0.02 增长至 0.6，已不存在完全孤立的节点城市。从重点城市来看，西安一直是与其他节点城市联系最紧密、最稳定的节点，形成了典型性的核心–边缘发展结构，其中，2020 年，西安、咸阳、渭南、运城、临汾、商洛和宝鸡是城市群内部经济联系密切的城市，铜川、平凉、庆阳、天水等是城市群内部的边缘节点，城市间的旅游经济联系相对较弱（表 2-1）。

表2-1　关中平原城市群旅游经济网络结构分析

城市群	2016 年		2020 年	
	核心区	边缘区	核心区	边缘区
关中平原城市群	西安、咸阳、渭南、运城、商洛、宝鸡	铜川、临汾、平凉、庆阳、天水	西安、咸阳、渭南、运城、临汾、商洛、宝鸡	铜川、平凉、庆阳、天水

第二节　锚定农业强国：加强农产品主产区建设

一、做法

首先，充分发挥西部地区丰富的光热水土资源和生物资源优势，依托区域特殊自然条件，形成以农产品主产区为主体，以其他农业地区为辅助的农业发展新格局。其次，鼓励和支持农产品主产区集中发展食棉油糖等农产品，以及畜牧、养殖等畜产品。再次，推动其他农业地区大力发展特色农业，建设农牧产品加工、生产与销售产业带，形成农畜产品加工、流通、储运产区聚集地。最后，积极推进农村土地整治，高标准建设一批现代农业示范区。

二、成效

在农业特色产业发展方面，形成了具有地方知名度与特色的农业种植区。关中地区、河套地区与河西走廊地区形成了以小麦、玉米为主的特色主产区；四川盆地与桂北地区形成了以水稻种植为主的特色主产区，天山南北麓、西藏“一江三河”地区形成了以畜产品为特色的主产区。在高效农业发展方面，通过实施立体农业发展工程，在云南与贵州坝地及青藏高原地区进行农作物间种、套种与混种，形成了立体交叉式的高效农业发展体系。在现代种业工程建设方面，依托新

疆、甘肃、四川来打造国家级制种基地与良种繁育基地，培育畜禽水产品种现代化资源场。在现代农业示范工程发展方面，根据关中、四川盆地、河西走廊等地气候资源优势，搭建了优质特色农产品种植、加工与供应基地。

第三节 构筑生态安全屏障：加强重点生态区综合治理

根据《全国主体功能区规划》总体要求，结合西部地区生态地理发展规律，应强化西部地区生态脆弱与重要地区的生态保护和修复工作，管控相关建设活动，缓解生态环境压力。通过统筹规划，构建西部地区生态安全保障体系，采取集中与综合发展措施，强化生态环境综合治理与保护，促进生态环境恢复，不断提升西部地区生态环境韧性。另外，完善生态治理体制机制，强化生态环境建设成果，提升生态环境治理质量。

一、做法

西北草原荒漠化防治区包括内蒙古草原、宁夏中部干旱带、石羊河流域、黑河流域、疏勒河流域、天山北麓、塔里木河上游等地。在生态环境治理过程中，首先，以防沙治沙为重点，以治理和恢复退化草地为目标，积极实施退牧还草、退耕还林还草、“三北”防护林体系建设，强化自然保护区建设与水土流失的综合治理。其次，推行草、灌、乔相结合的措施，防治土地沙化，兴建牧区水利设施，推进人工草场和防护林建设，增强自然生态系统的修复能力。最后，大力发展高效节水型农业，修建灌区配套设施，提高农业用水质量。

黄土高原水土保持区涉及陕西北部及中部、甘肃东中部、宁夏南部及青海东部黄土高原丘陵沟壑区。首先，展开土壤沙化治理，以水土保持和减少泥沙入黄为主要目标，继续实施退耕还林还草与水土流失全面治理，进行天然林资源保护，推进建设自然保护区等工程。其次，展开小流域综合治理，以流域支流为架构，进行集中连片与规模治理。最后，坚持预防和救治相结合的原则，实施黄土高原地区综合治理规划，进行以防治水土流失为主要内容的综合治理。

青藏高原江河水源涵养区包括祁连山、环青海湖、青海三江源、四川西部、西藏东北部三江水源涵养区。首先，推进草原、湿地、湖泊、森林、生物多样性发展，实施西藏生态安全屏障建设，推进青海湖流域生态保护、祁连山生态综合治理，开展甘南黄河重要水源补给区生态保护和建设等工程。其次，综合推进青海三江源国家生态保护综合试验区与川西藏区生态保护建设，开展以提高水源涵养能力为主要内容的综合治理。

西南石漠化防治区包含贵州、云南东中部、广西西北部、四川南部、重庆东部喀斯特石漠化防治区。首先，以扩大林草植被、遏制石漠化、减少坡耕地水土流失、南方草地保护为重点，继续实施石漠化综合治理、封山育林、人工造林种草、退耕还林还草、天然林资源保护、自然保护区建设等工程。其次，大力发展沼气池、节柴灶、太阳能等能源，减少森林砍伐，保护生态环境，改善农村地区生产生活条件。最后，开展恢复林草植被综合治理行动，积极发展草食畜牧业，强化粮田和农村新能源建设。

重要森林生态功能区包括秦巴山、武陵山、四川西南部、云南西北部、广西北部、西藏东南部高原边缘森林综合保育区。首先，加强封山育林、天然林资源保护、长江流域防护林体系建设，推进小流域治理，促进植被恢复和水生生物资源保护。其次，强化林业产业发展，促进森林资源的综合开发与利用。防止外来有害物种入侵，保护生态系统重要物种栖息地。最后，实施森林生态多样性保护工程，推进对自然保护区和湿地的保护。

二、成效

西北荒漠化防治区，经过治理和发展，实现了绿进沙退的效果，荒漠化防治成效显著。退耕还林还草面积逐步扩大，三北防护林规模和效益明显，水利设施持续完善，高效节约型农业发展迅速。黄土高原水土保持区，水土流失得到全面治理，黄河含沙量和水土流失情况逐步缩小，退耕还林面积日益扩大；陕北地区小流域治理成果明显，黄土高原综合治理成效显著。青藏高原江河水源地经过综合治理，区域生态安全水平得到提升，生物多样性得到较好保护，涵养水源能力进一步提升。西南石漠化防治区，林草种植规模扩大，沙漠化和水土流失问题得到遏制，退耕还林还草进展顺利，农村地区生产生活条件得到改善，草食畜牧业发展规模得到扩大。重要森林生态功能区，小流域治理成果明显，植被和水生生物资源得到有效保护，林业产业发展和利用水平得到提升，生态多样性保护工程成效显著。

典型案例　强化黄土高原水土流失治理、提升水土保持成效

黄土高原水土流失地区面积广泛，也与西部大开发发展区域重合，主要涵盖西部地区的内蒙古、陕西、甘肃、宁夏和青海等省区。推进黄土高原水土流失监督治理，有利于提升该区域的水土涵养和保持能力，对保护西部地区生物多样性，维护西北地区生态环境安全具有重要作用。自西部大开发以来，上述省区积极推进水土保持方案，强化区域水土保持监督管理工作，推动了黄土高原水土流失地区的有效治理。

分析表2-2发现，2016～2020年，在水土保持方案审批方面，青海、甘肃、宁夏、陕西和内蒙古等省区审批水土保持方案达15 756项，投资金额890.31亿元，

水土流失防治范围达 77.86 万公顷。在水土保持监督管理方面，监督检查累计 28 697 次，验收水土保持设施 4066 项，补偿征收费用 211.87 亿元，查处破坏水土保持、引发水土流失违法违规案件 4764 件，有效强化了西部地区黄土高原的水土治理效果。

表2-2　2016～2020年西部黄土高原地区水土保持监督管理情况

省份	水土保持方案审批情况			水土保持监督管理情况			
	方案审批数量/项	防治责任范围面积/万公顷	水土保持方案投资/亿元	监督检查/项	设施验收/项	补偿费收/亿元	违法违规案件查处/件
青海	1 923	9.44	155.58	4 169	312	6.75	1 941
甘肃	5 533	19.07	257.78	13 812	1 038	12.61	763
宁夏	1 639	6.25	80.12	2 808	545	3.85	1 809
陕西	3 307	9.01	116.64	739	691	117.30	166
内蒙古	3 354	34.09	280.19	7 169	1 480	71.36	85
合计	15 756	77.86	890.31	28 697	4 066	211.87	4 764

资料来源：《黄河流域水土保持公报（2020 年）》

第四节　跳出资源陷阱：引导资源富集区转型发展

西部地区能源矿产资源丰富，生物类型多样，开发潜力较大，通过能源矿产资源基地和产业聚集区建设，可以提升国家资源供应和产业发展的韧性，维护国家经济安全。推进资源富集区资源合理开发利用与生态环境保护，完善基础设施，建设大型企业集团，转变资源开发利用方式，提升资源开发利用产业体系现代化水平，实现资源富集区转型发展。

一、做法

鄂尔多斯盆地在发展过程中，首先，加大对地区煤炭、石油、天然气等资源的勘查开发力度，推进大型煤电基地建设，有序发展石油化工和煤化工产业；其次，建设大型坑口燃煤电站和电力外送通道，推进煤电一体化发展，加强煤层气、页岩气开发利用；再次，实施煤制天然气、煤制液体燃料、煤基多联产示范升级，有序推进产业化发展；最后，推进油气资源战略接续区建设，促进上下游一体化发展，建设和完善大型石化基地。

塔里木盆地在发展过程中，首先，加大油气资源勘探开发力度，提高石油和天然气开发产能及规模，提升加工利用水平，增强西气东输能力，建设库尔勒石油天然气化工基地；其次，创新发展产业链条，深入研究锂电上下游产业链条，引进锂电企业，培植锂电产业集群；最后，推动绿色转型升级，依托太阳能、风能、地热等新能源，统筹推进风电、光伏、光热等快速发展，建设新能源基地。

川渝东北地区在发展过程中，首先，加大天然气、页岩气资源勘查力度，集中建设大中型天然气田，实现资源集聚化发展，延伸能源资源产业链，建设大型复合肥、氮肥生产基地；其次，抓好铝基新材料产业发展趋势，构建“绿色水电铝—铝精深加工—铝资源综合利用”产业链，实现产业化发展。

天山北部及东部地区在转型发展过程中，首先，积极推进吐哈、准东、伊犁河谷地区能源资源的开发，加快煤炭东运、煤电一体化和煤化工基地建设，延伸能源产业链条；其次，依托阿尔泰山丰富的矿产资源，推进铜镍及铅锌等有色金属的开发，打造有色金属加工生产基地，实施集聚化发展。

攀西—六盘水地区在发展过程中，首先，依托大数据、云计算等新一代信息技术促进煤炭行业转型升级，坚持智能化与机械化相融合，高效开发和利用煤、铁及钒钛、铜、铅锌、稀土等有色金属资源；其次，促进煤焦化、煤电钢、煤电铝、煤电材等传统产业向煤电油气化等新型产业转变，推动产业结构优化升级，实施集约化发展，打造攀枝花—西昌钢铁、钒钛加工基地，六盘水、毕节、黔西南煤炭综合利用基地。

桂西地区在发展过程中，首先，重点推进铝、锰资源的开发利用和深度加工，适度发展锡、铟、铅、锌等有色金属，实施重大产业项目带动，打造采掘采购—冶炼—深加工—新型材料研发完整的矿产资源产业链，建设资源深加工基地；其次，积极发展制糖、建材、石化和农林产品等加工业，延伸加工产业链，提高产品生产技术水平，形成特色资源型产业基地。

甘肃河西地区在发展过程中，首先，加快资源富集区开发，加大煤炭、石油、天然气、煤层气、页岩气等资源的勘查开发力度，开展河西地区镍钴铜、钨钼及铁钒铬等资源综合开发利用和深度加工，延伸产业链；其次，推进能源基地建设，加快河西地区镍铜钴等有色金属深加工基地建设，支持钨、钼矿勘查开发，建设张掖钨钼生产基地，建设金川、酒泉、嘉峪关金属综合加工利用基地。

柴达木盆地在发展过程中，首先，依据资源优势，加强盐湖资源综合开发利用，延伸油气–盐化工产业，发展氯碱化工、金属镁，以及锂、硼产品，构建循环经济产业链；其次，加速盐湖产业与煤化工、油气化工、新材料、绿色建材、新能源产业的联动发展，建设柴达木资源综合开发利用基地。

二、成效

鄂尔多斯盆地发展建设了大型煤电基地，实现了煤电一体化发展，推进了煤制天然气、液体燃料的多联产升级，展开了上下游一体化发展，建设了大型石化基地。塔里木盆地建设了库尔勒石油天然气化工基地，提升了石油和天然气开发产能，西气东输能力大大提高；创新发展锂电上下游产业链，打造了锂电产业发展集群；依托风电、光伏、光热等建设了新能源发展基地。川渝东北地区集中建设了大中型天然气田，实现了资源集聚化发展，建立了大型复合肥、氮肥生产基地；推动了铝基新材料产业化发展。天山北部及东部地区兴建了煤炭东运、煤电一体化和煤化工基地，打造了铜镍及铅锌等有色金属加工生产基地，实现了集聚化发展。

攀西—六盘水地区实施煤炭行业转型升级工程，打造煤炭综合利用基地，以智能化与机械化融合，实现有色金属资源的高效开发与产业转变，实现了产业结构优化升级。桂西地区通过重大产业项目带动，打造了采掘采购—冶炼—深加工—新型材料研发完整的产业链，产品生产技术水平大幅提高，形成了特色资源型产业基地。

甘肃河西地区通过加快资源富集区开发，提高了资源综合开发利用和深度加工，建设了能源基地、有色金属深加工基地，产业链条体系日臻完善。柴达木盆地加强盐湖资源综合开发利用，依托油气–盐化工产业，构建了循环经济产业链条，撬动了盐湖、煤化工、油气化工、新能源等产业的联动发展，形成了柴达木资源综合开发利用基地。

第五节 持续兴边富民：推进沿边地区整体发展

依托西部地区地缘与交通优势，积极开展与周边国家的多层次合作，拓展经济发展空间。对边疆地区实施特殊开放政策，通过建设重点口岸、边境城市、边境经济合作区等，促进地区发展要素集聚，打造边疆区域性中心城市，形成开放新模式，带动沿边地区整体发展。

一、做法

建设北向开放重要桥头堡，首先，紧扣国家构建新发展格局重大机遇，构建内连京津冀、外接蒙古国与欧洲的开放大通道，推进区域协作互动，形成开放优势与发展优势；其次，深化内蒙古与周边国家在农牧业、能源矿产、文化旅游、基础设施、生态保护等领域的合作，发挥内蒙古内引外联的枢纽作用。

打造向西开放门户，首先，推进新疆与内地及周边的物流大通道建设，推进新疆与中亚、西亚、南亚及欧洲国家的合作，积极发挥上海合作组织的作用，拓宽开放合作的广度和深度，形成以产能合作、项目合作为主导的发展模式；其次，加强新疆与周边区域在科技教育、能源、文化旅游和经贸合作的协同发展，带动区域一体化发展；最后，加强新疆与周边国家的产能合作，推进农业、钢铁、水泥、新能源产业等多方面协作发展。

搭建东盟合作高地，首先，以中国—东盟博览会为平台，加强与东盟各国的沟通交流，构建起多层次政策沟通交流机制，增进互信；其次，强化广西与东盟地区的交通链接，建设西部陆海新通道，全面提升交通基础设施通达和服务能力，构建面向东盟的国际大通道；最后，深化广西与周边国家的产能合作，提高贸易和投资自由化便利化水平，实现贸易畅通与互利共赢。

建设西南开放重要桥头堡，首先，构建西南地区与东南亚、南亚综合交通、能源管网和通信设施建设，构筑陆上大通道；其次，通过对外经贸合作、对外文化交流、通关便利等措施，加强与东南亚、南亚合作，建设西南出海战略通道。

典型案例　推进云贵高原区旅游高质量发展、建设西南开放桥头堡

“云贵高原区”是西部大开发的重要组成区域，也是面向西南开放，推进文化交流的桥头堡。“云贵高原区”包含27个地级市（州），分布在云南省、贵州省以及四川省部分境内。近些年，旅游业成为兴边富民的重要路径，随着国家对旅游业的重视与政府的大力扶持，该地区充分考虑地方资源禀赋、文化特色与区位条件等，积极建设文化和旅游项目，推进该区域旅游业高质量发展。2018年，云南、贵州、四川年均旅游收入增长20%以上，四川省旅游收入排名跻身全国第三，云南省与贵州省旅游收入增加1000亿元以上，通过旅游带动区域经济发展的效果明显。为此，收集云贵高原地区27个地级市（州）2005～2019年的数据，通过旅游总收入占地区生产总值的比重来探讨云贵高原地区在西部大开发过程中旅游业的发展效果。

在旅游业发展水平方面，2005～2009年，云贵高原地区整体旅游业发展水平较低，只有迪庆藏族自治州（简称迪庆州）旅游业发展水平较高，均值大于1.04，区域内66.6%城市旅游业发展水平均值低于0.14，且主要集中分布于中部地区。2010～2014年，区域整体旅游业发展水平有所提高，迪庆州、丽江市旅游业发展水平最高，均值均高于1.04，仍存在44.4%的市域旅游业发展水平低于0.14。2015～2019年，旅游业发展水平显著提高，除曲靖市外，市域旅游业发展水平皆高于0.14，其中迪庆州、丽江市和西双版纳傣族自治州旅游业发展水平最高，整体呈现快速发展的空间格局。

二、成效

在经济发展方面，西部地区通过北向、西向、南向的桥头堡与门户建设，强化了与中亚、西亚、南亚、东盟等地区的对外贸易发展，产能合作、文化旅游、经济贸易水平有大幅度提升。在制度合作方面，通过对话论坛、博览会、交易会等形式，强化与周边国家的全方位交流，形成了特色沟通交流机制。在基础设施方面，构建边疆地区与周边国家水路、铁路、航空等新通道，极大地提升了交通设施的通达性与服务能力，推动了边疆与周边国家的合作交流。

第六节　奋力攻坚克难：增强特殊困难地区内生发展能力

一、做法

特殊困难地区主要包括六盘山区、秦巴山区、武陵山区、乌蒙山区、滇桂黔石漠化区、滇西边境山区、大兴安岭南麓山区以及西藏、四省藏区、新疆南疆三地州。首先，2011 年以来西部地区实施集中连片与特殊困难地区帮扶发展措施，从经济、设施、教育等方面展开开发建设，改善特殊困难地区基本生产生活条件；其次，推进地区经济结构调整，加大整村推进、以工代赈、易地搬迁等力度，保障农村地区公共事业的发展，满足居民基本需求；再次，强化政策和资金投入，提高帮扶标准，解决生产和生活等问题，加快地区经济发展致富步伐；最后，推进特殊困难地区基础设施建设，完善特殊困难地区交通运输网络、强化水利、通信等设施建设，形成安全、高效的现代化基础设施体系。

二、成效

通过 2011 年以来对特殊困难地区帮扶工作的实施，特殊困难地区居民生活条件有极大改善。地区经济要素流动加快，经济发展水平提速，交通、医疗、购物、教育等设施持续完善，居民生活水平得到提升。通过地区经济结构调整，产业结构逐步优化，特色农业、乡村旅游等发展迅速。通过以工代赈、易地搬迁，农民基本需求得到充分保障。通过政策支持和资金投入，特殊困难地区居民收入得到增加，生活和发展问题得到解决，成功实现转型发展。通过特殊困难地区水利、通信等基础设施建设，特殊困难地区现代化设施发展水平得到提升，同时促进特殊困难地区生产发展能力大幅提升。

第三章　基础设施：跨越山海展新图

交通运输是西部地区发展的先行领域和基础支撑，对推进西部大开发形成新格局、加快建设交通强国西部篇章、全面推进乡村振兴、促进实现共同富裕具有重要意义。西部大开发战略实施以来，西部地区牢牢把握交通的基础先导作用，始终坚持“交通先行”，强化基础设施规划建设，推进以铁路为主干、以公路为基础水运、民航比较优势充分发挥的交通基础设施网络不断形成；持续推进交通运输重大工程项目落地实施，推动交通运输协调、智慧、绿色发展；加快推动西部陆海新通道和综合交通枢纽系统建设，高质量综合立体交通网络基本形成；继续开好公益性“慢火车”，着力推进“四好农村路”高质量发展，交通运输公共服务均等化水平显著提升。

在党中央、国务院的坚强领导下，西部地区交通运输发展发生了历史性变革、取得了历史性成就，为经济社会发展、民族团结进步、边疆长治久安提供了有力支撑。在重大工程建设方面，川藏铁路及配套公路工程、G4216 线宜宾新市至攀枝花段（沿江高速）新建工程、西部陆海新通道（平陆）运河建设工程、北部湾港等港口提升工程有序推进。在交通运输网络方面，西部陆海新通道初步形成东中西三条主通道布局，铁路、公路、水运、民航等交通基础设施网络规模不断提升，成渝地区双城经济圈综合交通枢纽初具优势，成都天府机场等客货运枢纽相继建成。在交通运输均等化方面，农村交通基础设施网络不断完善，城乡交通一体化水平显著提升，交通运输推进乡村振兴、推动区域协调发展、实施区域重大战略的服务保障能力不断增强。

第一节　更加通达：加强重大工程建设

交通运输重大工程项目是加快“十四五”交通运输规划落地实施的有力抓手和重要支撑，对推进“十四五”期间交通运输开好局、起好步具有重要引领作用。西部大开发战略实施以来，西部地区根据《交通强国建设纲要》《国家综合立体交通网规划纲要》《“十四五”现代综合交通运输体系发展规划》，以及“十四五”各专项规划目标任务，适度超前开展交通基础设施投资，实施了一批具有战略性、全局性、引领性、基础性的交通工程项目，为构建国家综合立体交通网络、加快建设交通强国提供了有力支撑。

一、做法

（一）完善交通基础设施网络，推进交通运输重大工程建设

2022 年 5 月，交通运输部印发《关于扎实推动“十四五”规划交通运输重大工程项目实施的工作方案》，方案包含 11 项交通运输重大工程项目包，明确提出了 16 个“十四五”第一批加快建设交通强国重点项目。西部地区相关的重大工程项目包括：一是出疆入藏公路通道工程。稳步推进川藏铁路及其配套公路工程建设，协调推进川藏、新藏、滇藏铁路等重大铁路工程建设。二是沿边沿海公路建设工程。坚持以国家高速公路待贯通路段为重点，稳步推进 G4216 线宜宾新市至攀枝花段（沿江高速）工程建设。三是西部陆海新通道（平陆）运河工程。平陆运河主要建设内容包括 134.2 千米 5000 吨级航道，马道、企石、青年 3 座梯级枢纽，27 座新建改建桥梁以及配套工程。四是沿海港口提升工程。加快广西北部湾国际门户港建设，优化港区资源整合与功能布局，提升码头、航道设施能力及智能化水平，建设智慧港口。五是现代综合交通“三位一体”枢纽工程。着力打造以成都、重庆为中心的成渝地区双城经济圈国际性综合交通枢纽集群，建设成都、重庆、昆明等国际性综合交通枢纽城市，加快推进综合客运枢纽、货运枢纽及集疏运体系项目建设。

典型案例　川藏铁路及配套公路工程

川藏铁路，东起四川省成都，经雅安、康定、昌都、林芝、山南，西至西藏自治区拉萨，是中国国内第二条进藏铁路，也是中国西南地区的重要铁路干线之一。

川藏铁路采用兴建新线与合并旧线的方式修筑，分期分段建设运营。其中，成都至雅安段已于 2018 年 12 月 28 日通车，线路全长 41.2 千米，从成蒲铁路朝阳湖站接出，新建名山、雅安两座车站，设计时速 160～200 千米，为双线电气化铁路。川藏铁路成雅段的建成，将极大地提升雅安作为川西交通枢纽的地位，实现“东联成都、西进康藏、南下攀西”的重要节点作用，有助于发挥成都平原经济区的辐射带动作用，对推动雅安地区发展振兴、辐射带动民族地区经济社会全面发展具有深远的战略意义。

拉萨至林芝段已于 2021 年 6 月 25 日开通运营，该线路始于协荣站，顺拉萨河而下，经贡嘎转向东，途经山南、朗县、米林等地，横跨雅鲁藏布江直至林芝站，全长约 435 千米，设计时速 160 千米，为单线电气化铁路。拉林铁路的开通运营，彻底结束了藏东南地区不通铁路的历史，大幅缩短了沿线城市间的旅行时间，加强了藏东南与外界的联系，促进了人员交流与经贸往来。拉萨、林芝等城市“三小时经济圈”初步形成，为西藏的繁荣发展注入了新活力。

雅安至林芝段于 2020 年 11 月 8 日开工建设，该段起自既有的成雅铁路雅安

站，向西经甘孜、昌都、林芝，接入拉萨至林芝铁路，新建线路全长1011千米，沿途共设26座车站，并配套成都、林芝两个运营保障基地。该段铁路的设计时速120～200千米，为双线电气化铁路。

提质改造川藏公路G318线，实施川藏铁路配套公路工程。318国道起点为上海市黄浦区，终点为西藏自治区日喀则市聂拉木县，全程5476千米。川藏公路318线通常是指318国道中成都至拉萨段，全长2142千米，于1958年通车。2022年7月，《国家公路网规划》提出，要提质改造川藏公路G318线。2024年，G318提质改造工程理塘过境线、雅江县城西至剪子湾段、鲁朗镇至林芝段等项目持续推进。

（二）加强农村地区、边远地区基础设施建设，推进区域交通运输协调发展

积极推动城乡交通运输一体化发展。西部地区坚持贯彻落实习近平关于“四好农村路”[①]的重要指示精神，把农村公路建设摆在突出的位置，加快实施“四好农村路”助力乡村振兴工程，不断完善农村交通基础设施网络，推动农村公路建设取得显著成效。同时，推动农村客运、货运物流、邮政快递（简称客货邮）深入融合发展，促进城乡客运一体化发展，提高城乡交通运输公共服务均等化水平，夯实乡村振兴的交通基础，实现交通运输领域的脱贫攻坚成果同乡村振兴有效衔接。

推动东中西和东北地区交通运输协调发展。区域协调发展是我国社会主义现代化建设的重要内容。西部地区根据经济社会发展需求和交通基础设施建设情况，着力解决路网留白太多的问题，不断提升干线铁路覆盖度、干线公路畅通性和农村公路均等化水平，提高区域间的互联互通水平。同时高度重视革命老区、民族地区、边疆地区交通运输基础设施建设，为区域协调发展提供有力支撑。

推进重点区域统筹发展。积极推动长江经济带发展，统筹黄河流域生态保护与交通运输高质量发展。构建成渝地区一体化综合交通运输体系，着力打造一小时交通网。推动西部陆海新通道高质量发展，持续推进东、中、西三条主通道建设，提高通道、港口和物流枢纽运营效率，增强交通运输对区域重大战略的服务保障能力。

（三）加快智能技术推广应用，推进交通运输智慧发展

智慧交通是人工智能、物联网、大数据等新一代信息技术与交通运输深度融合的新业态，是推动交通运输质量变革、效率变革、动力变革的重要途径。习近平高度重视智慧交通发展，多次作出重要指示，强调“要大力发展智慧交通和智慧物流，推动大数据、互联网、人工智能、区块链等新技术与交通行业

---

① 《持续发力久久为功推动“四好农村路”高质量发展》，人民日报，2024-05-30（1）。

深度融合，使人享其行、物畅其流”[①]；要求“探索在信息基础设施、智慧交通、能源电力等领域的推广应用，提升城市管理的智能化、精准化水平”[②]；明确“努力打造世界一流的智慧港口、绿色港口”[③]，为智慧交通发展指明了前进方向、提供了根本遵循。

西部地区认真贯彻落实习近平关于交通运输和科技创新工作的重要论述，以推动交通运输高质量发展为主题，以数字化、网络化、智能化为主线，旨在推动新一代信息技术与交通运输行业融合创新，实施交通运输新基建赋能工程。一是加快推动智慧交通建设。通过引进先进的技术手段，成渝高铁、西成高铁、成贵高铁等铁路干线，成宜高速、沙吴高速等公路项目正逐步实现智能化升级。完善长江数字航道建设，综合利用大数据、云计算等先进技术提升长江航运智慧化水平。北部湾港等港口积极推进智能化改造。二是持续推动先进交通装备应用。“北斗领航”工程旨在通过北斗系统推广应用，提升交通运输领域的智能化水平。为此，西部地区不断完善交通运输北斗系统基础设施，健全北斗地基增强网络。同时稳步推进北斗系统在铁路、公路、水路、通用航空、城市公共交通以及全球海上航运、国际道路运输等领域的应用。

（四）全面推动绿色低碳转型，推进交通运输绿色发展

2020 年 9 月 22 日，国家主席习近平在第七十五届联合国大会一般性辩论上宣布，中国将提高国家自主贡献力度，采取更加有力的政策和措施，实现“双碳”目标[④]。交通运输业作为能源消费和二氧化碳排放的重要领域，占我国全社会二氧化碳排放总量的 10%左右。因此为实现“双碳”目标，推动交通运输行业的绿色低碳转型至关重要。西部地区始终坚持“绿水青山就是金山银山”的理念，深入贯彻落实党中央、国务院关于碳达峰碳中和的重大决策战略，根据交通运输绿色低碳发展的系列部署，聚焦于降低营运交通工具二氧化碳排放强度的总体目标，积极推进绿色低碳交通可持续发展工程。一是加快推动运输结构优化调整。推动铁路专用线建设，推动大宗货物和中长途货物运输“公转铁”“公转水”。二是节约集约循环利用资源。推进交通建设项目节约集约利用土地、线位、桥位、水域岸线等资源，提高国土空间综合利用率。推进快递包装减量化、标准化、循环化。推动废旧设施材料等资源化利用。三是加强交通运输污染防治和生态环境保

① 《习近平出席第二届联合国全球可持续交通大会开幕式并发表主旨讲话》，人民日报，2021-10-15（1）。

② 《习近平主持中央政治局第十八次集体学习并讲话》，新华社，2019-10-25，https://www.gov.cn/xinwen/2019-10/25/content_5444957.htm。

③ 《习近平：稳扎稳打勇于担当敢于创新善作善成推动京津冀协同发展取得新的更大进展》，人民日报，2019-01-19（1）。

④ 《习近平在第七十五届联合国大会一般性辩论上的讲话》，https://www.gov.cn/xinwen/2020-09/22/content_5546169.htm。

护。加大交通污染监测和综合治理力度，落实生态补偿机制。促进交通基础设施与生态空间协调，最大限度地保护重要生态功能区、避让生态环境敏感区，加强永久基本农田保护。四是着力推进交通领域用能清洁低碳转型。加快既有铁路电气化改造，加大新能源车辆推广应用力度，优化交通能源结构，推进新能源、清洁能源应用，促进公路货运节能减排，推动城市公共交通工具和城市物流配送车辆全部实现电动化、新能源化和清洁化。

二、成效

（一）交通基础设施重大工程建设持续推进

川藏铁路雅安至林芝段有序推进，川藏公路 G318 线提质改造工作展开，实施川藏铁路配套公路工程，满足铁路建设期间出藏交通需求。

G4216 线宜宾新市至攀枝花段（沿江高速）新建工程全长约 427 千米，于 2020 年 6 月开工，5 年工期，计划 2025 年建成通车。该项目分三段同期建设，宜宾新市至凉山州金阳段，主线长约 168.9 千米，概算 402.1 亿元，桥隧比 92%；金阳至宁南段，主线长 94.9 千米，概算 234.6 亿元，桥隧比 94%；宁南至攀枝花段，主线长 166.2 千米，概算 297.6 亿元，桥隧比 69%。截至 2024 年 10 月，宜宾新市至攀枝花段（沿江高速）建设取得了积极进展，沿线不仅已有路段建成通车，更为重要的全线控制性工程取得突破性进展。例如，宁攀段控制性工程钒钛高新区特大桥全线完成贯通、宜金段西苏角河特大桥主拱圈合龙、宁攀段火山隧道双幅贯通等，为宜攀高速全线贯通按下了加速键。

西部陆海新通道（平陆）运河工程是新中国成立以来建设的第一条通江达海的运河工程，也是西部陆海新通道的骨干工程。运河始于广西南宁市横州市西津库区平塘江口，经钦州灵山县陆屋镇沿钦江进入北部湾，全长 134.2 千米，其中分水岭越岭段开挖 6.5 千米，其余利用现有河道建设。平陆运河主要建设内容包括 134.2 千米 5000 吨级航道，马道、企石、青年 3 座梯级枢纽，27 座新建改建桥梁以及配套工程。2022 年 8 月 28 日，平陆运河开工建设。截至 2024 年 8 月 28 日，平陆运河累计完成投资 386.3 亿元，累计开挖土石方约 2.2 亿立方米，多个关键性工程节点取得重大突破，包括马道枢纽在内的三座枢纽全面进入船闸主体施工新阶段，计划 2026 年底建成通航。

北部湾港位于中国广西壮族自治区南部北部湾，是中国沿海主要港口之一。2019 年国家发展改革委印发了《西部陆海新通道总体规划》，提出要建设广西北部湾国际门户港，提升通道出海口功能。2023 年，广西北部湾港累计完成货物吞吐量达 4.4 亿吨，同比增长 18.5%，其中集装箱吞吐量达 802.2 万标箱，同比增长 14.3%，增速稳居全国沿海港口前列；西部陆海新通道海铁联运班列开行 9580 列，同比增长 8.6%；另外，广西区内新开通“贵港—北部湾港”“融安—北部湾港”“北部湾港—玉林”三条海铁联运班列线路，服务区内货源结构持续优化，企业能力逐步增强、范围逐步扩大。

2024 年 4 月 29 日，交通运输部召开新闻发布会，重点介绍“今年以来重大工程项目建设”有关情况。交通运输部综合规划司副司长侯振兴指出：“国家‘十四五’规划的 102 项重大工程中，涉及交通运输项目开工、完工超过 260 个，总投资超过 1.3 万亿元。今年一季度，完成交通固定资产投资 7125 亿元，投资规模仍保持高位运行，为推动我国经济回升向好提供了坚实的保障。”交通基础设施重大工程建设工作持续推进。

（二）交通基础设施日益完善，国家综合立体交通网基本形成

2021 年 12 月，《“十四五”现代综合交通运输体系发展规划》提出，要按照国家综合立体交通网“6 轴 7 廊 8 通道”主骨架布局，构建完善以“十纵十横”综合运输大通道为骨干，以综合交通枢纽为支点，以快递网、干线网、基础网多层次网络为依托的综合交通网络。西部大开发战略实施以来，随着交通基础设施日趋完善以及交通运输重大工程项目的持续推进，综合交通运输体系取得了显著成就，截至 2023 年底，全年完成交通固定资产投资 39 142 亿元，其中铁路固定资产投资 7645 亿元，公路固定资产投资 28 240 亿元，水路固定资产投资 2016 亿元。就西部地区来看，全年完成公路水路固定资产投资约 1111 亿元，其中公路固定资产投资约 1067 亿元，水路固定资产投资约 44 亿元，运输基础设施网络日趋完善。西部地区的铁路营业里程、公路里程、内河航道通航里程等持续增加，“八纵八横”高速铁路网西部地区主通道不断完善，“十纵十横”综合运输大通道基本贯通，我国“6 轴 7 廊 8 通道”国家综合立体交通网主骨架布局基本形成。

（三）基础设施保障能力全面增强，显著推动区域协调发展

西部大开发战略实施以来，西部地区持续加大交通基础设施的建设力度，不断强优势、补短板，加强区域间基础设施互联互通，为交通运输高质量发展提供了重要支撑。西部地区致力于提升城乡交通基础设施水平，通过深入推进“四好农村路”“快递进村”等项目，进一步缩小了城乡间交通基础设施差距，为持续推进乡村振兴奠定了坚实基础。西部地区的高铁、铁路、公路和新建机场项目发展步伐加快，宝兰高铁、川藏铁路成雅段等交通项目相继投入运营，进一步弥补了交通网络的不足，促进了东中西及东北地区的协同发展。同时，西部地区还积极推动长江经济带发展，开展长江干线航道整治工作，推动综合运输大通道加快形成。在黄河流域，西部地区努力推动实现生态保护与交通运输高质量发展，提高黄河流域水资

源节约利用水平，加快推进下游引黄涵闸改建、黄河宁夏段河道治理等工程建设。西部陆海新通道建设取得显著成效，运行质量效益显著提升，基础设施网络持续完善，综合服务功能不断增强。

（四）运输服务能力显著提高，智慧交通蓬勃发展成效显著

西部地区持续完善交通基础设施建设，不断提升干线铁路、干线公路和农村公路覆盖度，人民群众交通出行更加便捷，大部分20万人口以上城市可在1小时内享受到公路、铁路、民航多种运输服务。此外“公益性慢火车”、网约车、定制班车、民航短途航线等交通运输模式加快发展，进一步丰富了人们的出行选择。同时，数字技术的蓬勃发展不断推动电子客票普及，一码（证）通行的目标基本实现，城市公交一卡通、移动支付等技术的应用更极大地提高了旅客的出行服务品质。

在物流领域，货物多式联运、冷链物流、江海直达运输等模式加速发展，物流服务更加经济、高效。截至2023年底，西部地区共完成全社会货运量达150亿吨，有效畅通了西部与东部地区的经济交流。智慧邮政的建设取得显著成效，自动分拣、智能配送、智能快递柜等支撑了邮政快递量持续高速增长，2022年西部地区快递业务量达82.7亿件。智慧港口建设成效显著，广西北部湾港积极应用大数据、人工智能、5G网络、云计算等新一代创新技术，不断加速提升港口基础设施服务能力。数字航道建设全面启动，长江干线及其主要支流、西江干线、京杭运河航道基本实现电子航道图全覆盖，长江超过85%的货运船舶依靠电子航道图引航作业。

（五）交通运输结构有序调整，加快形成绿色低碳运输方式

西部大开发战略实施以来，交通运输领域的供给侧结构性改革不断深化，多式联运示范工程建设深入实施，铁水联运、公铁联运、江海联运等运输组织模式创新发展，2023年，西部地区港口货物吞吐量达8.6亿吨，集装箱吞吐量1108万标箱。大宗货物及集装箱运输“公转铁、公转水”有序推进，运输结构不断调整优化。如图3-1所示，铁路货运量占比不断提高，2023年，西部地区铁路货运量为21.6亿吨，在西部地区货运量中占比为14.4%，较2017年提高了2.2个百分点。同时，从图3-1中可以看出，水路货运量也呈增长趋势，2023年，西部地区水路货运量达7.4亿吨。与此同时，西部地区大力推进新能源和清洁能源在交通运输领域的广泛应用，城市公交、出租车、货运配送、邮政快递车辆电气化改造进程加快，电子不停车收费（electronic toll collection，ETC）系统得到了积极推广和应用。另外，西部地区积极推进水运行业应用液化天然气（liquefied natural gas，LNG），绿色发展理念深入各行业之中。

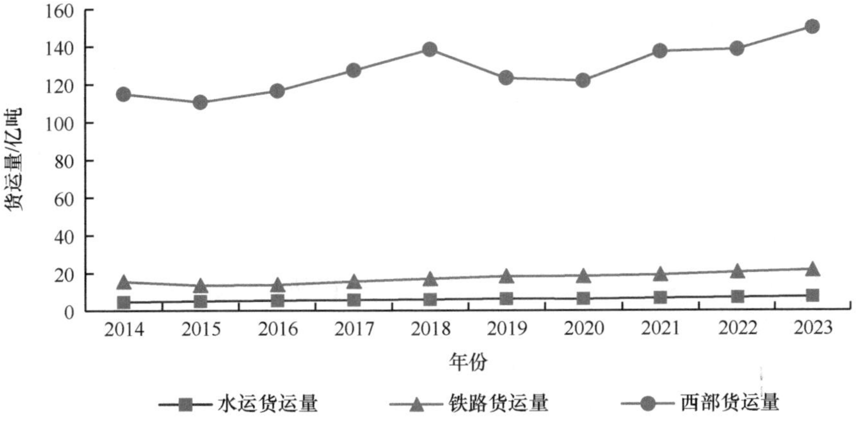

图 3-1　西部地区 2014～2023 年货运量

第二节　更加通畅：完善综合运输网络

西部大开发战略实施以来，西部地区不断完善综合运输大通道建设，加强战略骨干通道建设，着力推进交通基础设施建设，优化综合立体交通网络布局、结构和功能，加强综合交通枢纽系统建设，构建多层级一体化综合交通枢纽体系，携手构建高质量综合立体交通网络。2024 年是《西部陆海新通道总体规划》印发实施五周年，在五年的发展历程中，西部陆海新通道建设稳步推进，初步形成东中西三条通路构成的主通道布局。综合交通运输基础设施网络规模不断提升，布局日益均衡，结构日益优化。成渝地区双城经济圈一体衔接的综合交通枢纽初具优势，成都天府机场等客货运枢纽相继建成，西部地区综合立体交通网络初步形成。

一、做法

（一）完善综合运输大通道建设，加强战略骨干通道建设

西部大开发战略实施以来，西部地区严格执行《国家综合立体交通网规划纲要》《“十四五”现代综合交通运输体系发展规划》等文件，按照国家综合立体交通网“6 轴 7 廊 8 通道”主骨架布局，持续推进横贯东西、纵贯南北、内畅外通的“十纵十横”综合运输大通道建设，并加强出疆入藏、西部陆海新通道等战略骨干通道的建设。

着力加强综合运输大通道建设，优化综合运输大通道布局。西部地区加快推进“十纵十横”综合运输大通道建设，充分释放京津冀、长三角、粤港澳大湾区、成渝地区双城经济圈四大增长极的联络与辐射效应，打造具备综合性、立体化、大容量、快速化的交通主干线。构建京藏、大陆桥等多方式、多通道、便捷化的

交通走廊，加强主干线与走廊之间的顺畅衔接。另外，推进沿边、福银、厦蓉等交通通道建设，促进国内外互联互通，拓展西部地区的交通网络覆盖范围。西气东输、川气东送、陕京管道系统等天然气干线管道运输系统持续完善。煤炭物流通道布局日趋合理，形成贯穿南北、连接东西的铁路能源运输大通道。粮食物流骨干通道已全部打通，原粮散粮运输和成品粮集装化运输比重显著增加，粮食物流效率稳步提升。

加强战略骨干通道建设。西部地区加快推进出疆入藏综合通道建设，新建和田至若羌铁路、格尔木至库尔勒铁路、拉萨至林芝铁路等一大批出疆入藏铁路，稳步推进川藏铁路建设，强化国省干线公路建设，优化航空航线网络布局，推动出疆入藏通道提质改造。另外，建设西部陆海新通道，发挥铁路在陆路运输中的骨干作用，通过畅通西线通路、扩能中线通路、完善东线通路，加强通道内联外延，形成大能力主通道；发挥港口在海上运输中的门户作用，加快广西北部湾国际门户港建设、打造海南洋浦区域国际集装箱枢纽港、推动重庆物流和运营组织中心建设、建设成都国家重要商贸物流中心、加强集疏运体系建设，提升交通物流枢纽功能，推动西部陆海新通道建设高质量发展。

（二）完善交通基础设施网络，优化综合立体交通网布局、结构和功能

西部大开发战略实施以来，西部地区不断完善铁路、公路、水运、民航等交通基础设施网络，构建以铁路为主干、以公路为基础，水运、民航比较优势充分发挥的国家综合立体交通网。

强化铁路建设，提升铁路路网密度和干线等级。西部地区加快推进高速铁路、干线铁路、城际铁路、开发性新线和枢纽站场建设，强化既有线路扩能改造，促进西部高速铁路成网和干线铁路等级提高。银西高铁、张呼高铁、贵南高铁等一大批高速铁路开通运营，进一步完善了“八纵八横”高速铁路网西部地区主通道建设。规划实施南昆铁路（百色至昆明段）、南疆铁路（阿克苏至喀什段）、青藏铁路（格尔木至拉萨段）等既有铁路线路扩能改造。加强区域国土开发性铁路建设，建设丽江至香格里拉、敦煌至格尔木、安顺至六盘水等铁路。

加速推动公路交通织密成网，提升公路网络联通和畅达水平。西部地区携手构建高效便捷的互联互通高速公路网，优化完善普通国道网，不断推进瓶颈路段建设，为西部地区发展“舒筋活络”。加快国家高速公路建设，推动京新高速、京藏高速、连霍高速、依若高速、敦当高速、泉南高速、达陕高速等一大批高速公路建成并通车，加快推进并行线，联络线以及待贯通路段建设。加快推动普通国道建设，以沿边普通国道及通县国道为重点，加强未贯通路段建设和低等级普通国道升级改造，推进普通国省道城镇过境段改造，做好普通国省道与城市干道的有效衔接。

加快河流航道和港口建设，优化畅通水运设施网络。西部地区积极推进长江

干线重点航道整治，实施西江航运干线重要支线扩能，加快实施右江百色、红水河龙滩、乌江构皮滩枢纽通航设施建设，启动澜沧江、金沙江部分库区和湖区航运建设工程，打通云南经西江出海通道，打通贵州经西江、长江出海通道。促进内河港口专业化、规模化发展，以重庆港、泸州港、宜宾港、南宁港等港口为重点，加强港口集疏运铁路和公路建设，积极发展多式联运，更好地支撑沿江经济与产业发展。促进北部湾沿海港口转型升级和功能扩展。加快推进西部陆海新通道（平陆）运河工程前期论证及建设。

加快民用航空发展，航空网络覆盖范围不断扩大。西部大开发战略实施 25 年来，西部地区加快枢纽机场建设，建成成都天府国际机场，逐步提升成都、昆明、西安、重庆、乌鲁木齐等机场国际枢纽功能和竞争力，推进兰州、南京、贵阳、拉萨等区域枢纽机场扩能改造。另外，提升区域机场密度，优化布局结构，稳步推进一批支线机场建设。同时，做好机场建设项目空管、供油等配套工程建设。大力拓展国际航线，重点推进与“一带一路”共建国家互联互通。完善国内航线布局，增辟西部主要城市东向航线，增加航班密度，打造沪兰、沪昆、沪渝、广兰等空中大通道。

大力发展现代邮政快递服务，加快构建邮政快递干线运输网络。西部地区按照建设丝绸之路经济带、长江经济带等重大战略规划要求，加快西部地区快递枢纽的建设和改造进程，重点打造成都重庆西安全球性国际邮政快递枢纽集群，建设成都、南宁等区域性国际邮政快递枢纽和全国性邮政快递枢纽。另外，西部地区注重提升邮件快件干线运输能效，充分发挥公路、铁路、水运、民航等综合交通运输的比较优势和组合效率，构建多种运输方式合理利用、顺畅衔接的干线运输网络。

（三）加强综合交通枢纽系统建设，构建多层级一体化综合交通枢纽系统

综合交通枢纽是整合公路、铁路、航空、海港等为一体的海陆空协同枢纽体系。《国家综合立体交通网规划纲要》提出，要建设综合交通枢纽集群、枢纽城市及枢纽港站“三位一体”的国家综合交通枢纽系统。西部大开发战略实施 25 年来，西部地区着力打造以成都、重庆为中心的成渝地区双城经济圈国际性综合交通枢纽集群，建设成都、重庆、昆明、西安、乌鲁木齐等国际性综合交通枢纽城市，加强综合客运枢纽、货运枢纽建设。

着力打造综合交通枢纽集群，加快建设综合交通枢纽城市。2021 年 6 月，国家发展改革委、交通运输部印发《成渝地区双城经济圈综合交通运输发展规划》，规划提出要建设以成都、重庆为中心的成渝地区双城经济圈国际性综合交通枢纽集群，提升全球互联互通水平和辐射能级。建设成都、重庆、昆明、西安、乌鲁木齐等国际性综合交通枢纽城市，发挥通达全球、衔接高效、功能完善的交通中

枢作用。不断优化全国性综合交通枢纽建设，增强区域性综合交通枢纽的衔接转运能力，优化不同层次枢纽城市分工协作。

加强综合客运枢纽、货运枢纽建设。西部地区依托成都天府国际机场、重庆东站等，建设一批综合客运枢纽，新建西安咸阳、昆明长水等综合客运枢纽场站，实施重庆等铁路枢纽优化工程，推动新建综合客运枢纽等各种运输方式集中布局，实施既有枢纽整合交通设施，推动主要运输方式间便捷换乘。优先利用现有物流园区以及货运场站等设施，规划建设多种运输方式高效融合的综合货运枢纽，新建重庆陆港型物流枢纽等综合货运枢纽场站。加快综合货运枢纽多式联运换装设施与集疏运体系建设，统筹转运、口岸、保税、邮政快递等功能，提升多式联运效率与物流综合服务水平。

二、成效

（一）“十纵十横”综合运输大通道基本贯通，战略性骨干通道建设持续推进

截至2024年4月29日，“6轴7廊8通道”国家综合立体交通网主骨架空间格局基本形成，路线里程超过26万千米，建成率约90%，已连通了全国超过80%的县，服务全国90%左右的经济、人口总量。“十纵十横”综合运输大通道基本贯通。出疆入藏综合运输通道建设持续推进，兰新铁路、青藏铁路、川藏铁路、格库铁路等一大批铁路项目开通运营，不仅改善了出疆入藏条件，促进了新疆、西藏两地的经济社会发展，而且对于国家的安全和防务具有重要意义。截至2022年底，新疆、西藏铁路营业总里程已达9900千米，较2000年增长330%。西部陆海新通道建设保持强劲增长态势，运行质量效益显著提升，基础设施网络持续完善，综合服务功能不断增强，统筹协调机制有效运行，初步形成了东中西三条通道构成的主通道布局。

（二）综合交通运输基础设施网络化水平不断提高，布局、结构和功能日益优化

综合交通运输基础设施网络规模优势凸显。如图3-2所示，截至2022年底，西部地区铁路营业里程达6.3万千米；公路里程达231.86万千米，其中高速公路通车里程达7.41万千米；内河航道里程达3.47万千米。西部地区高速铁路、公路和机场等交通基础设施持续优化升级，兰新高铁建成通车，川藏铁路雅安至林芝段开工建设，长江干线航道整治以及西江航运干线升级改造正加速推进，成都天府国际机场等一批机场相继建成，使得交通基础设施布局更加均衡，这些举措有效弥补了西部地区的交通短板，为西部大开发注入新的动力，塑造了西部大开发新格局。另外，西部地区的运输结构日趋合理，逐步构建了以铁路、船舶为主的中长途货运系统，加快了铁路专用线建设，推动了大宗货物和中长途货物运输“公

转铁”“公转水”。同时，西部地区也在持续推广新能源和清洁能源在交通运输领域的应用，节能降碳效果显现。

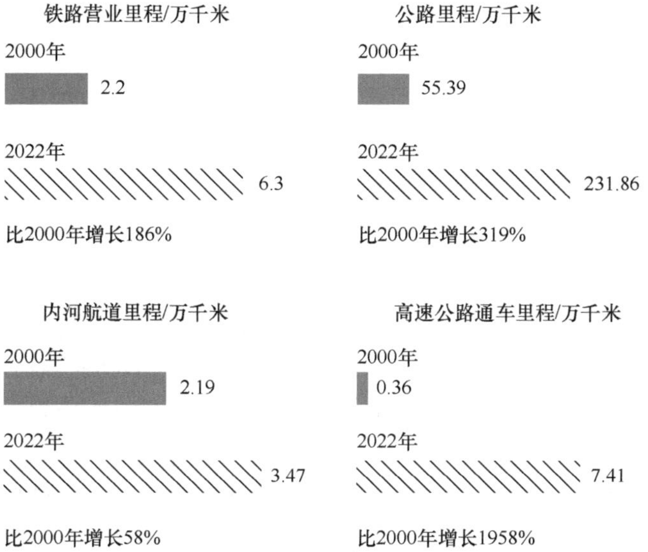

图 3-2　交通基础设施网络规模提升

（三）综合交通枢纽建设加快推进，交通基础设施系统集成逐步优化

西部地区加快建设高水平成渝地区双城经济圈国际性枢纽集群，强化重庆、成都等重要枢纽功能，加快建设全国性、区域性综合交通枢纽，成渝地区双城经济圈的综合交通网络初步形成，内外通达服务能力大幅提升，国际航空枢纽基本形成，重庆长江上游航运中心地位凸显，国际铁路港功能领先，一体衔接的综合交通枢纽初具优势。通过规划引领，强化一体化综合客运枢纽站建设，成都天府、重庆西站等一批综合交通枢纽建成，实现了高铁、城市客运、轨道交通、民航等交通方式的有效衔接。另外，西部地区加大综合货运枢纽建设力度，优化货运枢纽布局，推进多式联运型和干支衔接型货运枢纽（物流园区）建设，西安、大理、贵阳、重庆、泸州港、哈密陆港等一批现代物流枢纽建成，提高了货物换装效率，加快了多式联运发展，有力推动了多层级一体化综合交通枢纽体系建设。

第三节　更加均等：做好公平普惠文章

2021 年 12 月，《“十四五”现代综合交通运输体系发展规划》提出，要补齐西部地区交通基础设施网络短板，逐步提升城乡交通运输一体化水平，提高客运服务普惠均等水平。西部大开发战略实施 25 年来，西部地区着力推进“四好农村路”高质量发展，推动形成全面覆盖的农村交通基础设施网络。同时，持续开好公益性“慢火车”，推进城乡客运一体化，农村客货邮融合发展，不断完善农村物流基础设施，城乡交通运输一体化水平和交通运输公共服务均等化水平显著提升。

一、做法

（一）继续开好公益性“慢火车”，持续提升公益性“慢火车”开行质量

公益性“慢火车”，是铁路部门依托既有普速铁路，在经济相对欠发达的农村地区和交通不便的老少边地区开行的列车，具有票价低、停站多等特点，是铁路行业助力广大群众“依靠自己的双手创造幸福生活”，推动乡村振兴的重要举措。《“十四五”现代综合交通运输体系发展规划》提出，要持续开好公益性“慢火车”，优化开行方案，改善站车条件。西部大开发战略实施以来，西部地区始终坚持以人民为中心的发展思想，聚焦于偏远地区群众出行需求，通过改善设备设施条件、优化列车开行方案、打造特色公益性“慢火车”品牌等，不断提升公益性“慢火车”开行质量，推动“幸福慢车”跑出提质升级“加速度”，推动乡村振兴，助力共同富裕，走出了一条以铁路促振兴的新路子。

典型案例　成昆铁路：攀枝花至普雄5633/5634

成昆铁路起于四川省成都市，止于云南省昆明市，是中国铁路主要干线之一。四川省凉山彝族自治州的大片区域都位于成昆铁路沿线，自1970年成昆铁路建成通车以来，凉山州各族人民首次能够乘坐火车走出大山，与外界建立起联系。成昆铁路上运行的5633/5634次公益性“慢火车”，在攀枝花与普雄之间往返，全程353千米，沿途停靠27个车站，票价最低仅需2元，最高不超过26.5元，且几十年来从未涨价。这列火车不仅是铁路沿线居民日常出行的“公交车”，更是他们的“致富车”、“赶集车”和“求学车”。

近年来，中国铁路成都局集团公司对5633/5634次公益性“慢火车”列车的服务和设施设备进行了全面升级，以满足旅客多样化的需求，提升出行体验。一是引入彝族特色文化元素，实行彝汉双语列车广播，采用体现彝族文化元素的主题涂装和特色宣传海报，以促进彝汉文化深入交流。二是打造多功能型公益性“慢火车”品牌，车厢内配备创意“集市通”移动显示屏，展示购票信息、地方风俗、旅游攻略等便民内容，乘客还能够在“集市通”上发布当天蔬菜实时价格，有时甚至能在列车上完成交易，大大提升了售卖效率。列车联合四川省图书馆，打造“彝乡情·慢火车·悦读新空间”，提供专门的书桌、板凳、阅读书籍，让公益性“慢火车”变为“移动图书馆”。考虑到旅客常携带编织袋、大提包等行李物品较多且易破损的特点，成都客运段在车上安置百宝箱，配备针线、胶带等用品。同

时，老年旅客、“脱网”人员等特殊群体乘车时，公益性“慢火车”仍将保留面对面补票、现金结算等方式。

资料来源：《民族》杂志，2023年第1期，《从公益性“慢火车”到“动车时代”：成昆线上的大凉山》；《西南铁路》，2023年10月17日，《这趟列车开行50余年从未停歇，网友：把幸福继续下去》。

（二）持续改善城乡交通基础设施条件，推进城乡交通运输一体化发展

《“十四五”现代综合交通运输体系发展规划》提出，要统筹新型城镇化和乡村振兴发展需要，逐步提升城乡交通运输一体化水平。西部大开发战略提出以来，西部地区不断完善农村交通基础设施建设，优化运输服务布局，提升农村路网的覆盖度和深度，加强城乡交通运输基础设施有效衔接，推动城乡交通运输一体化水平发展，实现巩固拓展脱贫攻坚成果同乡村振兴的有效衔接。

加强西部地区农村公路建设，推动形成广覆盖的农村交通基础设施网络。农村公路是推进城乡融合发展的基础性、先导性和服务性设施。西部地区全面推进“四好农村路”建设，深入实施新一轮农村公路建设和改造，逐步消除制约农村发展的交通基础设施壁垒，完善便捷高效、普惠公平的农村公路网络。另外，西部地区还推动实现具有条件的乡镇和建制村通硬化路、通客车、通邮，大力改善农村交通基础设施，农村群众“出行难”问题得到历史性解决。同时，大力发展“路衍经济”，通过农村公路的建设带动农村地区特色农产品开发、特色旅游景区、乡村重点旅游村等相关产业发展。

典型案例　“四好农村路”全国示范县：青海省湟源县

2024年3月，由交通运输部、农业农村部、国家邮政局联合命名的第四批“四好农村路”全国示范县名单出炉，青海省西宁市湟源县入选第四批“四好农村路”全国示范县。

近年来，湟源县坚持贯彻落实习近平关于进一步做好“四好农村路”建设的重要指示精神，把“四好农村路”建设作为推动乡村全面振兴的有力抓手，紧紧围绕把农村公路“建好、管好、护好、运营好”的总体目标，持续发力，久久为功，致力于打造老百姓家门口的幸福路、连心路、振兴路、致富路。

狠抓公路建设，拓宽群众“幸福路”。湟源县积极落实《湟源县2021—2035年县乡村三级公路远景目标专项规划》，全力争取实施村道提升工程，加大资源路、旅游路、产业路建设力度，持续优化县、乡、村三级公路路网体系，确保高速公路出入口与东西向快速通道的畅通衔接。

细抓公路养护，建设群众“连心路”。湟源县按照“县道县管、乡道乡管、村道村管”原则，深入推进农村公路管理养护“路长制”，逐级签订乡村公路养

护协议。另外，还加强乡村两级管护人员的队伍建设和资金支持，建立健全农村公路管理养护运行机制；积极推进“路田分家、路宅分家”和路域环境整治工作，确保路田、路宅权属明确，保障路容路貌安全畅洁。

实抓公路运营，畅通乡村“振兴路”。湟源县坚持“建设养护是基础，助力运输是目的”的发展思路，持续巩固全国农村物流服务品牌，积极探索“电子商务+农村物流”的新型服务模式，完善农村物流网络节点体系，实现资源共享、客货兼顾、运邮结合、融合发展。

串联优势资源，打造产业“致富路”。湟源县坚持“以路惠民、以路兴业”的原则，充分发挥农村公路“以路带产、以产兴业”的功能，依托日月山、华石山等风景旅游资源，借助环西宁旅游圈、环青海湖旅游圈等优势区位条件，规划旅游班线，并且积极探索“农家院+河滩经济”产业发展方式，将自然生态、风土人情、乡村特色等融入公路建设，带动民宿经济、文化旅游等产业落地开花，为强村富民开拓崭新共富路径。

资料来源：湟源县人民政府，2024 年 7 月 12 日，《湟源：全力创建“四好农村路”全国示范县》。

加强城乡交通运输基础设施有效衔接，推动城乡交通运输一体化发展。西部地区统筹规划地方高速公路网络，加强与国道、农村公路以及其他运输方式的衔接协调；推进县乡村（户）道路连通、城乡客运一体化，解决好群众出行“最后一公里”问题；推动农村客货邮融合发展，推广农村客运车辆代运邮件快件，在农村货运物流、邮政快递需求旺盛或多为大件的地区发展货运班车，持续推进乡镇运输服务站建设，完善村级站点网络，推动形成农村运输发展新模式；完善农村物流服务网络，畅通农产品出村进城、消费品下乡进村双向渠道，如陕西镇坪县“邮快合作+一点多能+快递进村”、甘肃民乐县“交邮融合+电商物流”、云南双柏县“交通+电商+邮政”等农村物流服务品牌项目持续推进，农村物流服务水平不断提高。

（三）巩固拓展脱贫攻坚成果同乡村振兴的有效衔接，坚决打赢交通扶贫脱贫攻坚战

2016 年，国家相继印发《关于进一步发挥交通扶贫脱贫攻坚基础支撑作用的实施意见》《“十三五”交通扶贫规划》等指导性文件，为西部地区交通建设指明了前进方向。西部地区积极响应国家号召，集中力量推进革命老区、民族地区、边疆地区和欠发达地区的交通基础设施建设，持续推进国家高速公路、普通国省道的改扩建工程，确保交通发展红利更多地惠及乡村与农户。与此同时，西部地区还特别重视资源密集地区和人口相对密集区的开发性铁路建设和支线建设，旨

在通过铁路网络的完善，为当地资源开发和经济增长注入新动力。在条件成熟的地方，西部地区还积极推进具备旅游、农业作业、应急救援等多功能为一体的通用机场建设，以期进一步提升西部地区的综合交通运输能力。此外，为全面提升农村地区的服务水平，西部地区大幅加强农村邮政等基础设施建设力度，持续优化邮政网络布局，拓宽邮政服务的覆盖面并提升其服务效率，从而在增进民生福祉、促进社会稳定方面发挥积极作用。

二、成效

（一）农村公路建设取得扎实成效，便捷高效的农村公路网络基本形成

西部大开发战略实施 25 年来，西部地区高度重视农村公路建设，以“四好农村路”为牵引，积极推动农村地区建设外通内联、通村畅乡、客车到村、安全便捷的交通运输网络，有效盘活农村地区的资源，把农村与全国大市场联通起来，显著促进农村地区的经济发展。截至 2019 年底，我国实现了具备条件的乡镇和建制村 100%通硬化路；截至 2020 年 9 月，我国实现了具备条件的乡镇和建制村 100%通客车，农民群众“出行难”问题得到历史性解决。截至 2023 年底，全国农村公路建设投资连续 7 年保持在 4000 亿元以上规模，全年新改建农村公路里程达 18.8 万千米，年末农村公路里程 459.86 万千米，西部地区人民依托交通大踏步迈入全面小康社会。

（二）城乡服务网络建设持续加强，城乡交通运输一体化水平大幅提升

西部大开发战略实施 25 年来，西部地区坚持开好“公益性”慢火车，公益性运输和普惠服务水平显著提升，着重提高旅客出行服务品质。城乡道路客运一体化发展水平持续提升，以县城为中心、乡镇为节点、建制村为网点的交通网络初步形成，农村客货邮合作线路持续增加，“一点多能、一网多用、功能集约、便利高效”的农村运输服务新模式加快形成，农村运输服务水平和可持续发展能力显著提升。“快递进村”工作向纵深推进，农村物流服务网络不断完善，服务水平显著提升。截至 2022 年底，西部地区邮路总长度达 238.1 万千米，邮政营业网点达 120 871 处，农村投递线路达 140.1 万千米，城市投递线路达 56.1 万千米，快递量达 8.3 亿件，快递业务收入达 95.3 亿元。

（三）交通运输对实现乡村振兴、推动区域协调发展、实施区域重大战略的服务保障能力不断增强

西部地区着力巩固拓展脱贫攻坚成果同乡村振兴战略有效对接，“四好农村路”建设取得显著成效，农村交通基础设施和运输服务布局持续优化，为乡村振

兴奠定了坚实基础。西部大开发战略实施 25 年来，西部地区交通基础设施网络不断完善，干线铁路覆盖度、干线公路通畅性和农村公路均等化水平不断提高，尤其是欠发达地区、革命老区、民族地区、边疆地区的交通基础设施建设持续推进，交通基础设施的互联互通在不同区域间得到了显著提升，交通运输对区域协调发展的支撑引领能力明显增强。此外，西部地区的交通运输与长江经济带发展、黄河流域生态保护和高质量发展等区域重大战略实现有效对接，长三角地区交通运输一体化发展和黄河流域交通运输高质量发展的水平实现显著提升，交通运输服务于区域重大战略的实施能力不断增强。

第四章　大保护：绘就美丽新画卷

西部大开发战略在筑牢国家西部生态安全屏障方面发挥了至关重要的作用，对于保障国家安全、实现国家长远发展具有不可替代的意义。生态安全是国家存在与发展的重要基础，是国家安全的重要组成部分。西部地区作为我国生态屏障，其生态安全直接关系到国家的整体生态安全和长远发展。西部大开发以高质量发展破解了西部地区人与自然的紧张关系及尖锐矛盾，协调了西部地区生态安全与经济发展之间的关系，坚持了生态安全与经济发展的辩证统一，在开发中保护，在保护中开发，对于全国早日实现人与自然和谐共生的中国式现代化具有重要意义。随着西部大开发战略的不断推进，首先，西部地区的森林、草原、湿地等生态系统逐渐恢复正常运转，自然保护区的数量和面积都不断扩大，生物多样性显著提升，有利于我国的可持续发展；其次，西部地区的整体环境实现了“改头换面”，从前的沙漠变成绿洲，从前泛滥的沙尘天气也逐渐减少，西部地区变绿了，变美了，不再是“艰苦”的代名词；最后，西部地区的变化是可持续的、具有内生性动力的，西部地区正在实现低碳化转型，各类低碳产业、绿色技术正支持着西部自主走向美丽富强。总体而言，西部地区居民真正实现了“安居乐业”——生活环境不断改善，饮用水安全得到保障，自然灾害的发生次数不断减少，农业生产条件不断提高，农民的收入得以增加，工业产业向绿色化方向不断转型升级，地区人均可支配收入不断提升，这些成效对于增进人民福祉具有重要意义。

第一节　生态优先：深入实施重点生态工程

一、实施重点生态工程

（一）西部重点生态工程的实施

首先，进行退耕还林还草工作。重点在江河源头、湖库周围及石漠化严重的地区推行退耕地造林的工作，配套实施宜林荒山荒地造林、封山育林的措施。重点在草原安排退牧还草的工作，推进划区轮牧和季节性休牧围栏建设，配套建设一定规模的人工饲草地和舍饲棚圈，并对退化草原进行补播改良。

其次，加强对天然林资源的保护力度，并积极开展防护林体系建设。停止对长江上游、黄河中上游地区进行天然林的商品性采伐，调减内蒙古重点国有林区的木材产量，加强公益林建设和森林经营；在西北、东北、华北、长江、珠江流域以及沿海地区开展防护林体系建设，增加林草植被，形成生态屏障。

最后，开展水土流失综合治理及石漠化治理。重点在长江中上游、黄河中上游和珠江上游等水土流失严重的地区开展坡耕地水土流失治理、淤地坝建设、小流域综合治理和水土保持生态修复工作，加强对林草植被的保护和建设，实现水土保持和石漠化的治理。

（二）西部重点生态工程的成效

首先，退耕还林还草治理成效显著，主要体现为森林覆盖率的提升和草地面积的增长。西部地区的森林覆盖率变化情况见图 4-1。从西部各省份 2003 年与 2022 年森林覆盖率的对比数据来看，与 2003 年相比，西部各省份的森林覆盖率在 2022 年有显著上升，2003 年西部各省份的平均森林覆盖率为 20.01%，2022 年增长到 28.85%，增长了 8.84 个百分点。西部地区森林覆盖率增长幅度排名前三的省区市是重庆、贵州和广西，重庆 2003 年的森林覆盖率为 22.25%，2022 年增长到 43.11%，增长了 20.86 个百分点；贵州 2003 年的森林覆盖率为 23.83%，2022 年增长到 43.77%，增长了 19.94 个百分点；广西 2003 年的森林覆盖率为 41.41%，2022 年增长到 60.17%，增长了 18.76 个百分点。

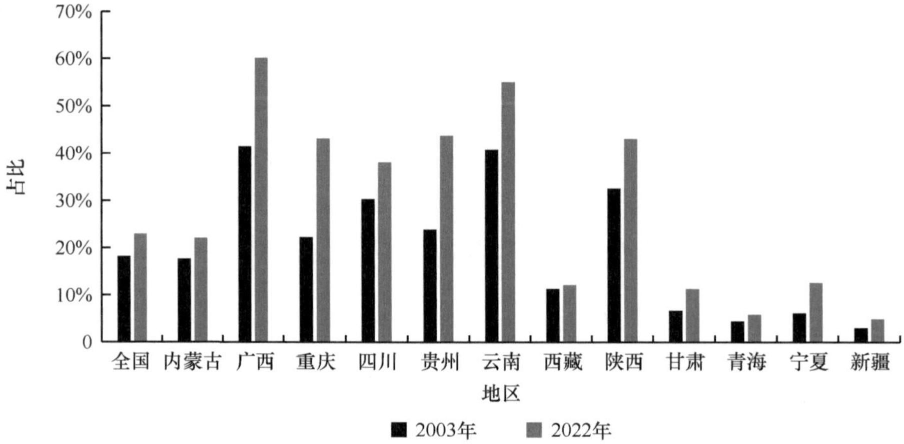

图 4-1　西部地区 2003 年与 2022 年森林覆盖率对比

资料来源：国家统计局

西部地区的草地面积变化情况见图 4-2。从西部各省份 2003 年与 2022 年草地面积的对比情况来看，西部几乎所有省份的草地面积均有显著增加，2003 年，西部地区的草地面积为 2576 万公顷，到 2022 年，增长为 25 559 万公顷，增长了 22 983 万公顷，增长了 8.92 倍。草地面积增长排名前三的省区是西藏、内蒙古和新疆，西藏的草地面积从 2003 年的 645 万公顷增长到 2022 年的 8005 万公顷，增长了 7360 万公顷；内蒙古的草地面积从 2003 年的 662 万公顷增长到 2022 年的 5399 万公顷，增长了 4737 万公顷；新疆的草地面积从 2003 年的 513 万公顷增长到 2022 年的 5240 万公顷，增长了 4727 万公顷。

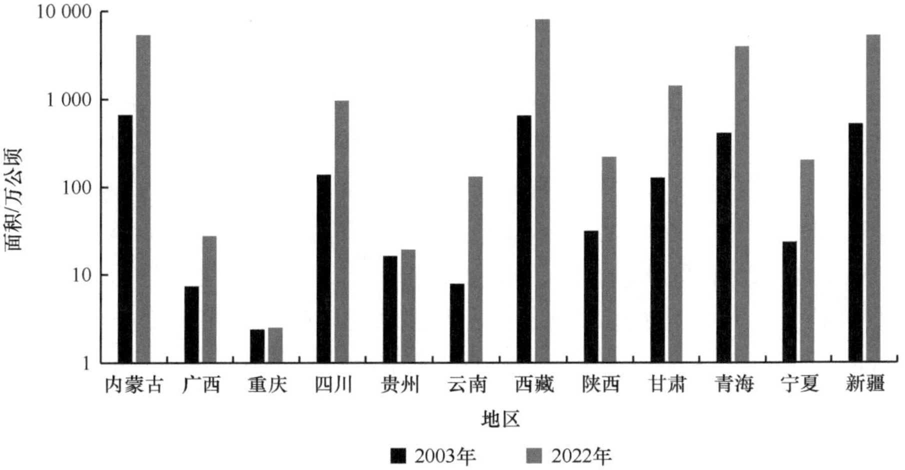

图 4-2　西部地区 2003 年与 2022 年的草地面积对比

资料来源：国家统计局

其次，造林与水土流失治理工作在不断推进，主要表现为西部地区累计造林面积以及水土流失治理面积的不断增加。西部地区累计造林面积及水土流失治理面积的变化情况见图 4-3。从西部地区累计造林面积来看，以 2002 年为基期，2003 年西部地区的累计造林面积为 517 万公顷，到 2022 年，西部地区累计造林面积已经增长到 6303 万公顷，共增长了 5786 万公顷，增长了 11.19 倍，年均造林面积达到 304.53 万公顷，天然林资源保护、防护林体系建设工作逐年推进。从西部地区水土流失治理面积来看，2003～2022 年，西部地区的水土流失治理面积逐年增长，

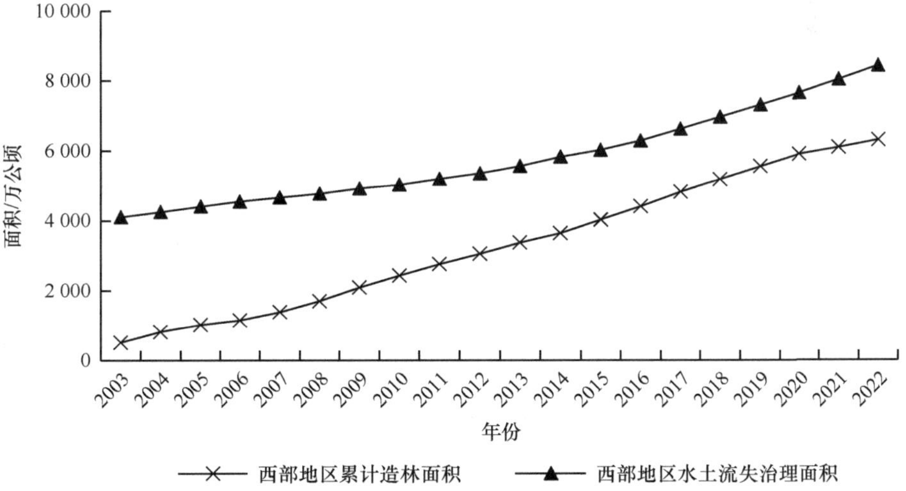

图 4-3　西部地区累计造林及水土流失治理面积

资料来源：国家统计局

2003 年西部地区的水土流失治理面积为 4105 万公顷，到 2022 年，西部地区的水土流失治理面积已经增长到 8428 万公顷，共增长了 4323 万公顷，水土流失综合治理成效显著。

最后，石漠化治理的工作也在逐年推进，主要表现为西部地区的自然保护区数量显著增加以及湿地面积明显扩大。由于国家统计局在 2018 年及之后不再公布自然保护区数量，因此本书对西部地区 2003 年及 2017 年自然保护区的数量进行对比。西部地区 2003 年与 2017 年自然保护区数量对比情况见图 4-4。就西部各省份的国家级自然保护区数量来看，与 2003 年相比，2017 年西部大部分省份的自然保护区数量均有显著提升。2003 年，西部地区共有 849 个国家级自然保护区，到 2017 年，西部地区共有 993 个自然保护区，数量共增加了 144 个，数量排名前三的省区为内蒙古、四川和云南，分别拥有国家级自然保护区 182 个、169 个和 160 个，自然保护区的建设工作取得了卓越的成效。

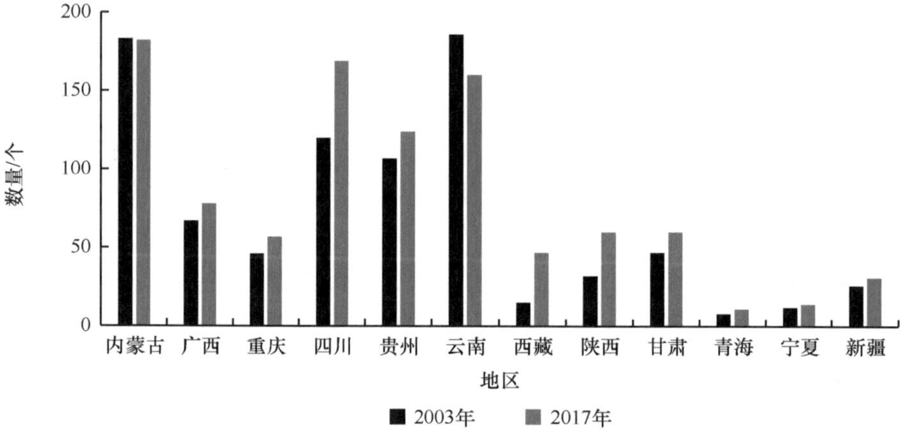

图 4-4　西部地区 2003 年与 2017 年自然保护区数量对比

资料来源：国家统计局

鉴于国家统计局的湿地面积数据只更新到 2020 年，因此只统计西部地区 2003 年与 2020 年的湿地面积对比情况。西部地区 2003 年与 2020 年湿地面积对比情况见图 4-5。就西部各省份的湿地面积来看，与 2003 年相比，2020 年西部各省份的湿地面积也有显著上升，2003 年西部各省份共有湿地面积 1880 万公顷，2020 年增长至 3032 万公顷，增长了 1152 万公顷，增长了 0.61 倍。湿地面积增长幅度排名前三的省区为青海、新疆和内蒙古，青海 2003 年的湿地面积为 413 万公顷，2020 年增长至 814 万公顷，增长了 401 万公顷；新疆 2003 年的湿地面积为 141 万公顷，2020 年增长至 395 万公顷，增长了 254 万公顷；内蒙古 2003 年的湿地面积为 425 万公顷，2020 年增长至 601 万公顷，增长了 176 万公顷。

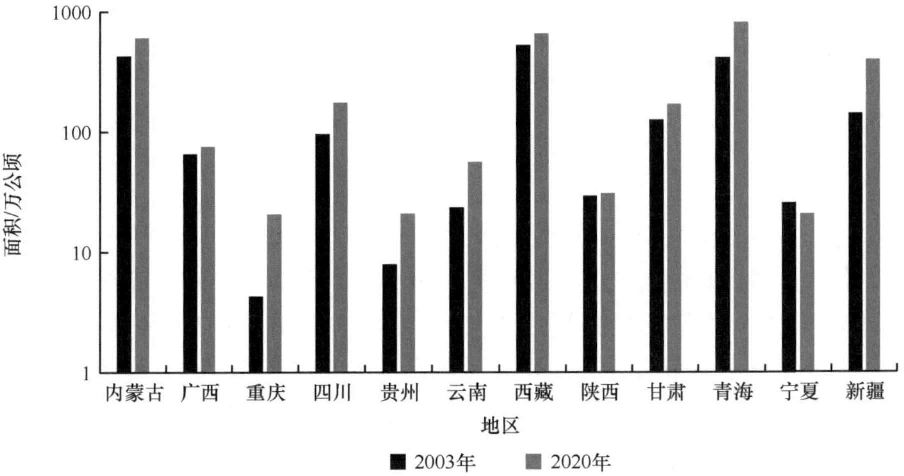

图 4-5 西部地区 2003 年与 2020 年湿地面积对比

资料来源：国家统计局

二、建立生态补偿机制

（一）西部生态补偿机制的措施

生态补偿机制的总原则为：谁开发谁保护、谁受益谁补偿。建立生态补偿机制的措施如下：第一，加大转移支付力度——通过提高生态建设和环境保护支出标准以及转移支付系数等方式，加大中央政府对重要生态功能区均衡性转移支付力度，建立省级财政对省以下生态补偿转移支付体制；第二，建设生态补偿试点——完善青海三江源、南水北调中线水源区、国家级自然保护区等生态补偿试点，启动祁连山、武陵山等生态补偿示范区建设；第三，实施税收及土地使用权优惠政策——进一步完善水、土地、海洋、矿产、森林、草原等各种资源税费政策和征收管理办法，研究建立资源型企业可持续发展准备金制度，对于实行退耕还林还草的土地，实行土地使用权优惠政策；第四，鼓励生态补偿的区域配合——逐步建立区域间生态补偿机制，鼓励和引导下游与上游地区、开发与保护地区、生态受益与生态保护地区之间开展生态补偿；第五，推进市场化生态补偿模式的建立——积极探索水权交易、碳汇交易等市场化生态补偿模式；第六，加快研究制定生态补偿条例。

加大转移支付力度是国家建立生态补偿机制的主要措施。以实施天然林保护工程为例，中央财政连续提高天然林保护工程区国有林管护补助标准和国有国家级公益林生态效益补偿标准，从 2014 年的每年每亩 5 元提高到 2017 年的每年每亩 10 元，对集体和个人所有的国家级公益林每年每亩补助 15 元，并按上述标准安排停伐管护补助；2017 年，中央财政共计安排 533 亿元，其中用于地方补助的有 502 亿元。另外，以国家对于西部生态建设增加信贷投入为例，农业银行和农村信用社要积极扩大农户小额贷款，确有还款能力的农户可以发放信用贷款。配合退耕还林还草、封山绿化等生态环境建设工程，对一些有还贷能力的速生丰产用材林、经济林、山野菜、中药材开发以及个体苗圃等项目，增加信贷投入。

（二）西部生态补偿机制的成效

首先，生态补偿机制的覆盖面越来越广，对于环境保护的效果十分明显。一方面，生态补偿机制的覆盖面不断拓宽，内蒙古、四川、云南、贵州、西藏、广西、宁夏、甘肃、陕西、新疆等省区市出台了《关于健全生态保护补偿机制的实施意见》，一些省区如新疆建立了矿产资源开发的补偿措施、四川建立了冰川保护的补偿措施，西部地区纳入重点生态功能转移支付范围的县（市、区、旗）占全国的62%。另一方面，生态补偿机制对于环境保护的效果十分明显，以位于甘肃武威的石羊河生态补偿试点为例，自2020年这里的补偿机制正式建立以来，不断推动该流域的水环境质量改善。2021年，武威市5个地表水考核断面水质达到Ⅰ类，4个地表水考核断面水质达到Ⅱ类，2022年，7个县级及以上集中式饮用水源地水质均在Ⅲ类及以上，水质优良率100%，全市城乡均无黑臭水体①。

其次，市场化生态补偿机制也在不断完善。水权、碳排放权、排污权、碳汇交易积极推进。以碳排放权交易市场为例，自2011年10月国家发展改革委办公厅发布《关于开展碳排放权交易试点工作的通知》以来，国内碳排放权交易试点陆续启动，北京、上海、天津、重庆、湖北、广东、深圳等地已经建立了碳交易市场。全国碳排放权交易市场自2021年7月16日启动上线交易，上线以来总体运行平稳，制度规范日趋完善，交投活跃度逐步提升，价格发现机制日益成熟。全国碳排放权交易市场在2024年步入第三个履约期。截至2023年底，全国碳排放权交易市场累计成交量达到4.4亿吨，成交额约249亿元。在前两个履约周期中，交易额和企业参与积极性均有显著提升。第二个履约周期（2021年至2022年）成交额比第一个履约周期（2019年至2020年）增长89%，且参与交易的企业占总数的82%，较第一个履约周期上涨了近50%②。

第二节　精准防治：稳步开展重点区域综合治理

一、重点生态区综合治理措施

根据《全国主体功能区规划》和西部地区生态地理特征，将生态脆弱、生态

---

①《甘肃武威：以流域生态保护补偿助推水环境质量改善》，https://m.thepaper.cn/baijiahao_19526564。

②《截至去年底，全国累计成交量达4.4亿吨——碳排放权交易活跃度逐步提升》，https://www.gov.cn/yaowen/liebiao/202402/content_6934685.htm。

系统重要的地区划分为重点生态区。在重点生态区内严格控制工业化、城镇化开发，适度控制其他开发活动，加强综合治理，有利于增强这些区域涵养水源、保持水土、防风固沙及保护生物多样性等功能，加快构建生态安全屏障体系。主要重点生态区如表4-1所示。

表4-1 重点生态区包含区域及治理措施

重点生态区名称	所含区域	治理内容	治理措施
西北草原荒漠化防治区	内蒙古草原、宁夏中部干旱带、石羊河流域、黑河流域、疏勒河流域、天山北麓及塔里木河上游等地区	草原恢复 防风固沙	加强沙区林草植被保护、草原禁牧休牧轮牧工作，以及牧区水利设施、人工草场和防护林建设
黄土高原水土保持区	陕西北部及中部、甘肃东中部、宁夏南部及青海东部等地区	防止水土流失	大力开展植树造林、退耕还林、封山育林、淤地坝建设，加强小流域山水田林路综合整治
青藏高原江河水源涵养区	祁连山、环青海湖、青海三江源、四川西部及西藏东北部等地区	提高水源涵养能力	保护草原、森林、湿地和生物多样性
西南石漠化防治区	贵州、云南东中部、广西西北部、四川南部及重庆东部等地区	恢复林草植被	加大退耕还林、封山育林育草和人工造林力度，因地制宜发展草食畜牧业，加强基本口粮田和农村能源建设
重要森林生态功能区	秦巴山、武陵山、四川西南部、云南西北部、广西北部、西藏东南部等地区	森林生态和生物多样性保护	加强对自然保护区、天然林资源、野生动植物和湿地的保护

西北草原荒漠化防治区包括：内蒙古草原、宁夏中部干旱带、石羊河流域、黑河流域、疏勒河流域、天山北麓及塔里木河上游等地区。在这些地区重点开展以草原恢复、防风固沙为主要内容的综合治理，加强沙区林草植被保护、草原禁牧休牧轮牧工作，以及牧区水利设施、人工草场和防护林建设。

黄土高原水土保持区包括：陕西北部及中部、甘肃东中部、宁夏南部及青海东部等地区。在这些地区重点开展以防止水土流失为主要内容的综合治理，大力开展植树造林、退耕还林、封山育林、淤地坝建设，加强小流域山水田林路综合整治。

青藏高原江河水源涵养区包括：祁连山、环青海湖、青海三江源、四川西部及西藏东北部等地区。在这些地区重点开展以提高水源涵养能力为主要内容的综合治理，保护草原、森林、湿地和生物多样性。

西南石漠化防治区包括：贵州、云南东中部、广西西北部、四川南部及重庆东部等地区。在这些地区重点开展以恢复林草植被为主要内容的综合治理，加大退耕还林、封山育林育草和人工造林力度，因地制宜发展草食畜牧业，加强基本口粮田和农村能源建设。

重要森林生态功能区包括：秦巴山、武陵山、四川西南部、云南西北部、广西北部、西藏东南部等地区。在这些地区重点开展以森林生态和生物多样性保护为主要内容的综合治理，加强对自然保护区、天然林资源、野生动植物和湿地的保护。

二、重点生态区综合治理成效

在荒漠化及石漠化防治方面，贵州是全国范围内石漠化问题尤为突出的地区，以贵州为例，其石漠化治理成效十分显著。2008 年以来，贵州连续实施以林草植被建设和保护、草食畜牧业发展、小型水利水保工程建设等为主要内容的石漠化综合治理工程。通过开展石漠化治理，贵州全省石漠化面积已从 2005 年的 3.76 万平方千米减少至 2022 年的 1.55 万平方千米，是全国岩溶地区石漠化面积减少数量最多、幅度最大的省份，重度和极重度石漠化土地面积减幅超 60%，生态持续向好。贵州省野生动物种群数量也明显增多，生物多样性得到有效恢复，植被涵养水源、固碳释氧、净化空气等生态功能显著增强。全省森林覆盖率从 2016 年的 52%提高到 2022 年的 62.8%，草原综合植被盖度从 84.5%提高到 88.9%。贵州省生态环境厅等部门 2022 年 5 月联合发布的数据显示，贵州省已知生物物种 24 547 种，位居全国前列①。

贵州是长江和珠江上游的重要生态屏障，贵州的石漠化治理成效得以辐射到全国范围。2013～2022 年，我国春季（3～5 月）沙尘天气年均 8.5 次，比 20 世纪 60 年代的年均 20.9 次明显减少，荒漠化和沙化状况明显好转。截至 2023 年，沙化、石漠化土地面积以年均 1980 平方千米、3860 平方千米的速度持续缩减，全国荒漠化、沙化土地面积比 10 年前分别减少 7500 万亩和 6488 万亩，沙区、石漠化地区植被平均盖度分别增长了 2.6 个百分点、7.9 个百分点。沙区和岩溶地区生态状况整体好转，实现了从“沙进人退”到“绿进沙退”的历史性转变。“十三五”期间，累计完成防沙治沙任务 1097.8 万公顷，完成石漠化治理面积 160 万公顷，建成了沙化土地封禁保护区 46 个，新增封禁面积 50 万公顷，国家沙漠（石漠）公园 50 个，落实禁牧和草畜平衡面积分别达 0.8 亿公顷、1.73 亿公顷②。

在水土保持治理方面，甘肃地处黄土高原、青藏高原和内蒙古高原三大高原交会处，是黄土高原水土流失的重点防控区，是全国水土流失最严重的省份之一。以甘肃陇南为例，陇南主要通过实施水利项目实现水土流失综合治理。2023 年，陇南市实施水利项目 164 项，总投资 200.57 亿元，新增河湖视频监控设备 159 个，完成 8 条省市级美丽幸福河湖创建工作，对 28 条河流开展健康评价，实施农村供水项目 16 项 325 处，建设取水口取水在线监测计量设施站点 98 个，修订完善了

① 《“治石”兼扶贫，贵州石漠化面积减少超 2 万平方公里》，http://lw.news.cn/2023-04/03/c_1310707851.htm。

②《我国荒漠化沙化石漠化土地面积持续缩减》，https://www.mnr.gov.cn/dt/td/202106/t20210619_2658510.html。

全市 12 座水库的运行调度计划。2023 年，陇南市完成水土流失综合治理面积 132 平方千米，治理和投资完成率均达 100%[①]。

甘肃的水土流失综合治理工作对于全国有重要的带动作用，2022 年全国水土流失呈现面积强度“双下降”、水蚀风蚀“双减少”的良好态势，全国水土流失面积下降到 265.34 万平方千米，水土保持率从 2011 年的 68.88%提高到 72.26%，中度及以上侵蚀占比由 53.08%下降到 35.28%，西北黄土高原水土流失面积减少了 14%，水土流失状况明显改善[②]。

在水源涵养区建设方面，青海西宁地处黄河上游，其水环境将直接影响黄河中下游流域，因而成为黄河流域水源涵养保护工作的桥头堡。以位于青海西宁、被称为“中华水塔”的三江源生态系统为例。其服务功能不断提升，逐年筑牢生态安全屏障。2021 年，三江源国家公园正式设园，这是中国第一个国家公园体制试点和首批设立的 5 个国家公园之一，截至 2023 年，园区内水源涵养量年均增幅 6%以上，草地覆盖率、产草量分别提高了 11%、30%以上，野生动物种群明显增多，藏羚羊由不足 2 万只恢复到 7 万多只，每年向下游输送 600 多亿立方米优质淡水[③]。

在重要森林生态功能区建设方面，云南是全国西南生态安全的重要屏障，承担着维护区域、国家生态安全的重要任务。以云南大理的南涧彝族自治县为例，无量山国家级自然保护区空气负氧离子含量每立方厘米高达 10 000 个以上，并且 2019 年成功入选第五届“中国森林氧吧”。全县森林覆盖率从 2012 年的 58.6%提高到 2021 年的 67.19%，成功纳入国家重点生态功能区[④]。

典型案例　陕北毛乌素沙漠治理

如果要选取中国治沙的一个切面，那么位于陕西榆林和内蒙古鄂尔多斯之间的毛乌素沙漠是一个极佳的观察样本。毛乌素沙漠的形成，主要是由于气候变化、人类活动和自然因素的综合作用。毛乌素沙漠的沙尘暴，经常给周边的农田和牧场带来灾害，产生庄稼减产、牲畜死亡、水源污染等问题，给当地的农牧民带来了巨大的损失。

为改变当地生态，1950 年 4 月陕西省政府制定了“营造陕北防沙林带”的规划，随后允许承包国营和集体的荒沙、荒坡地。统计显示，榆林累计有 44 万户农民承包 900 多万亩“五荒地”，涌现出不少治沙造林大户。地面的“治沙大军”

---

① 《陇南市 2023 水利工作亮点回眸》，http://slt.gansu.gov.cn/slt/c106687/c106689/202402/173863713.shtml。

② 《2022 年全国水土流失动态监测显示我国水土流失状况持续改善 生态系统质量稳步提升》，https://www.gov.cn/lianbo/bumen/202308/content_6898436.htm。

③《三江源国家公园每年向下游输送600多亿立方米优质淡水》，http://qh.people.com.cn/n2/2023/1225/c346783-40690645.html。

④ 《无量山中白鹇“仙子”成群出没》，https://dali.yunnan.cn/system/2023/06/07/032619785.shtml。

一寸寸推进的同时，科技工作者们把目光投向了天空。“榆林在全国首创飞播技术，筛选出适宜飞播并具备抗风蚀、耐沙埋、生长快、自繁力强等特性的植物种子。”陕西省林业科学院治沙研究所所长石长春说：“榆林共有 600 多万亩沙地通过飞播技术得到治理。这一技术还从榆林向全国沙区推广，大幅提高了我国防沙治沙效率。”①

如今，半个世纪过去了，毛乌素在一代又一代人科学合理的治沙方法下，已经从沙漠变成了绿洲，彻底改写了“沙进人退”的历史。新中国成立 70 多年以来，榆林市林木覆盖率从 0.9%提高到 36%；毛乌素沙地 860 万亩流沙基本得到治理，将陕西的绿色版图向北延伸 400 多千米。毛乌素沙地治理模式被联合国防治荒漠化公约秘书处称为“中国乃至世界治沙史上的奇迹”。②

第三节　低碳转型：加快推进绿色发展

一、农业低碳化发展

（一）西部农业低碳化发展措施

第一，优化产业布局，根据农业气候资源和气候相关灾害时空分布的改变，调整优化产业布局、种植结构和作物品种配置，调整农业基础设施建设布局，中高纬度适度提高复种指数，北扩喜温作物，调整作物品种熟性；低纬度地区扩大冬种规模，充分挖掘农业生产潜力。

第二，实施稻田甲烷减排，在水稻主产区强化水分管理，因地制宜选育推广高产、优质、低碳水稻品种，推广稻田节水灌溉、有机肥腐熟还田等技术，降低稻田甲烷排放强度。

第三，做好畜牧业减排降碳，以畜禽规模养殖场为重点，推广精准饲喂、低蛋白日粮、全株青贮等技术，改良和推广高产低排放畜禽品种，降低畜牧业的甲烷和氧化亚氮排放。

第四，实施渔业减排增汇，以重要渔业产区为重点，推进渔业设施节能改造与渔船节能装备升级换代，推广节能养殖机械，推进水产养殖低碳化，发展稻渔综合种养、鱼菜共生、大水面增殖等生态健康养殖模式，发展工厂化、集装箱等循环水养殖。有序发展滩涂和浅海贝藻类增养殖，提升贝类藻类固碳能力，增加渔业碳汇，实现渔业生物固碳。

第五，提升农田碳汇，以耕地土壤有机质提升为重点，增加土壤固碳能力。

---

① 《“煤城”，要的是绿！》，https://www.163.com/dy/article/JECLUGIN05346RC6.html。

② 《大漠长河展新卷——“三北”工程攻坚战纪实》，https://www.forestry.gov.cn/lyj/1/hmjyjl/20250605/ 627973.html。

开展耕地质量提升行动，实施国家黑土地保护工程，推广有机肥施用、秸秆科学还田、绿肥种植、粮豆轮作、有机无机肥配施等技术，构建用地养地结合的培肥固碳模式；推广秸秆覆盖还田免（少）耕播种技术，减轻土壤风蚀水蚀，加强对于酸化、盐碱化土壤的治理，提升土壤固碳潜力。

（二）西部农业低碳化发展成效

截至2024年，西部许多地区已实现“低碳农业”的大力推广。以位于甘肃的河西走廊为例，该区域为应对水资源短缺的困境，采取滴灌、喷灌等高效灌溉技术，在降低水耗的同时提升作物产量，实现节水增效的双重目标；为改善土壤侵蚀现象，大力推广保护性耕作技术；为减少化学品对环境的污染，用生物农药和有机肥料代替传统化学肥料；为提升资源利用效率，发展现代化设施农业和循环农业，减轻农业生产给自然环境带来的压力。

众多科研院所在河西走廊建立了长期定位试验站，为该地区的低碳农业发展提供了有力的技术支撑，如甘肃农业大学武威绿洲农业综合试验站发现绿肥作物的引入能够显著提升农田生态系统的固碳潜力，提高土壤有机碳含量，进而促进土壤团聚化过程，增强土壤碳固存能力。基于此，该团队创新性地构建麦后复种绿肥轮作玉米的生态保护型种植模式，该模式在河西走廊东部石羊河流域被广泛应用，显著降低了农业生产过程中的碳排放①。

西部地区的农业低碳化发展为全国的农业减碳作出了重要贡献。根据《中国农业农村低碳发展报告（2024）》，2024年我国农业碳排放实现总量和强度双降。种养业减排降碳、农用土壤发挥碳汇功能、农村生物质能产业体系构建这三个方面的成效尤为显著。

首先，在种养业减排降碳方面，针对稻田CH_4减排，围绕秸秆快腐、微生物菌剂、高产低排放品种筛选和节水灌溉建立了气候智慧型减排增碳技术体系；针对反刍动物肠道发酵CH_4排放量大、减排技术缺乏等问题，开展肠道发酵CH_4排放抑制技术创新及研发，继续降低单位畜产品CH_4排放强度；在畜禽粪便管理减排方面，2021年，全国96个县整县推进畜禽粪污资源化利用，有效降低粪污处理过程中CH_4和N_2O的排放。

其次，我国农用土壤发挥了重要的碳汇功能，固碳增汇技术得到有效推广，土壤固碳能力有了显著提升。截至2024年，土壤固碳增汇技术主要分为有机物料添加技术、优化耕作技术和精准灌溉技术等，尤其以有机物料添加技术的碳汇效果突出，通过向土壤中人为添加外源有机物质以帮助土壤固碳，包括秸秆还田，畜禽粪肥还田和绿肥还田等技术。

---

① 《西部地区低碳农业之路如何走》，https://news.gmw.cn/2024-11/16/content_37680340.htm。

最后，我国农村生物质能产业体系逐步构建，生物质发电保持持续增长，2020年装机总规模达到2952万千瓦，占可再生能源装机总量的3.2%，发电量达到1326亿千瓦时。2023年全国大型沼气工程保有量达到7395处，年产气14亿立方米。生物质成型燃料建成多个万吨级生产示范基地，加工站点达到2664处，产能1260多万吨，推广生物质炊事取暖炉具约1600万台[①]。

二、工业低碳化发展

（一）加快能源绿色低碳转型

1. 西部能源绿色低碳转型措施

就传统化石能源来看，西部地区煤炭、石油、天然气等化石能源储量丰富，国家按照着眼长远、统筹规划、加强勘探、合理开发的要求，建设了一批重要的能源聚集区，提高能源供应能力及使用效率，维护国家经济安全。

对于传统能源煤炭，加大大型煤炭基地的勘查力度，重点建设一批现代化露天煤矿和千万吨级安全高效矿井；鼓励发展清洁、高效、大容量燃煤机组，加快大型坑口燃煤电站和电力外送通道建设，推进煤电一体化发展；加强煤层气、页岩气开发利用。

对于传统能源石油和天然气，实施精细开发，稳定国内石油产量，促进天然气产量快速增长；依托国内和进口石油资源，优化原油加工布局，促进上下游一体化发展。

基于上述理念，国家建立了一批重点能源富集区，具体见表4-2。第一，鄂尔多斯盆地，在这里重点加大煤炭、石油、天然气、煤层气、页岩气等资源的勘查开发力度，着力推进大型煤电基地建设，适度有序发展石油化工和煤化工产业。第二，塔里木盆地，在这里重点加强油气资源勘探开发，加快石油和天然气产能建设，提高西气东输能力，适当扩大石油天然气化工规模，提升加工利用水平，建设库尔勒石油天然气化工基地。第三，川渝东北地区，在这里重点加大天然气、页岩气资源勘查力度，增加天然气后备储量，支持开发大中型天然气田，建设天然气精细化工。第四，天山北部及东部地区，在这里重点推进吐哈、准东、伊犁河谷煤炭东运、煤电一体化和煤化工基地建设。第五，攀西—六盘水地区，在这里重点对煤炭资源进行开发利用，建立六盘水、毕节、黔西南煤炭综合利用基地。

① 《2024年中国农业农村低碳发展报告发布 我国农业碳排放实现总量和强度双降》，https://nynct.xinjiang.gov.cn/xjnynct/c113576/202405/92bfcfddd9594dda8952819ecc030b17.shtml。

表4-2　西部能源富集区及其提升化石能源利用效率的措施

能源富集区	提升化石能源利用效率措施
鄂尔多斯盆地	重点加大煤炭、石油、天然气、煤层气、页岩气等资源的勘查开发力度，着力推进大型煤电基地建设，适度有序发展石油化工和煤化工产业
塔里木盆地	重点加强油气资源勘探开发，加快石油和天然气产能建设，提高西气东输能力，适当扩大石油天然气化工规模，提升加工利用水平，建设库尔勒石油天然气化工基地
川渝东北地区	重点加大天然气、页岩气资源勘查力度，增加天然气后备储量，支持开发大中型天然气田，建设天然气精细化工
天山北部及东部地区	重点推进吐哈、准东、伊犁河谷煤炭东运、煤电一体化和煤化工基地建设
攀西—六盘水地区	重点对煤炭资源进行开发利用，建立六盘水、毕节、黔西南煤炭综合利用基地

就新能源来看，西部地区地域广阔，新能源如水能、风能、太阳能等资源十分丰富。一是水能。国家在保护生态和做好移民安置的前提下积极发展水电，制定和完善流域水电开发规划，有序推进西南地区和黄河上游重点流域大型水电站建设，因地制宜建设中小型水电站。二是风能。国家积极推进甘肃河西等西北地区及内蒙古大型风电基地建设，鼓励风电就地转化利用。三是太阳能。国家鼓励因地制宜发展光伏发电，重点利用沙漠、戈壁及无耕种价值的空闲土地，集中建设若干座 50 兆～100 兆瓦规模的大型光伏电站；通过在偏远地区建设小型光伏电站等方式，解决无电地区人口用电问题。

2. 西部能源绿色低碳转型成效

就传统化石能源来看，以“能源超级盆地”鄂尔多斯盆地为例，鄂尔多斯盆地埋深 2000 米以浅的煤炭资源量占全国总量的 35.5%，截至 2022 年底，盆地内累计探明的石油和天然气地质储量分别占到全国总量的 19%和 32%。鄂尔多斯盆地以“煤炭+石油+天然气+新能源+CCUS①”为新路径，建立了现代能源产业体系，成为一个先进、智慧的能源超级系统，在盆地内部可以实现生产、消耗、效率等复杂数据的数字化采集与智慧化管理，实现能源加工转换效率与能源回收利用率双提高。首先是能源加工转换效率的提升——2022 年 1～4 月，鄂尔多斯市规模以上工业加工转换总投入 3792.9 万吨标准煤，总产出 2658.9 万吨标准煤，能源加工转换效率 70.1%。能源投入量较大的行业火力发电加工转换效率 40.8%；炼焦加工转换效率 86.9%；原煤入洗加工转换效率 92.4%。其次是能源回收利用率提升——2022 年 1～4 月，鄂尔多斯市规模以上工业回收利用能源 60.2 万吨标准煤，能源回收利用率 1.1%。

就新能源来看，以太阳能为基础的光伏产业可以作为新能源产业的代表。西部地区的太阳能资源十分丰富，以宁夏中卫为例，宁夏地处西北腹地，地势海拔

① CCUS 是 carbon capture,utilization and storage 的缩写，即碳捕集、利用与封存技术。

高，日照时间长，截至2022年，其光伏发电发展潜力约5400万千瓦，是全国适宜发展新能源的5个省区之一，而地处宁夏腾格里沙漠东南缘的中卫市，属于国家Ⅰ类太阳能资源地区。这里曾是一片采煤沉陷区，自然环境恶劣。自西部大开发战略实施以来，中卫市充分利用光伏板，板上发电，板下种植作物，板间还能养殖。光伏发的电，实现了沙漠地区太阳能资源高效利用和沙漠变绿洲的双重收益，可以说是光伏产业给中卫带来的一个“惊喜”。

由于我国的光伏产业多布局于西部，因此全国的光伏产业成就基本相当于西部地区的成就。截至2020年，我国光伏市场累计装机量为253吉瓦，2020年新增装机量为48.2吉瓦，同比增长60%。2020年，我国光伏发电量为2605亿千瓦时，同比增长16.2%，占总发电量的3.5%。与此同时，我国光伏产业已形成完整的产业配套设施，包括光伏专用设备、平衡部件和配套辅材辅料等，并且产业链各环节的规模也实现了全球领先①。

（二）推进电网建设

1. 西部电网建设措施

为推动我国西部地区清洁能源开发外送，发挥电网投资拉动作用，国家核准了云南乌东德至广东广西、青海至河南、雅中至江西、陕北至湖北、云贵互联通道工程等一批直流输电工程，总投资合计约941亿元，输电能力约3500万千瓦，实现输送电量约1575亿千瓦时。上述工程的建设能够将西部能源资源优势转化为经济优势，促进西部地区经济社会发展。

为加强西部地区电网结构，扩大主网架覆盖范围，推动城镇配电网建设，满足电力负荷发展、电气化铁路供电、清洁供暖等多方面用电需求，国家批复了西藏藏中与昌都电网联网工程、阿里与藏中电网联网工程、川藏铁路拉萨至林芝段供电工程、新疆南疆四地州110千伏以上电网及配套附属工程、西藏城网建设与改造工程可行性研究报告。上述工程总投资合计约248亿元，其中使用中央预算内资金约124亿元。此外，国家于2018年、2020年分别开展了各省区市电网主网架规划调整工作，并印发有关通知将四川、云南、甘肃、西藏、青海、新疆等省区的多项主网架工程纳入规划，保障当地电力安全可靠供应②。

2. 西部电网建设成效

西电东送是西部大开发的标志性工程。要做大做强一批国家重要能源基地，要架设好绿电上网的“高速路”。

---

① 《中国西部的太阳能有多厉害？》，https://www.sensorexpert.com.cn/article/106413.html。

② 《推动电网建设 助力精准扶贫》，https://www.gov.cn/xinwen/2020-10/21/content_5552971.htm。

西北电网是电力系统建设的主战场、排头兵。仅 2023 年，西北地区就投运了 24 项新能源送出工程。这些工作背后，是一张服务新时代西部大开发的战略图。按照规划，“十四五”时期西北电网将新增 6 回特高压直流输电通道，每年可输送清洁电能 1200 亿千瓦时，可减少“三华”地区标准煤燃烧 3600 万吨，减排二氧化碳近 8844 万吨。截至 2024 年 5 月，±800 千伏陇东—山东、宁夏—湖南、哈密—重庆、陕北—安徽特高压直流输电工程均已开工建设；西北电网 750 千伏骨干网架持续完善。国网西北分部规划的“十四五”电网建设项目超过 130 项，预计能提升西北电网主要断面输电能力近 3000 万千瓦，为新能源发电项目大规模并网和电量消纳筑牢坚强网架。2024 年 1～4 月，西北电网完成跨区跨省交易电量同比增长 12%。其中，跨区交易电量同比增长 10%，占公司经营区跨区交易电量的 56%；新能源省间市场化交易电量为 295 亿千瓦时，同比增长 29%，占公司经营区新能源省间市场化交易电量的 45%①。

三、强化绿色低碳科技创新

（一）西部绿色低碳科技创新措施

绿色低碳技术对于实现西部地区低碳转型具有重要意义。为了鼓励绿色低碳先行技术的发展，国家主要采取了如下措施。

一是加强财政资金支持。完善财政激励机制，推动实施技术示范。加强部门和地方联动，综合运用投资、财政等方式支持示范项目建设。对属于固定资产投资项目的示范项目，统筹利用现有的中央预算内投资渠道积极支持符合条件的示范项目，将符合条件的绿色低碳先进技术示范工程和基础设施建设项目纳入地方政府专项债券支持范围。

二是加强金融税收政策支持。坚持有效市场和有为政府相结合，突出企业科技创新主体地位，有效引导各类企业积极参与绿色低碳领域创新与投资，激发市场活力和社会创造力。积极发挥碳减排支持工具作用，引导金融机构为符合条件的项目提供资金支持，鼓励各类金融机构按照市场化法治化原则加大对示范工程融资支持力度。在科技创新政策扶持方面，落实国家首台（套）重大技术装备保险补偿机制和重点新材料首批次应用保险补偿机制，促进先进适用技术装备示范应用。在税收政策扶持方面，落实好有利于绿色低碳产业发展的税收政策，更好地发挥税收对企业绿色低碳技术创新的促进作用。

三是加强资源环境要素支持。加强技术示范工程用能用地要素保障，切实减

① 《向新向绿，西部再出发——国网西北分部服务新时代西部大开发》，https://epaper.sgcctop.com/202405/16/con-724950.html。

轻项目实施的“后顾之忧”。加强用能要素保障，合理测算项目全生命周期能源消耗和碳排放，将碳减排效果作为节能审查的重点考量因素。加强用地要素保障，鼓励地方探索弹性年期出让、长期租赁、先租后让、租让结合等灵活的土地供应方式以保障用地需求。

四是加强项目建设支持。加强部门和地方之间的联动，形成合力，协同推进，稳步有序推进绿色低碳先进技术示范①。

（二）西部绿色低碳科技创新成效

在国家的政策支持下，西部地区绿色技术蓬勃发展，主要体现为西部地区上市公司的绿色专利申请数及授权数的不断增加，如图4-6所示，西部地区上市公司的绿色专利申请数及授权数从2000年至2020年总体呈现上升的趋势，且上升幅度较大。2000年，西部地区上市公司绿色专利的申请数量为440件，上市公司绿色专利的授权数量为288件，到2020年，西部地区上市公司绿色专利申请数量增长到46 191件，增长了45 751件，增长了103.98倍，上市公司绿色专利授权数量增长到26 584件，增长了26 296件，增长了91.31倍。

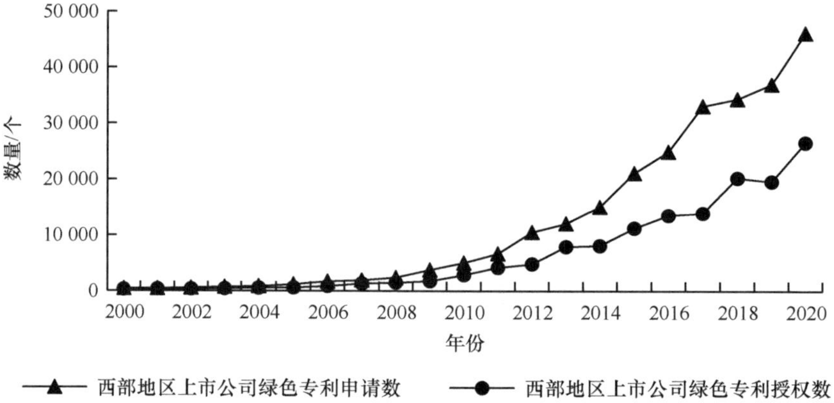

图4-6　西部地区上市公司绿色专利申请数及授权数

资料来源：中国研究数据服务平台

以低碳技术为支点，西部地区建立了多个绿色低碳产业集群。以位于重庆的西部科学城为例，西部（重庆）科学城致力于打造西部领先绿色低碳产业集群。金康动力是西部科学城绿色低碳产业龙头企业，截至2022年，金康动力电机定转子车间的关键工序100%自动化，可以实现产品24小时全时在线检测；落户西部（重庆）科学城的重庆方正高密电子公司在技术方面，对制造中的材料、设计、加工技术和减排节能等环节进行技术攻关，最终实现资源节约型、环境友好型工

① 《开展绿色低碳先进技术示范 专家：推动形成产业竞争新优势》，http://finance.people.com.cn/n1/2023/0829/c1004-40065972.html。

业体系。产品方面，以高端存储印制电路板为例，它不仅使用 skip via 技术，还选择绿色高速原材料，同时使用无卤阻燃环氧树脂，满足性能和环保的双重要求。数据显示，截至 2022 年，西部（重庆）科学城已引导广达、英业达等 162 家企业开展智能化改造，为 75 家企业开展清洁化诊断，建成市级智能化工厂 8 个、数字化车间 22 个、绿色工厂 6 个、企业能源利用率平均提高 19.5%，37 个项目入选市级智能化赋能工程试点示范。在增量引入和存量提升的双重作用下，2021 年，西部（重庆）科学城核心区绿色低碳产业增速 45.5%，增长态势迅猛，增速居四大主导产业之首①。

① 《西部（重庆）科学城加速打造西部领先绿色低碳产业集群》，http://cq.people.com.cn/n2/2022/0304/c365402-35158958.html。

第五章　特色优势产业：形塑发展新优势

习近平在主持召开新时代推动西部大开发座谈会时强调："要坚持把发展特色优势产业作为主攻方向，因地制宜发展新兴产业，加快西部地区产业转型升级。"[①]这为西部地区培育新质生产力、推动经济高质量发展指明了发展方向。西部地区在全国改革发展稳定大局中举足轻重，西部大开发战略实施以来，尤其是新征程上，西部地区加快产业转型升级，积极谋划特色优势产业，培育新质生产力，形塑发展新优势，推动经济高质量发展。传统产业"老树发新芽"，石化、冶金、有色、建材、装备制造等传统产业技术改造升级，西部产业基础逐渐夯实、类型趋于多元、带动效应增强，一批特色产业基地逐步成形，建成了一批国家重要的能源基地、资源深加工基地、装备制造业基地和战略性新兴产业基地，形成了特色优势工业体系，成为国民经济的重要支撑。能源供需关系呈现新格局，随着新型能源体系加快建设，西部地区聚焦风光资源及新能源装备制造产业优势，构建了新型电力系统，风光电资源实现规模开发。清洁能源吸引了众多新能源企业，太阳能电池、锂电池、新能源汽车已成为西部地区产业新名片，新能源及新能源装备制造产业得到大力发展，成为我国经济高质量发展的"绿色动能"。新质生产力引领西部大开发，围绕新质生产力培育，西部地区因地制宜发展新材料，以科技创新推动传统产业高端化、智能化、绿色化转型升级，构建了新业态、新模式、新动能的新产业，围绕氢能、人工智能、商业航天、量子科技等产业，已打造新材料、生物医药等九个国家级战略性新兴产业集群和电子信息、航空等五个国家级先进制造业集群。科技创新的活力成为西部地区经济增长的新动能。

第一节　深度融合：推动形成现代化产业体系

以数字化、信息化、智能化、绿色化和融合化为基本特征的新科技正在推进传统的劳动者、劳动资料和劳动对象及其组合方式发生质的变革，成为构成新质生产力的新型生产要素，新型生产要素及其新组合催生了大量的新产业、新模式，这些如雨后春笋般勃发的未来产业、新兴产业以及传统产业的深度转型，整体推进了产业体系从传统走向现代，这正是现代化产业体系的形成过程。西部地区把

---

① 《习近平主持召开新时代推动西部大开发座谈会强调：进一步形成大保护大开放高质量发展新格局 奋力谱写西部大开发新篇章》，https://www.gov.cn/yaowen/liebiao/202404/content_6947130.htm。

发展特色优势产业作为主攻方向，推动传统产业技术改造，促进科技创新和产业创新深度融合，推动形成现代化产业体系。

一、做法

在西部大开发的进程中，国家发展改革委、国务院西部地区开发领导小组办公室会同相关部门编制《西部开发总体规划》等政策文件，推动现代化产业体系建设。梳理2000年至今的一系列《西部开发总体规划》及相关政策，本书认为，西部大开发关于推动形成现代化产业体系的举措，大致可以分为以下几个阶段。

（一）重开发阶段

2001～2005 年，《“十五”西部开发总体规划》明确西部大开发在调整产业结构方面的主要任务为开发优势资源，发展优势产业。其一，传统产业调整改造。以四川、云南中成药，陕西化学生物制药为重点，发展医药制造和药材加工产业；以重庆汽车、摩托车，陕西、贵州飞机制造，陕西、四川铁路运输设备为重点，发展交通运输及零部件制造业；以四川、陕西、贵州等地大型电子企业为依托，发展电子科研和生产。其二，优势资源开发和利用。坚持保护和开发并重，合理开发和有效利用丰富的能源矿产资源。逐步建设青海柴达木、新疆罗布泊盐湖钾肥，云南、贵州磷肥，云南铅锌，甘肃镍，贵州和广西铝，新疆铜，四川攀西钒钛，内蒙古、四川稀土等产品的生产、开发与加工利用基地。其三，高新技术产业发展。以重大工程项目为依托，因地制宜地发展生物工程、航空航天、新能源、新材料、电子信息以及先进制造、中药现代化等有优势的高新技术产业。促进中小型高科技企业发展，建设具有西部特色的高科技产业园区和高技术孵化体系。其四，旅游等服务业发展。充分利用西南、西北丰富的自然和人文景观，把旅游业培育成为西部地区的支柱产业。围绕沿长江、西北丝绸之路、桂滇黔川以及高原、草原等主要旅游线路，加强旅游基础设施建设，重点建设旅游景区的道路，搞好旅游资源的保护与开发。

（二）重深化阶段

在第一阶段开发优势资源的基础上，2006～2010 年，西部地区开始深入调整产业结构。第一，加强基地建设，集约发展化学加工业和农牧产品加工业。重点建设能源工业开发基地、能源化工产品加工基地、矿产资源开采加工基地、特色农牧产品加工基地。第二，着力振兴装备制造业。提高西部地区重大装备制造研发设计、核心元器件配套、加工制造和系统集成的整体水平，加快发展具有核心技术、带动力强的大企业、大集团，逐步形成一批竞争力较强的重大装备制造业基地和国家级研发生产基地。第三，培育形成高新技术产业基地，重点开发跨区域旅游区。高新技术产业基地建设方面，以陕西杨凌高科技农业示范区和四川绵阳科技城为示范，在陕西、四川、贵州建设航空航天研发及生产基地，在成都、绵阳、西安和重庆建设集成电路、软件、通信设备生产基地，在四川、陕西、重庆、云南、甘肃、新疆、广西等地发展生物产业研发基地。在旅游资源整合方面，打造丝绸之路旅游区、香格里拉生态旅游区、长江三峡高峡平湖旅游区以及青藏高原特色旅游区等跨区域旅游区。这一阶段的重点在于通过建设产业基地实现产业集约式发展。

（三）重提升阶段

经过优势资源开发和产业基地建设，2011～2015年，西部大开发进入现代化产业提升阶段，重点延长产业链，实现产业技术水平的提升改造。其一，优化调整资源加工产业。在资源富集地区建设一批深加工产业基地，推进重庆、昆明、贵阳等城市钢铁企业搬迁，通过兼并重组提高产业集中度，推动酒钢、包钢、水钢、八钢升级改造。其二，改造提升装备制造业。大力发展高端装备制造产业，在西安阎良、成都、贵阳、安顺布局航空航天产业基地，建设国家航空航天产业基地。其三，大力发展现代服务业和特色农业。把推动服务业大发展作为产业结构优化升级的战略重点。以陕西杨凌农业高新技术产业区和甘肃河西走廊星火产业带高效节水工程为示范，推进现代农业建设。其四，有序承接产业转移。鼓励东部地区对口支援西部地区产业园区，制定《西部地区鼓励类产业目录》，对鼓励类企业减按15%的税率征收企业所得税[①]，引导劳动密集型、资源加工型和资金技术密集型产业向西部地区有序转移，支持西部地区资源型城市通过承接产业转移培育后续产业，实现转型发展。这一阶段的主要任务在于产业改造升级，发展高端产业。

（四）重支撑阶段

2016～2020年，为推动形成现代化产业体系，西部地区在继续促进传统产业转型升级的同时，着重增强产业发展的要素支撑，引导现代服务业有序发展。在金融支撑方面，通过改革金融体制，发展多层次资本市场，提高企业直接融资比例；加强小微企业和困难地区的金融服务，降低企业融资成本；修订《西部地区鼓励类产业目录》，并明确自2021年至2030年，对设在西部地区的鼓励类产业企业减按15%的税率征收企业所得税[②]，引导社会资金流入西部地区。在劳动力支撑

---

① 《关于〈国家税务总局关于执行西部地区鼓励类产业目录有关企业所得税问题的公告〉的解读》，https://fgk.chinatax.gov.cn/zcfgk/c100015/c5193357/content.html。

② 《关于延续西部大开发企业所得税政策的公告》，https://www.mof.gov.cn/zcsjtsgb/gfxwj/202004/t20200423_3583790.htm。

方面，加强职业院校建设，鼓励校企对接，开展订单式职业教育培训，提升劳动力职业素质与技能水平。在能源供给方面，允许工业园区中小企业集体直购电，强化电力保障。在资源供给方面，完善工业用地配置制度，建立时间灵活、方式多样的弹性供地制度，强化土地资源保障。在物流服务方面，发展“互联网+”的高效物流，支持建设现代物流服务体系。在文化产业方面，实行西部大开发文化产业税收优惠政策，促进有地方特色和民族特色的文化产业健康发展。该阶段的主要任务在于为西部地区优势产业发展提供强有力的要素支撑，营造有利环境。

（五）重融合阶段

2021年以来，西部地区促进最新信息技术在传统产业中广泛应用，并与之深度融合，致力于构建富有竞争力的现代化产业体系。针对农村地区，推动第一产业、第二产业和第三产业深度融合，促进农牧业价值链转型升级，研发高端农机装备并推广应用，建设高标准农田、现代化生态牧场，支持发展生态集约高效、用地规范的设施农业。针对工业发展，大力发展工业互联网，积极发展大数据和人工智能产业。针对服务业，加快发展专业服务业，强化现代物流服务体系建设，推动“互联网+教育”“互联网+医疗”“互联网+旅游”等新业态发展，推进网络提速降费，发展跨境电子商务。现阶段，西部地区旨在通过融合信息技术和传统产业，构建现代化产业体系，形成西部大开发新格局。

二、成效

截至2024年，西部大开发已经走过了25年的历程。在这四分之一个世纪的发展中，经过资源开发、改造升级、要素支撑和深度融合等一系列阶段性举措，在国家区域重大战略支持下，西部地区立足自身资源优势，坚持把发展经济的着力点放在实体经济上，大力推进新型工业化，着力构建现代化产业体系，经济发展取得显著成就，综合实力不断增强，展现出良好的增长韧性。

（一）主要经济指标显著增长

西部大开发战略实施以来，主要经济指标显著增长。西部地区生产总值从1999年的1.58万亿元提升到2012年的11.39万亿元，年均增速16.4%，占全国的比重由17.9%提高到19.8%。地方财政收入从1029亿元增加到1.28万亿元，年均增速21.4%，占全国的比重由18.4%提高到20.9%。全社会固定资产投资从5421亿元增加到8.90万亿元，年均增速24%，占全国的比重由18.7%提高到24.1%。社会消费品零售总额从5492亿元增加到3.74万亿元，年均增速15.9%，占全国的比重由16.9%提高到17.8%。主要经济指标增速自2007年起连续6年高于东部地区和全国平均水平。西部地区人均地区生产总值与东部相对差距明显缩小。

2023 年，西部地区生产总值约 26.9 万亿元，占全国的比重提高至 21.5%（表 5-1）。其中，工业方面，规模以上工业企业利润总额约 1.9 万亿元，占全国比重 24.5%；农业方面，年产粮食约 1.8 亿吨，占全国比重 26.5%，棉花年产量为 515.6 万吨，占全国比重 91.8%，油料年产量超过一千万吨，占全国比重 30.8%；消费品零售方面，社会消费品零售总额约 9.8 万亿元，占全国的比重为 20.8%。

表5-1　2023年西部地区主要经济指标

指标	单位	西部地区	占全国比重
年末常住人口	万人	38 223	27.1%
地区生产总值	亿元	269 324.9	21.5%
第一产业	亿元	30 501	34%
第二产业	亿元	104 044.3	21.7%
第三产业	亿元	134 779.5	19.8%
货物进出口总额	亿元	37 432.7	9%
出口总额	亿元	22 745	9.6%
进口总额	亿元	14 687.7	8.2%
粮食	万吨	18 456.2	26.5%
棉花	万吨	515.6	91.8%
油料	万吨	1 191.1	30.8%
规模以上工业企业利润总额	亿元	18 852.5	24.5%
建筑业总产值	亿元	64 351.4	20.4%
社会消费品零售总额	亿元	98 202.2	20.8%

资料来源：国家统计局

（二）工业生产稳步增长，制造业发展水平不断提升

随着西部大开发战略深入推进，西部地区工业生产稳进提质。表 5-2 显示了 2000 年和 2022 年西部地区各省份的工业增加值增长速度。2000 年，在西部地区 12 个省份中，只有陕西、青海、宁夏和新疆四个省区的规模以上工业增加值增长速度高于全国平均水平。到 2022 年，在西部大开发战略的不断推进下，西部地区八个省区（内蒙古、广西、云南、陕西、甘肃、青海、宁夏和新疆）的规模以上工业增加值增长速度超过了全国平均水平。2023 年，西部地区规模以上工业增加值增长 6.1%，其中，内蒙古、新疆、宁夏、甘肃规模以上工业增加值增速分别超全国水平约 2.8 个百分点、1.8 个百分点、7.8 个百分点、3.0 个百分点。制造业是立国之本、强国之基，是实体经济的重要组成部分，推动西部大开发形成新格局，需要不断提升制造业发展质量和效益。2023 年，内蒙古规模以上装备制造业增加值增长 9.6%，高技术制造业增加值增长 11.4%；重庆制造业增加值增长 6.4%。在固定资产投资方面，内蒙古 2023 年制造业投资比上年增长 46.4%，高技术产业投资增长 84.5%。

表5-2　2000年和2022年全国和西部省份规模以上工业增加值增速

地区	全国	内蒙古	广西	重庆	四川	贵州	云南
2000 年	12.55%	6.28%	7.01%	7.13%	7.75%	10.76%	2.60%
2022 年	7.04%	22.65%	11.55%	4.91%	6.38%	2.92%	9.78%
地区	西藏	陕西	甘肃	青海	宁夏	新疆	
2000 年	1.60%	12.79%	0.22%	15.14%	15.24%	32.76%	
2022 年	5.74%	16.90%	15.70%	28.92%	24.81%	28.37%	

资料来源：《中国统计年鉴》

（三）特色优势产业不断壮大

立足资源禀赋和产业基础，西部地区大力推进传统产业转型升级，发展特色产业，能源化工、资源深加工、农牧业及加工、装备制造等特色优势产业不断壮大。贵州已发现的矿种占全国已发现矿种的 80%，煤、磷、铝、锰等多种矿产资源储量排名全国前列。近年来，贵州通过“富矿精开”，推动优质矿产资源向链主企业、头部企业集中，促进磷化工、煤化工等产业向高端延伸，延长产业链、提升附加值，加快实现资源利用和产业效益最大化。西部地区在发展清洁能源方面拥有独特优势。内蒙古、新疆、甘肃等地风能和光能资源丰富，新能源产业快速发展为地方带来新的经济增长点。2023 年，新疆风力光伏发电项目投资比上年增长 1.1 倍。西部各地区发挥沿边、沿江以及气候等方面优势，布局农林牧渔、康养旅游、边贸加工等产业，使区位、资源优势更好地转化为经济优势。新疆中草药品种丰富，甘草、红花、贝母等药材储量丰富，通过加大中草药产业链建设力度，强龙头、补链条、树品牌，推动中医药健康产品走出国门。西部地区逐步形成了能源资源加工利用、装备制造、旅游、农牧业等特色优势产业，自我发展能力不断增强。

（四）产业支撑和市场体系建设进一步增强

西部大开发战略政策有效减轻了企业税负。据统计，2011 年至 2018 年间累计约有 25 万户（次）企业享受西部大开发企业所得税优惠，累计减免企业所得税约 5025 亿元。西部地区产业实现优化升级，地区经济持续健康发展。近年来，西部地区因地制宜承接东部地区产业转移，找准“赛道”，练好“内功”，着力引进具有市场前景的产业，并把承接产业转移与调整自身产业结构、建立现代化产业体系结合起来，培育和发展新动能。重庆、陕西西安、四川成都等地充分发挥区位、产业基础等优势，承接并着力发展电子信息、智能制造、新能源汽车等产业。一批特色产业基地逐步成形，建成了一批国家重要的能源基地、资源深加工基地、装备制造业基地和战略性新兴产业基地，成为国民经济的重要支撑。西部各地区充分发挥自身优势，加快产业转型升级，如重庆的汽车、电子信息产业，贵州的大数据、大健康、大旅游产业等蓬勃发展。

典型案例　重庆市特色优势产业——摩托车产业

摩托车产业是重庆的特色优势产业，发展基础良好，在重庆经济社会发展中地位重要、贡献独特。2022 年，全国摩托车出口总量的一半来自重庆。当前，摩托车产业正经历着深刻变革，呈现出消费升级、绿色环保、智能运用等新趋势，产业转型升级迫在眉睫。重庆市摩托车低端产品占比较高，关键零部件本地化配套率较低。为促进摩托车产业转型升级，重庆市出台《重庆市高端摩托车产业集群高质量发展行动计划（2023—2027 年）》，计划通过优化产品体系，加快零部件产业补链强链，推进摩托车产业智能化发展，推动重点区域产业集聚区建设、提升产品核心竞争力、扩大出口市场规模、提升配套服务能力等举措，抢抓产业变革新风口，放大产业“先发”优势，全面推动摩托车产业集群高质量发展，创新打造千亿级特色优势产业集群。该行动计划是重庆市“33618”（3 大万亿级主导产业集群，3 大五千亿级支柱产业集群，6 大千亿级特色优势产业集群，18 个“新星”产业集群）现代制造业集群体系打造计划的一部分。

在政策指引下，重庆市摩托车行业龙头企业宗申动力积极布局大排量和高端电摩，打造宗申“赛科龙”和“森蓝”高端品牌。近几年，高端产品销量增加了 2 倍，经营业绩持续增长。2023 年重庆市生产摩托车 562 万辆，实现产值 862 亿元，产值同比增长 12.5%，比全国平均水平高出 10 个百分点。宗申动力摩托车发动机总装厂，通过工业互联网赋能，作业自动化率提高了 10 倍以上。宗申动力集团趁势孵化出“新板块”忽米科技，助力重庆汽摩产业链效率提升近 20%，供应链能耗降低 14%。鲜活的实践表明，“用新技术改造提升传统产业，积极促进产业高端化、智能化、绿色化”，同样可以实现生产要素和生产方式的“新组合”，推动产业升级、提质、增效。

第二节　能源革命：持续优化能源供需结构

西北地区煤、石油、天然气等化石能源资源丰富，同时蕴含丰富的风、光等可再生能源资源，为区域多种能源融合发展提供基础。经过 20 多年的发展，西北地区能源资源开发利用重点逐渐发生转移，开采绿色化、产业高端化、能源结构低碳化成为新趋势。

一、做法

我国煤炭、油气资源主要分布在西部和北部地区，地形西高东低，河流从西向东。东部能源资源匮乏，能源需求日趋增加。在西部大开发进程中，西部地区充分发掘和利用自身的能源优势，全面布局西电东送、西气东输和西煤东运三大工程，在“沙戈荒”地区规划建设大型风电光伏基地项目，持续优化能源供需结构。以宁夏宁东、内蒙古鄂尔多斯、陕西榆林为核心的能源“金三角”和新疆等西北能源富集地区在我国能源安全保障中被赋予多项国家重任，当前已是我国西电东送、西气东输、西煤东运的源头，同时也是国家十分重要的能源化工基地。西北地区赋存了全国 70%的煤炭资源储量，近 1/3 的油气当量储量；并且提供了全国 1/3 的原煤、1/5 的原油和近一半的天然气等化石能源；其中，在能源“金三角”地区建成了全国 1/3 的大型煤电基地和超过 1/3 的现代煤化工项目，有力地保障了我国能源供应安全。

（一）西电东送工程

西电东送是西部大开发标志性工程和骨干工程，作为中国重大能源战略工程，西电东送旨在将西部地区丰富的煤炭、水能资源转化成电力资源，输送到电力需求较大的东部沿海地区。2000 年，贵州、云南的第一批西电东送电力项目开工建设，标志着我国西电东送工程全面启动。

根据西部水电开发的进度，西电东送工程逐步完成我国北、中、南三条从西到东跨区域高压互联电网的建设，并完善网架结构。北部通道，实现黄河上游水电和“三西”（陕西、山西、内蒙古西部）地区火电向华北、山东以及东北的送电。中部通道，以三峡送电为龙头，实现川渝、华中向华东以及广东的送电。南部通道，实现西南地区水电及火电向广东的送电。

（二）西气东输工程

随着中国经济的快速发展，东部沿海地区对能源的需求日益增长，尤其是清洁能源的需求量急剧上升。然而，中国能源资源的地理分布极不均衡，西部地区尤其是新疆地区拥有丰富的天然气资源，而东部地区则相对匮乏。为了缓解东部地区的能源短缺问题，同时优化全国能源结构，提高能源利用效率，中国政府于 1997 年提出了西气东输工程的构想。

2000 年 2 月，国家开始启动“西气东输”工程，将其作为我国“西部大开发”的标志性工程。2002 年 7 月 4 日，西气东输工程全线开工。首期工程以新疆塔里木油田为主供气源，以长三角地区为主要目标市场。一线西起新疆塔里木盆地的轮南油气田，东至上海，全长约 4200 千米，2004 年 10 月全线建成投产。这一阶段的工程不仅包括了主干管道的建设，还包括了配套的增压站、储气库等基础设施。2004 年 12 月 30 日，西气东输一线全线商业运营。随着下游市场对天然气清洁能源需求的不断增加，西气东输于 2005 年 3 月启动增输工程，提升输气能力超过 40%；2007 年，西气东输二线工程正式启动，该工程起点位于新疆霍尔果斯，终点为广东广州，途经 14 个省区市，管道主干线和八条支干线全长约 9102 千米。2011 年投入运营，将来自中亚天然气管道的天然气输送至我国华中和华南地区，进一步增强了中国天然气供应的稳定性和可靠性。党的十八大以来，西气东输管道建设进一步提速。2012 年，西气东输三线工程启动建设，该工程西起新疆霍尔果斯口岸，东至福建福州，全长约 7378 千米，全面实现工程技术自主化和技术装备国产化，建成后与原有的一线、二线相连接，实现了由管道输气向管网输气的跨越式发展。2021 年，西气东输三线中段启动建设，西气东输管道系统的年输气量突破 1000 亿立方米，创历史新高。我国形成横跨东西、纵贯南北、联通海外的天然气“全国一张网”新格局。

（三）西煤东运工程

煤炭是西北地区最具优势的能源资源，也是目前开发利用程度最高的能源。煤种齐全且质量优良，具有低灰、低磷、低硫、高发热量及高含油率的“两高三低”特征，是优质的化工原料煤。西北地区埋深 2000 米以浅的煤炭资源量占全国煤炭资源总量超过 70%，已探明煤炭资源占全国探明煤炭资源的 51.3%。其中，鄂尔多斯和榆林是我国煤炭产量最高的两个城市。西北地区整体地质构造简单，开采条件好，便于大规模开采。2000 年西部地区煤炭产量占全国的 5.4%，2019 年占比上升至 37.7%。

为解决煤炭资源分布与需求不均的问题，西煤东运工程应运而生。作为我国的重大能源战略之一，该工程主要涉及将中国西部地区丰富的煤炭资源，特别是山西、陕西和内蒙古西部的煤炭，通过铁路和公路运输到能源需求较大的东部沿海地区。西煤东运主要依赖铁路，集中在北、中、南三条大通道上。北通道包括大秦、丰沙大、京原、神朔黄等多条铁路，主要负责约 55%的西煤东运量，不仅供应京、津、冀地区，还将煤炭通过秦皇岛港海运到其他地区。中通道主要由石太铁路构成，承担大约 25%的运输量，大部分通过青岛港海运。南通道包括太焦、邯长、侯月和南同蒲铁路，负责约 20%的运输量，通过日照港海运转运。

大秦铁路西起山西大同、东至河北秦皇岛，全长 653 千米，煤运量占全国铁路煤运总量的 20%，为“中国重载第一路”，是西煤东运的主动脉。从 1988 年底一期工程竣工、1992 年底全线开通运营，大秦铁路多次扩能改造、技术升级，于 2018 年创下世界年运量最高纪录 4.51 亿吨，达到世界公认单条铁路运能极限的 2.25 倍。2023 年，大秦铁路累计货运量突破 80 亿吨，创造了截至 2023 年世界上单条铁路货运量最高纪录。国家能源集团朔黄铁路是我国继大秦铁路之后第二条国家 I 级双线电气化重载铁路，主要负责运营朔黄线、黄大线、黄万线三条货运重载铁路，总运营里程达 889 千米。作为连通晋北高原与渤海湾畔黄骅港的咽喉要道，朔黄铁路年运输量超 3 亿吨，是我国“西煤东运”的第二大通道。此外，瓦日铁路等重载铁路也突破亿吨大关，为东部地区提供源源不断的能源保障。

（四）新型能源体系建设

我国“沙戈荒”地区占全国陆地总面积的13%，该类地区风能、太阳能资源丰富，拥有大片生态红线区以外的未利用土地，国土空间资源丰富。据测算，如果我国荒漠化面积的1%用于新能源发电，其装机容量将超过2023年我国发电总装机容量。

2021年10月12日举行的《生物多样性公约》第十五次缔约方大会领导人峰会上，我国正式提出将在沙漠、戈壁、荒漠地区加快规划建设大型风电光伏基地项目。2022年2月，国家发展改革委、国家能源局发布《以沙漠、戈壁、荒漠地区为重点的大型风电光伏基地规划布局方案》，明确到2030年，我国将规划建设风光基地总装机规模约4.55亿千瓦。以沙漠、戈壁、荒漠地区为重点的大型风电光伏基地建设，已成为我国新能源发展的重中之重。

西部地区大力推进“沙戈荒”大型风电光伏基地建设。2022年以来，内蒙古共获批库布其中北部、库布其南部、乌兰布和及腾格里四个“沙戈荒”大型风电光伏基地项目，每个基地规划新能源1200万千瓦、支撑性煤电约400万千瓦，分别配套建设蒙西至京津冀、库布其至上海、乌兰布和至京津冀鲁、腾格里至江西四条特高压外送通道。

二、成效

（一）全国能源安全得到有力保障

西部地区蕴含丰富的煤炭、天然气，以及水电、风电、光电资源，对于保障国家能源资源安全具有重要意义。通过西电东送、西气东输、西煤东运等工程建设，将西部地区丰富的能源资源源源不断地输送到东部地区，有力地保障了我国能源安全。截至2023年6月底，西电东送能力超过3亿千瓦。例如，白鹤滩至江苏的±800千伏特高压直流输电工程，作为西电东送工程的重要组成部分，每年可输送超过300亿千瓦时的清洁电能，有效地保障了江苏等地区的电力供应，同时推动了华东地区减少发电用煤和二氧化碳排放。来自雅砻江流域的清洁电能，只需3毫秒到5毫秒就可“闪送”至川渝、华东和华中等地的电力负荷中心。作为国家九大清洁能源基地之一，截至2024年雅砻江流域水风光一体化基地累计发电量已突破1万亿千瓦时，绿色清洁能源发电量减排二氧化碳约8亿吨。国家累计投入4000多亿元、经过20多年持续建设完善的西气东输工程已成为世界上最大的天然气管道系统之一。自2004年西气东输工程一线建成投产以来，截至2021年作为西气东输主力气源地的塔里木油田已累计向西气东输管网供应天然气超

2700 亿立方米，为下游 15 个省份、120 多个大中型城市的约 4 亿居民、3000 余家企业用气提供了保障。西煤东运工程将“三西”（山西、陕西、内蒙古西部）的煤炭运输至东部沿海地区，主动脉大秦铁路为我国六大电网、五大发电集团、十大钢铁公司、300 多家主要电厂和 6000 多家工矿企业提供了坚实的能源支撑，为国家经济腾飞提供了源源不断的动力。表 5-3 展示了西部地区主要能源（原煤、天然气和电力）生产量占全国的比重。2000 年西部地区原煤生产量占全国总产量的 27.19%，西部大开发战略实施后，2022 年西部地区原煤生产量占全国比重高达 60.52%。2000 年全国天然气生产量的近一半来自西部地区，西部大开发战略实施后，2022 年全国天然气生产量的约 80%来自西部地区。2000 年西部地区的电力生产量占全国比重为 23.21%，2022 年西部地区的电力生产量占全国比重为 38.27%。可见，西部大开发战略使得全国能源安全得到有力保障。

表5-3　2000年和2022年西部地区主要能源生产量占全国比重

地区	原煤		天然气		电力	
	2000 年	2022 年	2000 年	2022 年	2000 年	2022 年
内蒙古	8.23%	26.62%	1.81%	13.96%	3.30%	7.48%
广西	0.80%	0.08%	0	0.01%	2.18%	2.39%
重庆	1.31%	0	0.77%	4.02%	1.26%	1.13%
四川	2.34%	0.50%	35.32%	25.17%	3.76%	5.48%
贵州	4.18%	2.87%	0.28%	0.36%	3.05%	2.60%
云南	1.13%	1.48%	0.02%	0	2.24%	4.54%
西藏	0	0	0	0	0.05%	0.14%
陕西	2.25%	16.43%	0	13.95%	2.05%	3.22%
甘肃	1.86%	1.19%	0.08%	0.25%	1.91%	2.21%
青海	0.17%	0.21%	1.56%	2.73%	1.01%	1.13%
宁夏	1.80%	2.08%	0.06%	0.01%	1.03%	2.53%
新疆	3.12%	9.06%	14.10%	18.48%	1.37%	5.42%
西部地区	27.19%	60.52%	54.00%	78.94%	23.21%	38.27%

资料来源：《中国能源统计年鉴》

（二）现代煤化工产业集聚发展

2017 年 3 月，国家发展改革委、工业和信息化部联合出台的《现代煤化工产业创新发展布局方案》确定了内蒙古鄂尔多斯、陕西榆林、宁夏宁东和新疆准东四大现代煤化工产业示范区。这一战略布局推动了西北地区能源产业转型升级。随着特高压输电技术和现代煤化工技术的广泛应用，西北地区正逐步改变传统的输煤、输气模式，转向更具附加值的输电和化工产品输送，有效破解了“资源陷阱”的发展困境。在具体实施中，除新疆因运输距离限制仍以本地煤炭供应为主外，其他示范区都将提高煤炭就地转化率作为重要发展目标。这一政策导向显著促进了西北地区电力外送基地和煤化工基地的建设进程，为区域经济高质量发展注入了新动能。到 2019 年，能源“金三角”地区煤炭就地转化率达到 23%左右。西北能源富集地区建成投产的煤直接制油、煤间接制油、煤制天然气、煤制烯烃、煤制乙二醇分别占全国总产能的 100%、79%、74%、44%和 18%。在建及拟建项目也占全国较大比重。

（三）能源产业成为经济增长的新动能

西部地区拥有发展可再生能源的显著优势。宁夏、新疆等省区大部分地区年日照时数超过 3000 小时，太阳能资源丰富。新疆作为我国陆上风能资源最集中的区域之一，风能资源总储量达 9.57 亿千瓦，占全国陆上风能资源的 40%。广阔的土地面积和较低的开发成本为大规模风光发电项目提供了有利条件。2024 年，在发电成本持续下降和国家清洁能源政策推动下，西部地区可再生能源发展步伐加快。以榆林市为例，这个能源“金三角”核心城市在“十三五”期间实现风光装机容量 2 倍增长，“十四五”期间预计将保持倍增发展态势。可再生能源正成为优化西北地区能源结构的重要力量。

从“沙戈荒”里的蓝色“光伏海”，到雪域高原上矗立的白色大风车，西部地区发展清洁能源的潜力和势头吸引了众多新能源企业，太阳能电池、锂电池、新能源汽车已成为西部地区产业新名片。甘肃省嘉峪关市加快布局新能源产业，截至 2024 年 4 月，其形成年产 15 万吨风电塔筒、25 万吨光伏支架、1 吉瓦高效光伏组件的生产能力，光伏并网发电总装机容量达到 193 万千瓦；重庆加速形成智能网联新能源汽车产业集群；世界级锂电产业基地在四川初见雏形，“锂电之都”未来可期……

随着新型能源体系加快建设，西部地区丰富的水风光资源被充分利用转化为清洁能源，送往大江南北，成为我国经济高质量发展的“绿色动能”。以西电东送工程为例，作为西部大开发战略的一项重要内容，西电东送不仅满足了广东省日益增长的电力需求，同时也支援了西南部经济欠发达地区的经济发展，为云南、贵州找到了一个新的经济增长；不仅保护了青山绿水，而且把资源优势转化为宝贵的能源资源，实现了绿色、协调发展。电力已经成为贵州省的支柱产业，上缴的财政税收占有较高比例。同时来自云南、贵州的西电到达广东省的落地电价比广东省本地燃煤发电上网平均电价每度要低 2 分钱，对广东省而言经济性也是好的。西电东送这一世纪工程发挥了多赢的效益，不仅有助于西部地区的资源优势转化为经济优势，而且对优化国家的能源结构、推动区域协调发展、保障能源安全以及促进生态环境的改善都具有重要意义。

典型案例　陕西宝鸡眉县城区中深层地热能供暖项目

1. 项目背景

陕西煤田地质集团有限公司与陕西省宝鸡市眉县人民政府于2019年8月签订了《眉县县城清洁化供热特许经营协议》，成立了陕西新眉清洁能源有限公司。在眉县开展县城清洁能源供暖系统建设项目，以中深层地热水热型地热能利用的方式，完成300万平方米建筑面积清洁能源供暖及改造。

2. 建设内容

宝鸡市眉县县城清洁能源供暖系统建设项目，以中深层地热水热型地热能利用的方式，钻探18口地热井，建设4座能源站，铺设地热管网及供热管网17千米，完成300万平方米建筑面积清洁能源供暖及改造。

3. 做法实践

该项目主要利用中深层地热能作为供暖主要能源，采用直接换热供暖、大温差热泵机组多级提升温度供暖、燃气锅炉调峰补热的形式，通过地热能梯级利用技术，实现地热能大温差深度利用。通过多种地质勘探手段，设计中深层地热井，利用地下1000多米热水为主要热源，通过换热机组、热泵机组、燃气锅炉调峰联合实现供暖。供暖系统用户侧回水经大温差热泵机组加热提升温度后输送至各用户建筑，可以满足眉县城区地辐热采暖、散热器片采暖等不同用户的需求。另外，采用以中深层地热为主，浅层水源、天然气等为辅助能源的多能互补形式。采取取热不取水的能源利用方式，利用自主研发的回灌装置实现地热水100%封闭回灌。利用地热井大型群井多能源站地热供暖智慧调控系统，进行联合自动化调控，做到节能、节水。

4. 实施成效

已于2022年冬季采暖期实现了眉县县城区域无煤化清洁能源供暖，结束了眉县多年来以煤为主要热源的供暖。利用自主开发的地热水回灌装置，做到地热水100%的回灌。清洁能源高效利用符合政策要求和市场需求，发展前景良好。另外两座能源站及地热井已完成建设，将陆续为县城供暖。项目环境效益明显，眉县规划清洁能源供暖面积299.8万立方米，相比较燃煤锅炉采暖形式，预计眉县城区每年可减排标煤4.08万吨，减少二氧化碳排放11.31万吨，减少二氧化硫排放153.02吨，减排氮氧化物133.21吨，减排粉尘2484.27吨。

资料来源：国家能源局电力规划设计总院，《能源绿色低碳转型典型案例汇编2024》。

第三节　提质增效：积极培育新质生产力

2023年12月召开的中央经济工作会议强调，要以科技创新推动产业创新，特别是以颠覆性技术和前沿技术催生新产业、新模式、新动能，发展新质生产力。这一理念涵盖了高科技属性、高附加值以及环境友好的特点，是经济转型和产业升级的核心动力。西部地区坚持教育、科技、人才工作统筹推进，大力发展数字经济，推动数字经济与实体经济融合发展。随着人工智能技术的发展，云计算、大数据、人工智能、生物科技等领域的技术突破，为新质生产力的发展铺设了宽广的道路，也为西部大开发提供了理论与实践并进、区域协调发展与共富的历史机遇。

一、做法

西部地区生产力发展水平与东中部地区相比，依然存在着较大差距。因此，必须加快培育和形成新质生产力，开辟区域高质量发展的新途径，从而加快推进西部地区中国式现代化进程。在全球科技日新月异、产业结构深度调整的大背景下，新质生产力已成为推动经济高质量发展的重要引擎。以互联网、信息技术为代表的新型基础设施，是新质生产力的典型代表之一，也是西部地区的短板。对此，西部地区立足禀赋优势，顺应时势变化，强化新技术研创，激发新要素活力，打造新产业集群，优先聚焦数字技术、智能技术、信息技术等科技前沿领域，加快培育新质生产力，形成区域发展新动能，具体推出以下举措。

（一）“东数西算”工程

进入第四次产业革命以来，我国东部一线城市发展势头迅猛，数据需求量大。为了匹配东部地区的经济发展速度，数据中心产业布局日趋密集，数据中心“挤破头”的饱和现象明显，能耗指标紧张、电力成本高，局限性大等问题逐渐暴露出来。与之相对应的是，西部地区可再生能源丰富，气候、地质等条件适宜，但存在网络带宽较小、跨省数据传输费用较高等瓶颈。东西部地区供需不平衡，使人们意识到要让数据中心“往西走”，实现“算力西移”，打造出面向全国的算力保障基地。2022 年 2 月，国家发展改革委等部门联合印发通知，同意在京津冀、长三角、粤港澳大湾区、成渝地区启动建设国家算力枢纽节点，此前，内蒙古、贵州、甘肃、宁夏四地算力枢纽节点已获批复。至此，全国一体化大数据中心体系完成八大国家算力枢纽节点，10 个国家数据中心集群的总体布局设计，“东数西算”工程正式全面启动。“数”指数据，“算”是算力，即对数据的处理能力，“东数西算”是通过构建数据中心、云计算、大数据一体化的新型算力网络体系，将东部算力需求有序引导到西部，优化数据中心建设布局，促进东西部协同联动。这是继西气东输、西电东送、西煤东运等全国性资源和能源跨区域调配工程后的又一国家级战略工程，对于优化数据中心布局、推动中国数字经济和西部地区发展意义重大。

（二）科技援西

为加强科技创新支撑能力，助推西部地区转型发展，《科技助推西部地区转型发展行动计划（2013—2020 年）》《全国科技援疆实施规划》《关于进一步加强科技援藏工作的若干意见》等相关文件出台，国家实施了科技支宁、科技入滇、科技兴蒙、科技援疆、科技援藏、科技援青等多项支援计划，对提升西部各省区市创新能力和产业化水平作出了较大贡献。云南通过“科技入滇”机制，吸引了大批科技企业、科技团队到云南创新创业，为云南高质量发展带来了新动力。中国科学院自 2007 年底启动中国科学院科技支甘工程，上海张江与甘肃兰白进行高新区结对共建，为甘肃科技发展作出了重要贡献。“科技支宁”的推动，尤其是宁夏沿黄科技创新改革试验区建设，对提高宁夏科技创新水平，建立东西部合作机制起到了重要作用。

二、成效

西部大开发战略实施以来，西部产业基础逐渐夯实、类型趋于多元、带动效应增强，随着西部地区加快发展新质生产力，一批因地制宜加速布局建设的战略性新兴产业、未来产业有望成为新的经济增长极，带动西部地区经济发展再上新台阶。

（一）数字经济成为经济发展的新驱动

“数字经济”正成为西部产业发展的热词，数字经济的蓬勃兴起，为西部大开发带来了新的发展机遇。依托丰富的数据资源和广阔的市场空间，西部地区正加速推进传统产业数字化转型，构建以数据为关键要素的新型工业化模式。内蒙古大力推动 5G 技术、大数据等新一代信息技术应用，促进产业数字化转型、智能化升级；宁夏力争数字经济增加值占地区生产总值比重达到 36%以上；贵州要推动数字经济实现质的突破，数字经济占地区生产总值比重要达到 45%以上、规模突破万亿元。在西南，川渝两地电子信息制造业总规模超 1.6 万亿元，综合实力跃居全国前列；在西北，陕西“追光计划”实施以来，光子产业总产值以每年 50%的速度递增，企业数从不足 100 家增至 320 余家。

（二）创新引领西部地区高质量发展

西部大开发战略实施以来，西部地区教育和科研投入的增加，促进了人才集聚和知识创新，为科技进步和技术创新提供了智力支持。同时，西部地区通过与国内外的科技交流与合作，有效促进了创新资源的整合与优化配置。在这些因素的共同作用下，西部地区的创新生态系统更加完善，创新产出和转化效率显著提升。表 5-4 展示了西部大开发 20 多年来西部地区专利申请数量的变化。2000 年，西部地区的专利申请数量占全国比重为6.93%，2023年西部地区的专利申请数量占全国比重增加至12.06%。西部地区的专利申请总量在过去23年的年均增长率约为173.24%，每个省份专利申请量的年均增长率均高于全国平均水平。创新引领必将成为新一轮西部大开发的根本动力。

表5-4　2000年和2023年西部地区及全国专利申请量

地区	2000年		2023年		2000～2023年
	专利申请量/件	占全国比重	专利申请量/件	占全国比重	年均增长率
内蒙古	862	0.46%	30 469	0.70%	16.77%
广西	1 303	0.70%	39 188	0.90%	15.95%
重庆	1 338	0.72%	75 295	1.72%	19.15%
四川	3 642	1.96%	141 626	3.24%	17.25%
贵州	752	0.40%	30 282	0.69%	17.43%
云南	1 493	0.80%	41 811	0.96%	15.59%
西藏	30	0.02%	2 669	0.06%	21.55%
陕西	1 633	0.88%	93 918	2.15%	19.26%
甘肃	620	0.33%	25 747	0.59%	17.59%
青海	134	0.07%	5 905	0.14%	17.89%
宁夏	288	0.16%	13 050	0.30%	18.03%
新疆	799	0.43%	26 692	0.61%	16.48%
西部地区	12 894	6.93%	526 652	12.06%	17.50%
全国	185 713		4371 342		14.72%

资料来源：国家知识产权局、智慧牙数据库

（三）战略性新兴产业不断壮大

战略性新兴产业以重大技术突破和重大发展需求为基础，对经济社会全局和长远发展具有引领带动作用。近年来，西部地区不断推进战略性新兴产业落地，发挥其产业链条长、市场容量大等优势，推动融合化、集群化发展，产业发展规模、速度、质量迈上新台阶。表5-5展示了西部地区2009年和2022年高技术产业的生产经营状况。在西部地区，四川的高新技术企业数量最多，其次是陕西、广西和重庆。2009年至2022年，西部地区高新技术企业发展壮大，个数占全国比重由8.62%增加到10.83%。营业收入占全国比重由5.97%增加到14.12%，利润总额占全国比重由8.17%增加到14.32%，显示出西部地区高新技术企业的盈利能力逐渐增强。

表5-5　西部地区高新技术企业个数、营业收入和利润总额占全国比重

地区	企业个数占全国比重		营业收入占全国比重		利润总额占全国比重	
	2009年	2022年	2009年	2022年	2009年	2022年
内蒙古	0.40%	0.26%	0.39%	0.31%	0.38%	0.38%

续表

地区	企业个数占全国比重		营业收入占全国比重		利润总额占全国比重	
	2009年	2022年	2009年	2022年	2009年	2022年
广西	1.11%	1.11%	0.39%	0.79%	0.59%	0.68%
重庆	1.05%	1.83%	0.57%	3.48%	0.71%	2.81%
四川	3.05%	3.80%	2.66%	5.10%	3.54%	3.72%
贵州	0.55%	0.82%	0.41%	0.55%	0.65%	0.59%
云南	0.53%	0.63%	0.22%	1.11%	0.59%	2.04%
西藏	0.04%	0.04%	0.01%	0.01%	0.05%	0.08%
陕西	1.32%	1.63%	1.12%	1.73%	1.17%	2.24%
甘肃	0.29%	0.34%	0.09%	0.18%	0.30%	0.31%
青海	0.10%	0.09%	0.03%	0.44%	0.02%	0.88%
宁夏	0.07%	0.12%	0.05%	0.31%	0.08%	0.43%
新疆	0.11%	0.16%	0.03%	0.11%	0.09%	0.16%
西部地区	8.62%	10.83%	5.97%	14.12%	8.17%	14.32%

资料来源：《中国科技统计年鉴》

西部地区基于本土的地理环境优势和产业优势，探索出有别于东部地区的差异化创新模式，因地制宜培育战略性新兴产业。贵州积极利用地理优势，推出了“中国天眼”“中国数谷”等创新名片，贵阳贵安已成为全国重要的数据中心基地之一，数字经济增速也连续多年位居全国第一。云南围绕“人才”“平台”“产业”，在全国重点推进生物医药产业，树立科技创新标杆，并着力把花卉打造成为具有世界影响力的新型产业，摸索出科技助力产业发展新模式。青海、内蒙古、广西等地也利用资源和成本优势，在生态环保、新能源、盐湖化工、现代农牧业等领域取得了丰富的创新成果。陕西装备制造业、高技术制造业保持快速增长，新能源汽车、太阳能电池成为工业发展新名片。陕西新能源汽车龙头企业科学规划和布局产业链，先后在西安周边建成新能源汽车电池、电机、电控生产基地，逐步形成产业集聚优势，有效提升了新能源汽车产业链竞争力。2023年，陕西新能源汽车产量达105.2万辆，居全国第三位，同比增长33.9%，新能源汽车占全省汽车产量的71.6%。据统计，西部地区已打造新材料、生物医药等九个国家级战略性新兴产业集群和电子信息、航空等五个国家级先进制造业集群，工业增加值由2019年的5.8万亿元增长到2023年的8.1万亿元。

典型案例　陕西省“追光计划”

20世纪60年代，激光出现之后，平均每3年就有一个诺贝尔奖颁给光子学成果。光子取代电子已成为趋势，光子技术成为21世纪推动经济发展的核心技术，光子产业将是未来整个信息产业的基石，也将迎来爆发式的增长。光子产业分布在光子制造、光子信息、生物光子、能量光子、空间光子等各大领域，涉及与我们生活息息相关的物质、信息、生命、能量、空间等各种要素。光刻机、超快激光、5G、量子、基因测序、激光武器、光伏、卫星互联网等都涉及光子技术和产业的应用。作为战略性、基础性、先导性新兴产业，光子产业正成为世界各国战略布局的重要领域。

面对汹涌而至的新一轮科技革命和产业变革，光子产业将成为中国实现未来技术超越和产业变革的重要抓手。近年来，陕西把握机遇发挥原始创新优势，隆重发布“追光计划”，以补链、强链为抓手，依托陕西省光子技术与人才优势，聚焦先进激光与光子制造、光子材料与芯片、光子传感三大重点领域，实施“六个一”重点举措（即建立一套“链长制”工作机制；设立一支光子产业补链强链基金，为光子企业提供金融助力；成立一个陕西光子先导创新中心，统筹布局，顶层规划；建设一个光子产业创新中试平台，为光子企业提供研发设计—小试中试—工艺代工的全面平台服务；打造一个光子产业发展空间载体，为光子产业集群提供空间承载；出台一套光子产业专项政策），以西安高新区为主要承载地，加快培育壮大龙头企业，带动光子产业全产业链集聚发展，让更多要素向着培育新质生产力的方向流动，打造全球光子技术原始创新高地、国家光子产业发展主阵地和全球最具影响力的光子产业生态高地。

“追光计划”实施两年以来，陕西省光子产业总产值以每年超过50%的速度递增，企业数从不足100家增至320余家，创新生态初具规模，对全国的牵引作用日渐明显。在陕西追光光子产业先导创新中心统筹下，上下游企业攻克了20多项光子关键技术瓶颈，推动了产品出新。西安知象光电科技有限公司研发生产的普及型3D扫描仪成为海外电商平台的新品类，销量已超过10万套。西安中科微精光子科技股份有限公司采用的超快激光器可以解决传统加工方式解决不了的问题。从“老笨黑粗”的传统产业到因地制宜发展新质生产力，西部地区牢牢牵住创新这个“牛鼻子”，光子产业将成为西部地区创新驱动发展的新动能。

资料来源：贺占军，郑昕，张晨俊. 2024. 把握机遇，追光新赛道：“追光计划”壮大陕西光子产业集群观察. 中国产经，(7): 102-105。

第六章　乡村振兴：平畴沃野换新颜

西部大开发以来，中共中央、国务院先后制定实施了一系列政策措施，成效显著，尤其是在乡村振兴的产业兴旺、生态宜居、乡风文明、治理有效和生活富裕五个方面成绩斐然。在产业兴旺方面，产业结构不断优化。第三产业增加值超过第二产业，第三产业成为促进西部地区经济发展最为重要的产业，“十三五”和“十四五”时期，第三产业发展速度明显快于第二产业，产业转型速度进一步加快。在生态宜居方面，青藏铁路等一批重大基础设施项目相继建成，西部地区交通通达度大幅提升，深入实施退耕还林、退牧还草、天然林保护、三北防护林、石漠化综合治理等重点生态工程，生态环境明显改善。在乡风文明方面，重视村民道德建设，教育村民树立和践行“务实、守信、崇学、向善”的共同价值观，在充分发掘和保护古村落、古民居和民俗文化等历史文化遗迹遗存的基础上，优化美化村庄人居环境，深入开展文明村镇创建活动，把提高农民群众生态文明素养作为重要创建内容。在治理有效方面，完善乡村治理体系，开启乡村善治之路，全面落实五级书记抓乡村治理，有效地激活农村基层治理活力，加强引导培育规范，使村民理事会成为村党组织领导和村民委员会指导下的村民自治的群众性组织。在生活富裕方面，西部地区各省份居民人均可支配收入不断提高，各省份居民收入相对差距有所缩小，城乡差距也逐渐缩小，有效引入和对接各类市场主体参与西部乡村建设，促进村集体经济组织与国有企业、工商资本、新型农业经营主体等各类经济组织交叉融合，构筑共同富裕的基本单元。

第一节　农业强：以“五强”促振兴

“五强”是指强党建、强规划、强产业、强生态、强治理。“五强促振兴”是乡村振兴工作的总纲，旨在激发乡村产业振兴强大活力。各级部门在“五强促振兴”的思路前提下，立足工作实际，拿出举措，务实推进。

一、党建引领，激活农业发展“新引擎”

新征程上，要坚持党建引领农业产业化不动摇，强化组织联建、品牌联创、信息联享、活动联办等关键环节，推动支部建在产业链上、党建抓在田间地头，让乡村产业“强起来”、农民腰包“鼓起来”。产业振兴怎么抓？关键是要发挥好党组织的引领作用，形成动态开放的运行体系，让各级党组织成为兴农业、农村、农民的“硬堡垒”。要坚持党建统领、全域统筹、资源整合、优势互补、共建共享的总思路，按照“产业相近、地域相邻、易于管理、活动有效”的总原则，积极整合乡镇党委、村党支部、农业企业、专业合作社等各方力量，探索成立党建产业联盟、组建功能型党组织，一体推进组织活动、人才引进、产业发展等，真正激活农业产业化的“红色引擎”。党建引领农业产业化，抓得实不实？效果好不好？在很大程度上取决于党员作用的发挥程度要建立在党建活动的开展上。要坚持党员示范带动，主动谋划产业、做给群众看、带着群众干、帮着群众赚，凝聚党群合力。要抓好党建活动，将支部主题党日等党内生活开在产业基地、田间地头，推动农业生产联学共建、农民增收联情共助，不断将组织势能化为助农动能，推动实现农业高质高效、乡村宜居宜业、农民富裕富足。

二、规划先行，指明农业发展“新方向”

根据乡村功能定位和实际情况，编制科学系统的产业发展规划，明确产业发展的基础条件、重点任务、阶段目标和行动方案，为乡村“产业兴旺”引路导航。实践中，一些地方乡村产业发展带有较大的不确定性，往往市场什么热门就发展什么，缺乏深入调查研究和论证，存在较大的隐患。产业发展规划要坚持多规合一。乡村产业发展规划要与土地利用总体规划、生态环境保护规划、城乡建设规划、县（市、区）产业发展规划相融合和相衔接，不能各搞各的，更不能相互矛盾，否则也难以真正落地。产业发展规划要与当地主导产业规划有机结合起来，与乡村发展规划有机结合起来，增强产业发展规划的可行性和操作性。此外，产业发展规划编制好之后，要坚持一以贯之，一张蓝图绘到底。任何一个产业的发展都不可能一蹴而就，而是往往都有一个较长的培育期，千万不能急功近利，更不能半途而废或频繁变更。坚持示范引领，以示范镇、示范村建设推动示范镇产业现代化、生态田园化、乡村文明化、治理规范化、生活富裕化。

三、产业优先，重塑农业发展“新定位”

产业兴旺是乡村振兴的重点，是实现农民增收、农业发展和农村繁荣的基础。乡村振兴涵盖了乡村的方方面面，归根结底是发展问题，其中产业兴旺是重点。只有乡村经济发展了，才能富裕农民，繁荣乡村；也只有乡村产业兴旺，才能吸引更多外来资源和人才，集聚人气和财气。离开产业支撑，乡村振兴就是空中楼阁。产业兴旺具有丰富的内涵。实施乡村产业兴旺既要基于第一产业又不能囿于第一产业，而应着眼于优化一产，在此基础上大力发展二、三产业，促进农旅结合、农网融合，以及一、二、三产业融合，强化一产对二产、三产的支撑力度，提升二产、三产对一产的反哺力度。通过一、二、三产业的相融相通和乘数效应，拓展农业发展空间，拉长农业产业链，拓宽农业产业幅，提升农业价值链，完善农业利益链，促进农业接二连三、跨二进三，推动农村一、二、三产业融合发展。一切从实际出发，千万不能照搬照抄，用一个模式去套。落实到某一个具体的乡村，则要坚持宜种（种植业）则种、宜养（养殖业）则养、宜林则林、宜旅则旅、宜工则工、宜商则商、宜运（物流业）则运，要根据各个乡村的实际情况来选择和培育产业发展方向。推行“党建+企业+农户、党建+集体经济组织+合作社+农户”等联农惠农模式，促进各类生产要素向乡村聚集，推动土地流转、土地托管、土地入股等形式适度规模经营，促进一、二、三产业融合发展，实现优化农业、繁荣农村、富裕农民目标。

四、生态保护，赋能农业发展“绿转型”

推进产业生态化和生态产业化，是深化农业供给侧结构性改革、实现高质量发展、加强生态文明建设的必然选择。随着人们对美好生活的需要不断增长，农业农村作为产业和生态的重要载体，其地位更高、作用更大。城乡居民不仅需要农业提供种类更多、品质更高的农产品，而且还需要农村更清洁的空气、更干净的水源和更宜人的风光。农业农村是一个完整的自然生态系统。尊重自然规律，科学、合理地利用资源进行生产，既能获得稳定的农产品供给，也能很好地保护和改善生态环境。生态保护与产业发展是密不可分的，没有生态资源作为依托，产业发展就是无源之水；没有产业发展作为支撑，生态保护也难以持久。产业生态化与生态产业化相辅相成、和谐共赢，能够有效降低资源消耗和环境污染，还能够提供更具竞争力的生态产品和服务，实现环保与发展双赢的目标；积极稳妥地推进农村厕所革命，采取“县负总责、镇办实施、联合验收”的方式组织实施改厕工作，采取水冲三格式卫、双瓮式、一体化智能卫生厕所三种模式，极大地改善了农户如厕条件。

五、治理探索，保障农业发展“构体系”

乡村振兴产业项目的实施、运营，特点就是资金体量大、牵涉范围广、专业要求高，加之掌握信息不对称，监督执纪带有一定滞后性，这在一定程度上增加了该领域风腐问题发生风险。为化解乡村振兴产业项目风险隐患，促进帮扶项目良好运营，推进相关产业高质量发展，在开展专项治理中就要实现农业强。另外，要提高村民自治能力，构建新型乡村治理体系。完善村民自治在内的基层民主制度，将“管理民主”与“生产发展、生活宽裕、乡风文明、村容整洁”相结合，以“民主选举、民主管理、民主决策、民主监督”和村民“自我管理、自我教育、自我服务”相交融，进一步激发村民参与村务政务的积极性，进一步树立村民的乡村主人翁意识，进一步推动自治、法治、德治结合，提升自治与法治的效能，提高乡村治理的水平和质量。大力推行“一评三治”活动，化解矛盾纠纷、信访问题和积累的案件，以评优树先打造先进典型，联合民政部和司法部为全国民主法治示范村。

六、产业结构不断优化

西部大开发已经取得了重大成就。在这期间，多个重点工程已经开始运作或是已经竣工，如青藏铁路、南水北调、西气东输、北煤南运、西油南输、西电东送、西棉东调、南菜北运等。产业结构不断优化，如图 6-1 所示。从总量来看，西部大开发以来，西部地区第一产业、第二产业和第三产业增加值分别从 2000 年的 3706.78 亿元、6913.24 亿元和 6034.60 亿元增加到 2022 年的 29 341.1 亿元、102 604.3 亿元和 125 039.7 亿元。“十五”期间，第三产业增加值在大部分年份高于第二产业。“十一五”和“十二五”期间，大部分年份中，西部地区第二产业发展迅速，第二产业增加值高于第三产业。从 2016 年开始，第三产业增加值超过第二产业，第三产业成为促进西部地区经济发展最为重要的产业。从增速来看，第二产业和第三产业增加值增速在大部分年份要快于第一产业增加值增速，尤其

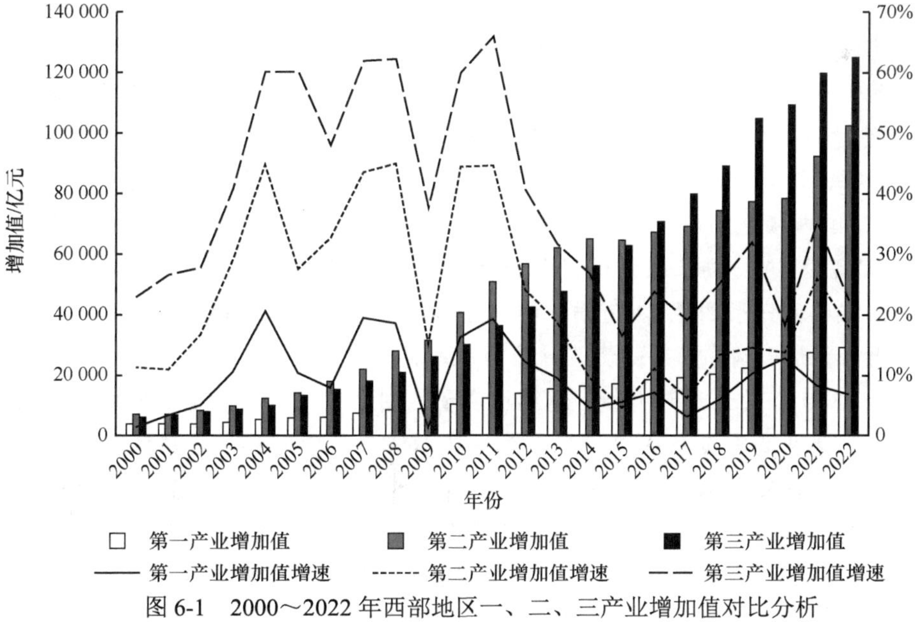

图 6-1　2000～2022 年西部地区一、二、三产业增加值对比分析

资料来源：《中国统计年鉴》

是在“十一五”时期，西部地区第二产业和第三产业发展迅速。“十二五”和“十三五”时期，第三产业发展速度明显快于第二产业，西部地区产业转型速度进一步加快。

典型案例　淳化“五强”激发乡村振兴活力

淳化县，这个陕西省中部偏西的区域，占地约983平方千米，下辖8个镇（办事处）和128个行政村（社区），常住人口14.17万人。作为一个以山地农业为主的县份和具有革命历史的老区，淳化县同时也是省级重点支持的乡村振兴县。该县坚持“五个强化促进振兴”的核心策略，即强化党建工作、规划管理、产业发展、生态环境保护和治理能力，坚定地确保不出现大规模的返贫现象，并努力成为乡村振兴的典范。

强党建，发挥党组织领导核心作用。淳化县增强党员队伍的专业素养，提升党员干部引领群众走向富裕、促进农村经济社会全面发展的本领，持续强化党的基层组织的团结力、执行力和吸引力。2021年在镇村领导班子的换届选举中，精心选拔和配置优秀的镇村党支部成员，共选拔镇级领导班子成员77名，村“两委”成员971名，为全县128个行政新村和2个超过100户的搬迁安置点指派了419名驻村帮扶干部。

强规划，突出地域乡土特色。淳化县委托西北农林科技大学乡村振兴学院负责制定全县的乡村振兴发展策略，专注于实现“富裕、活力、幸福、美丽”的淳化县目标，力争在全市首先建立一个镇级乡村振兴规划展示馆。通过示范镇和示范村的建设，推动示范镇实现产业现代化、生态环境优化、乡村文化繁荣、治理体系规范化以及生活富裕化。2021年，淳化县启动了首批包括2个省级示范镇、10个示范村和2个重点帮扶村的创建工作。

强产业，筑牢群众增收致富基础。截至2022年，淳化县成功吸引了海升、天麒等11家国内领先的农业企业，引入了总计4.49亿元的产业资本，并累计发展了41个涵盖省、市、县三级的现代农业示范园区。积极推进果业提升增效的“333工程”，拓展现代果园至41万亩；建立了843栋遵循“温氏模式”的家庭农场，生猪年出栏量达到47万头；蔬菜种植面积维持在5.1万亩，发展了1300个食用菌大棚和9300个设施蔬菜大棚，蔬菜总产量达到8万吨；在全县率先推广了低效果园改造、苹果高密度高效“3332”栽培技术、玉米“5335”种植技术以及大豆玉米带状复合种植技术，初步建立了一个崭新的现代农业产业体系结构。

强生态，打造绿色美丽宜居淳化。淳化县制定了“十四五”期间农村污水和垃圾处理的专项规划，已建成10座污水处理设施和9个垃圾填埋场，同时铺设了18.971千米的管网。通过采取“县级统筹、镇级执行、联合验收”的模式来推进厕所改造工作，采用水冲三格式卫、双瓮式和一体化智能厕所三种不同的改造模式，共新改建了8284个卫生厕所。以提升村庄的照明、绿化和美化水平为目标，成功打造了17个森林村庄，使村庄的绿化覆盖率达到62%，全县森林覆盖率提升至39%。此外，淳化县安装了超过19 200盏太阳能路灯，粉刷了超过50万平方米的墙体，努力营造一个和谐共生的绿色美丽新淳化。

强治理，培育文明淳朴社风民风。淳化县实施了村级"小微权力"清单制度，并针对每个村庄细化和完善了村规民约，同时加强了"四议两公开"的工作机制。另外，截至2022年，淳化县还成功解决了321起矛盾纠纷和51起信访问题与积案，培养了6位获得中国、陕西、咸阳各级表彰的好人，并评选出600多名优秀的公婆和好媳妇。通过评选优秀和树立先进典型来推动社会进步。

第二节　农村美：建设农民幸福家园

乡村美不美，事关广大农民的获得感和幸福感。美丽乡村，造就美丽环境、带来美丽经济、改善乡风文明。打造美丽乡村，既要"塑形"，更要"铸魂"。"十四五"期间，西部地区把美丽乡村建设作为农村工作的"牛鼻子"，围绕"生态宜居村庄美、兴业富民生活美、文明和谐乡风美"的宗旨着力改善农村人居环境、打造农民幸福生活美丽新家园。通过培育和践行社会主义核心价值观，破除陋习，移风易俗，让村风民风更淳朴，一幅文明和谐的新时代文明画卷正在广袤的乡村徐徐铺开。

一、坚持和完善村党组织领导的村民自治机制

发展和完善党领导的村民自治机制，第一，要完善村党组织的领导机制，选好配强村党组织领导班子尤其是党支部书记，按照民主集中制原则完善村党组织议事规则和决策程序，改进村党组织的领导方式和工作方法。第二，要完善村"两委"协调机制，进一步明确和细化村党支部和村委会的职责任务，建立健全村"两委"联席会议制度。第三，要完善村级党内民主机制，充分调动党员政治参与的积极性，发挥党内民主的示范带动作用，完善村党支部选举制度，建立健全党员大会审议村级重大事项制度，完善村级党务公开制度，建立健全党员联系群众制度。第四，要完善村民自治机制，保障村民当家做主，健全村民会议或村民代表会议审议决定村级重大事项制度，实行村级重大事务决议公开和实施结果公开，把民主选举、民主决策、民主管理、民主监督的要求具体化、制度化。

针对个别地方的实践过程当中出现的弱化村民自治的问题，强调农村社区建设必须坚持村党组织的领导、村委会牵头，以村民自治为根本途径和有效手段。农村社区建设不是要另起炉灶、另搞一套，不能背离村民自治的基本要求和基本精神。不改变村民自治机制，不增加农村基层管理层级，严禁以管理委员会等机

构取代村管理组织和村民委员会，有很强的针对性。将村民自治的理念、方式和机制贯穿于农村社区建设全过程和各个方面，又结合农村社区建设的实际需要，丰富了村民自治的内容和形式，拓展了村民自治的范围和途径。

二、将扩大非户籍居民参与作为农村社区建设的主攻难点

在谋篇布局上突出三方面考虑：一是系统谋划，把农村社区建设试点工作放在国家治理体系和治理能力现代化的高度中去把握，放在全面深化社会体制改革的过程中去谋划，对当前及未来一段时间我国农村社区建设的发展进行了科学系统的顶层设计，提出了明确的总体发展思路，指明了前进方向；二是创新驱动，明确提出在农村社区建设中要以坚持和发展村民自治机制为首要任务，以扩大非户籍居民参与为主攻方向，以促进城乡公共服务均等化为第一要义，以农村社区法治建设为重要支撑，积极推进农村基层社会治理的理论创新、实践创新和制度创新；三是需求导向，完整解答了农村社区建设为何建设、谁去建设、建设什么、怎么建设的问题，还对试点地区农村社区建设的职责分工、制度支持、资金投入、人才保障等方面作出了明确规定。

不能只管户籍居民，只管自己的村民，农村社区服务应该一视同仁。改革开放40多年以来，各地农村外来人口逐步增多，有些东部经济发达地区外来务工人员已经超过本地人口，因此，在农村社区建设中要把非户籍居民服务的问题解决好。另外，要将促进城乡公共服务均等化作为农村社区建设的关键任务。不能说只管户籍居民，而在这个地方居住的外来务工人员就不管了，农村社区服务都应该一视同仁，充分发挥各种机构的作用，各种社会力量的作用，把均等化服务的问题落实好。

三、决不能让农村变成荒芜的农村、留守的农村

加强对空心化的留守人员的关爱服务是一项重点任务。即使将来城镇化水平达到70%，还会有四五亿人生活在农村，因此，决不能让农村变成荒芜的农村、留守的农村，并且乡土文化的根不能断。推进农村社区建设的一个重要途径，就是要致力于为农村建设幸福家园和美丽乡村，不断焕发农村发展的生机，增强农村发展的活力。农村社区建设要遵循城乡衔接、突出特色、科学谋划、分类施策的原则，要统筹考虑各地农村地区的经济发展条件、人口状况和变动趋势，以及自然地理状况、历史文化传统等因素，合理确定试点目标和工作重点，因地制宜开展试点探索。

有调查发现很多地方的农地都是荒地，因为每亩地连基本的投入都收不回来。

因此，在政策上要鼓励和支持年轻人去承包大片土地，运用现代农业技术和管理模式进行高效运作，从而确保中国作为粮食大国的地位不动摇，并维持农业对工业及大城市圈发展的支撑作用。中国的农村绝不能衰败，但这不是依靠传统方式所能实现的。我们需要依靠新一代农民的力量，这也是我国致力于建设农业强国的重要原因。

四、严禁强制推行大拆大建、撤村并居

既要合理借鉴城市社区建设的有益经验，又不能简单复制城市社区建设的操作模式。大拆大建有三个违背，一是违背农民的意愿，二是违背村庄的演进规律，三是违背城镇化发展的客观规律。它有三个盲目，一是盲目地撤村并居，二是盲目强迫农民集中居住，三是盲目利用非农用地。将农村社区建设简单等同于农民上楼的认识和做法，忽略了农村社区建设的丰富内涵，将农村社区建设狭隘地理解为农村居民居住形态的城市社区化。推动出台《关于深入推进农村社区建设试点工作的指导意见》的重要目的之一正是对把农村社区建设简单等同于“农民上楼”的思路进行澄清，对一些地方客观存在的借农村社区建设之名进行大拆大建，强迫农民上楼的情况进行纠正。确定城乡衔接、突出特色的基本原则。也就是说，既要合理借鉴城市社区建设的有益经验，又不能简单复制城市社区建设的操作模式。

畅通多元主体参与农村社区建设渠道，建立县级以上机关党员、干部到农村社区挂职任职、驻点包户制度。拓宽外出发展人员和退休回乡人员参与农村社区建设渠道。依法确定村民委员会和农村集体经济组织以及各类经营主体的关系，保障农村集体经济组织独立开展经济活动的自主权，增强村集体经济组织支持农村社区建设的能力。健全农村“三留守”人员关爱服务体系，重点发展学前教育和养老服务，培育青年志愿组织和妇女互助组织，建立农村社区“三留守”人员动态信息库，扩大呼叫终端、远程监控等信息技术应用，切实提高对农村留守儿童、留守妇女、留守老人的服务能力和服务水平。

五、坚持绿色发展，提升西部地区经济发展可持续性

为改善我国西部地区生态环境，可以从以下四个方面入手。第一，开展生态环境综合治理。要深入实施重点生态工程，加大退耕还林还草、水土保持等重点生态工程实施力度。同时，大力推进对三江源、祁连山等重点区域的综合治理，做好生态修复工作。在此过程中，可使用信息技术、物联网等加强对生态系统的监测，提高政府的生态治理能力。第二，加大生态补偿力度。除采取财政补贴方式外，要进一步探索市场化、多元化的生态补偿方式，如水权交易、碳排放权交

易、排污权交易、森林覆盖率指标交易等，使西部地区生态保护者利益得到有效补偿。第三，加快形成绿色生产生活方式。加强信息技术在产业发展中的应用，尤其是在能源和矿产资源开发等容易导致生态破坏和环境污染的领域，要利用技术来提高采掘效率，优化生产流程，帮助企业更好地监测生产过程，推动企业实现绿色化、智能化生产。同时，也可以利用信息技术加强对生活污水治理、生活垃圾收运等的监测，为西部地区人居环境综合治理提供支持。第四，以构建生态产业体系为抓手。构建生态产业体系，有助于加快经济产业结构优化升级，促进新旧动能转换，让绿色发展成为主流，创造更多的物质和精神财富，保障经济社会可持续发展。

重点是调整经济结构和能源结构，由高污染、高耗能、高排放的粗放型生产向低污染、低耗能、低排放的集约型生产转型，逐步培育和壮大节能环保产业、清洁生产产业、清洁能源产业，并结合区域发展基础与特色，协同推进生产系统和生活系统绿色循环，着力发展清洁生产产业、节能环保产业和清洁能源产业等。

六、基础设施不断完善，生态环境持续优化

西部大开发以来，青藏铁路等一批重大基础设施项目相继建成，西部地区交通通达度大幅提升。如表 6-1 所示，2000 年，西部地区公路里程仅为 55.39 万千米，到 2022 年已经达到 231.87 万千米，占全国公路里程的 43.30%。2000 年，西部地区铁路营业里程仅为 2.20 万千米，到 2022 年已经增长到 6.30 万千米，占全国的比重也达到了 40.67%。西部地区把生态环境保护放到更加突出的位置，深入实施退耕还林、退牧还草、天然林保护、三北防护林、石漠化综合治理等重点生态工程，生态环境明显改善。截至 2020 年底，西部地区累计实施退耕还林还草超过 1.37 亿亩，森林覆盖率超过 19.3%；青海三江源“中华水塔”得到有效保护，三江源草地整体退化趋势得到遏制；长江干流首次全线达到Ⅱ类水质，黄河干流水质为优[①]。表 6-2 对比了东部、西部和全国的城市污水处理率、生活垃圾无害化处理率。可以看出，从 2006～2020 年，东部、西部和全国的城市污水处理率与生活垃圾无害化处理率都在不断上升，生态环境污染不断减少。从城市污水处理率来看，西部地区在 2006 年、2010 年、2015 年的数据都低于全国平均水平，与东部地区相比差距更大，但到了 2020 年，西部城市污水处理率已经超过东部。从生活垃圾无害化处理率来看，西部地区数据上升速度十分明显，到 2020 年，只比东部和全国水平略低，达到 99.11%。

① 《党领导西部大开发的历史经验与启示》，https://fgw.guizhou.gov.cn/ztzl/xbdkf/202107/t20210719_69053089.html。

表6-1　西部地区公路里程和铁路营业里程及占全国比重情况

年份	西部地区公路里程/万千米	西部地区公路里程占全国比重	西部地区铁路营业里程/万千米	西部地区铁路营业里程占全国比重
2000	55.39	39.49%	2.20	32.02%
2002	72.57	41.11%	2.67	37.14%
2004	75.73	40.48%	2.71	36.42%
2006	126.10	36.48%	2.92	37.88%
2008	142.11	38.10%	2.95	37.02%
2010	156.84	39.13%	3.58	39.26%
2012	168.57	39.78%	3.74	38.31%
2014	179.38	40.19%	4.36	38.99%
2016	190.56	40.58%	5.02	40.52%
2018	199.17	41.10%	5.28	40.10%
2020	220.23	42.37%	5.91	40.40%
2022	231.87	43.30%	6.30	40.67%

资料来源：《中国统计年鉴》

表6-2　东部、西部和全国城市污水处理率与生活垃圾无害化处理率对比

地区	城市污水处理率				生活垃圾无害化处理率			
	2006 年	2010 年	2015 年	2020 年	2006 年	2010 年	2015 年	2020 年
西部	50.72%	78.43%	88.82%	97.63%	47.56%	80.53%	91.72%	99.11%
东部	62.91%	85.91%	92.92%	97.43%	67.84%	85.58%	95.61%	100%
全国	55.72%	82.31%	91.96%	97.51%	52.24%	77.94%	94.11%	99.75%

资料来源：《中国环境统计年鉴》

典型案例　陕西省铜川市

铜川市坐落于陕西省的中心区域，正好在关中盆地与陕北高原的交界。它东边和东南方向毗邻渭南市的蒲城、白水和富平三县，西边和西南方向与咸阳市的旬邑、淳化、三原三县相邻，北面与延安市的黄陵、洛川两县相接。该市的最低点海拔为 543 米，位于耀州区正阳路街道办的陈坪村，而最高点海拔为 1741 米，位于耀州区照金镇的尖坪村，全市的平均海拔为 1132 米。铜川市的最东边是宜君县尧生镇的杨柳塬村，最西端是耀州区照金镇的尖坪村，最南端是耀州区小丘镇的西独塚村，最北端是宜君县彭镇的杜村。全市东西方向的长度为 82.6 千米，南北方向的长度为 86.6 千米，总面积为 3882 平方千米。到 2022 年底，铜川市的常住人口为 70.5 万，城镇化率达到 64.41%。铜川市下辖宜君县、王益区、印台区、耀州区，以及一个省级经济开发区（新区）。这座城市还被授予全国绿化模范城市和国家卫生城市的称号。

近几年，铜川市一直将改变欠发达现状作为其最重要的政治任务和民生项目，因此在欠发达领域取得了显著的成果，到 2020 年，该市已经成功实现了全面而高质量的成绩。在过渡时期，铜川市坚定地维护了防止大规模返贫的最低标准，严格遵循“四个不摘”的政策要求，坚守底线、促进发展和振兴，不断巩固责任和加强措施，确保了各项工作的稳步发展。

铜川市已经圆满实现了脱贫目标。在 2016 年，全市有 3 个县被认定为贫困县，共有 174 个贫困村，涉及贫困人口 16 119 户，总计 47 467 人，贫困发生率为 11.2%。经过不懈努力，到 2019 年底，这 3 个贫困县成功摘掉了欠发达的帽子，174 个贫困村也全部达到了脱贫标准，贫困发生率降至 0.62%，标志着全市高质量地实现了整体脱贫。到了 2020 年，全市最后的贫困人口也已全部脱贫，经过动态管理，五年累计脱贫户数达到 15 625 户，累计脱贫人数为 46 541 人。《中共铜川市委、铜川市人民政府关于打赢脱贫攻坚战三年行动的实施意见》中的任务已全面完成，按照现行标准，建档立卡的贫困人口已实现“动态清零”，基本公共服务的主要领域指标已接近全国平均水平，绝对贫困问题已全面解决。根据国家和省级的安排，铜川市进行了脱贫攻坚普查，普查结果显示，全市“两不愁三保障”及安全饮水的覆盖率均达到 100%，群众的满意度也达到了 100%。

自党的十八大以来，铜川市贫困居民的生活质量得到了显著提高。在此期间，铜川市累计投入了 18 亿元的扶贫资金，并整合了 35.98 亿元的各类农业相关资金。通过大力推进“3+X”产业脱贫战略，实施了 1100 多个产业扶贫项目，确保了每个有能力发展的贫困家庭拥有两个以上的收入来源；此外，还累计免费培训了 22 177 人次，帮助 11.2 万人次实现了就业转移，支持了 380 人创业，通过公益性岗位安置了 2914 人就业，认定了 57 个就业扶贫基地，并建立了 110 家社区工厂，有效增强了脱贫劳动力的就业能力。到 2015 年底，全市贫困地区农村居民的人均可支配收入为 6913 元，而到了 2021 年，这一数字增长到了 12 248 元。脱贫群众的基本生活需求得到了充分保障，“三保障”问题得到了总体解决，显著提升了广大群众的生活水平。

铜川市的基础设施和公共服务得到了显著提升。截至 2022 年，全市 359 个行政村的通村道路已全部实现硬化，并且都有客运班车服务；农村的自来水普及率和集中供水率均提升至 98%以上，彻底解决了依赖水窖和高水价的问题，使得农村居民的饮水安全完全符合国家标准；所有供电服务区域内的行政村和自然村都实现了按需接电，电力入户率达到 100%，农村动力电的村通率也达到了 100%；宽带和 4G 网络覆盖率达到了 100%。

第三节　农民富：拓宽农民增收渠道

产业振兴是乡村振兴的重中之重，也是农民增收致富的根本出路。近年来，西部各地八仙过海、各显神通，多措并举壮大乡村产业，形成“产业强、农民富”的良性循环。西部各地还基于一方水土，开发乡土资源，成立合作社、延长产业链、拓展新渠道，因地制宜打好产业振兴“组合拳”，乡村振兴、农民致富“芝麻开花节节高”。此外，加快数字技术与农业农村发展深度融合，能够为乡村振兴注入新动能，为农民致富增收提供新渠道。

一、直播带货拓销路

坚持擦亮“乡村产业”金字招牌，采取“直播带货”模式，力破农牧区群众农副产品滞销现实难题，有效拓展销售渠道，全心助力农牧民群众增收，以担当实干提升群众“增收亮点”和“幸福指数”。一是选优配强带货队伍。乡政府对农牧区群众农副产品全面摸底排查，详细了解农副产品滞销数量、滞销原因、产品质量等基本情况，做到底数清、情况明。坚持问题导向，直面滞销困难，乡党委主要负责人亲自带队、亲自直播，同时选配业务能力强、服务意识强、直播基础好的第一书记、乡村振兴专干、驻村工作队等直播队伍，积极借助如“新拉绥”等抖音号直播打开苹果、核桃等农副产品销路。二是岗前培训直播业务。直播工作开展谋划时，乡党委对直播带货队伍严格培训，按照“缺什么补什么、用什么学什么”培训原则，坚持“抖音直播带货+文旅推广”相结合，在第一书记、乡村振兴专干、驻村工作队中开展直播注意事项、用词术语、产品推广、热度打造、氛围营造等基本技能集中培训，让直播队伍以专业态度开展网络直播带货工作。三是加强物资销售配送。按照“线上+线下”推广方式，一方面在抖音平台加强直播，挖掘销路；另一方面开展线下销售，借助加查县展销会，提高销售额。“直播带货”统一安排、统一组织，按照指定地点集中对核桃、苹果等农副产品的质量严把关、严挑选、严打包、严发货，全方位全链条打通采摘、筛选、打包、装箱、贴单、发货等“最后一公里”，确保消费者买得放心、吃得安心。四是完善售后回访服务。坚持系统思维和目标导向，结合“直播带货”，整合资源，积极成立售后服务小组，建立健全售后服务机制。立足反馈清单、措施办法、整改措施，及时追踪消费者意见建议，形成了“反馈+受理+清单+结办+销号”的闭环管理模式，以消费者的评价反馈作为工作改进的落脚点，努力提高服务态度、物流速度、宣传程度、产品质量等各领域工作，以“直播带货”打通群众增收“康庄大道”，积极建设农村强、农业美、农民富的美丽新乡村。

二、着力打造共富单元

优化农业产业格局，启动产业“共富单元”。立足本地特色构建现代农业体系，使产业布局逐渐优化：一是推动加工链的纵向延伸。在农业科技进步的推动下，不断提升农产品精深加工水平，鼓励开发各种功能性食品、药品、保健品等新兴产品，大幅提高产品附加值，增加农民收入；二是加快服务链的横向扩展。加快农业生产性服务与农产品生产加工过程分离，促进农业科技服务、信息服务、植保服务、农机服务等农业生产性服务业发展。三是深化功能链的融合与拓展。进一步推动农业产业向生态、文化、旅游等领域拓展，与文化创意、休闲旅游等行业进行深度融合，深入发展创意农业、沉浸式体验农业、休闲农业等，把相关项目做扎实、做好。四是推进不同类型农业产业链整合。鼓励农民合作组织主导产业链整合，支持其把经营活动延伸到产前、产后的各个环节，建立完整的产业链。

持续推动农村改革，激活多维“共富单元”。一是激活资产性“共富单元”。土地是农村最大、最有潜力的资产，要积极探索以土地为重点的农村综合集成改革，推动增加土地资产收入。进一步完善闲置农房资源收集交易、开发利用、权益保障的体制机制，盘活闲置宅基地和闲置农房资产，合理提高农民收入。二是激活股权性“共富单元”。要大力发展、壮大村级集体经济，打通造血机制。通过引进飞地项目、小微园区建设、薄弱村抱团帮扶等，积极盘活集体存量资产，推动农村资源变资产、资金变股金、农民变股东。探索股权流转、抵押、跨社参股等农村集体资产股份权能实现新形式，不断提高集体分红收入，让集体经济真正“活”起来、“壮”起来。三是激活资源性“共富单元”。构建科学、合理、有效、可操作的生态产品价值实现机制，是促进农民增收、活化乡村生态资源、实现乡村振兴战略的有效途径。要加快探索生态价值提升和转换实现路径，建立多层次的生态补偿机制和生态补偿标准核算体系，真正让生态环境保护的收益量化。

三、推动发展机制创新

结合村集体资产盘活，破除资源、空间局限，探索村级集体经济抱团发展，努力建设共同富裕现代化微单元。在资金筹措上可采用“区、镇、村、企”多级共建共筹模式，按照“共同富裕”理念，构建初次分配、再分配、三次分配协调配套的收益分配体系。例如，工业产业园联合建设项目，可通过出租厂房、带动就业实现第一次分配收入；通过“股权分红”“专项考核奖金”等方式实现再分配；通过设立项目基金回馈村集体实现三次分配等。比如，支持园区企业做大做强，当园区企业产值实现成倍增长及以上时，适时成立扶持村级集体经济的项目基金，优先用于民生事业和相对薄弱村的项目扶持，实现经济收益的三次分配。

发挥新农人“领头雁”作用，书写共富新篇章。雁飞千里靠头雁，要充分发挥诸如以全国乡村振兴青年先锋为代表的新农人“领头雁”效应，带动周边农户走规模化、合作化、产业化、集约化现代农业产业发展之路，促进农民转型增收。

一是要加大现代农业新型主体的培育、扶持力度，着力培育一批有文化、懂技术、会经营、能创新的新型职业农民。二是要大力发展农村电商，打造一批特色农村电商产业园，完善农村电商配套支撑体系，培养农村电子商务主播队伍，搭建创业平台，不断打开农产品销售渠道。三是要积极发展多种形式的农业适度规模经营，积极拓展校企合作，培育和建设一批农业科技研发中心、大学生创业基地。通过良好的创业环境和扶持政策，引导各类人才向农村集聚，充分发挥先行发展团队的示范引领作用，影响带动周边农民一起增收，携手书写共同富裕新篇章。

四、成立产业联合体

产业兴则乡村兴，近年来，西部地区以“机制革命”引领“品质革命”，建设果业高质量发展先行区，探索推进果业产业联合体建设，共谋果业振兴路。初步形成多模式推进、多主体参与、多利益连接、多要素发力、多业态打造的发展格局。创建以生产、加工、流通、销售产业链为基础，集科技创新、休闲观光、农资生产和设施农业建设融合发展的特色农业产业集群。以集体经济发展为核心实施果业资源要素的联合从而实现产业兴、农民富、集体强的目标。

成立产业联合体，以“产业联合体+专业合作社+企业+村集体+农户”模式发展农村经济。为提质增效，村里开展设施果业建设工作，有效解决了传统生产方式不抗灾、不防鸟、叶子病、用药多等问题，实现了果品品质的大幅提升。以重点果业龙头企业为核心实施经营主体的联合从而产生功能聚、实力强、效益增的作用。以现代果业产业园为核心实施果业社会化服务的联合从而达到技术新、功能全、绩效优的目的。粗深加工、延伸产业链、增加附加值是我们的特点。以服务为核心，为农户提供农用物资、技术，并以高出市场价 5%～10%的价格收购果蔬，既确保了农户收益，又确保了产品的优质，深受消费者喜爱。

五、培养一批高素质工作队伍

人才兴，天下兴。要实现农业强、农民富、农村美的目标，必须培养一支懂农业、爱农村、爱农民的高素质工作队伍。健全农业人才培养制度，要加大农村教育培训工作力度，培养一批具有新发展理念，掌握现代生产技术的农业人才和新型职业农民。要选派优秀大学生到农村基层工作，选拔优秀年轻干部到一线去历练，造就一支高素质的农村工作干部队伍。鼓励科技工作者直接服务农业农村农民，鼓励青年科技工作者到农村创新创业，培养一批扎根农村的创新主体，造就一支服务现代农业的科技工作队伍。

实行分类递进培训，加强产业和人才需求对接，为干部人才队伍“强筋壮骨”“加油充电”。要加大乡土人才培养力度，在优惠政策、技术培训、信息服务、项目申报等方面倾斜支持。要开展农村实用人才“传帮带”，助力乡村振兴，提高农村实用人才服务群众的能力和水平。将人才分门别类进行纵横连线，构建农村实用人才网络体系，真正把人才凝聚起来，形成人才队伍优势。

六、协调发展引领农民共同致富

要抓住我国进入新时代的主要矛盾，着力解决好发展不平衡不充分的问题。建立更加有效的区域协调发展新机制，加大力度支持革命老区、民族地区、边疆地区、欠发达地区发展。动员全党全国全社会力量，坚持推动乡村全面振兴。注重帮扶同扶志、扶智相结合，重点攻克深度欠发达地区富裕任务，坚决推动乡村全面发展。注重农村教育、文化、体育、卫生等事业发展以及社会保障体系建设。不断发展和壮大集体经济，不断促进城乡共同繁荣，推动全体人民共同富裕。

建立新型农业经营主体与农户利益联结机制，保障农民持续增收。一是参与权能改革试点，激活沉睡农村资源。在当地党委、政府牵头组织下，农场率先参与农村集体资产股份权能试点改革。二是成立股份合作社，建立与农户利益联结机制。权能改革后，农场采取由投资方以资本入股、农户以土地入股的方式，组建土地股份合作经营模式，农场、农户、村集体三方采取“保底分红+盈利分红”的形式进行二次分红，比之前农户单纯依靠种植水稻收益增加 20 倍。

七、西部地区人民生活水平不断提高

国家发展改革委数据显示，2020 年，西部地区居民人均可支配收入为 3.7 万元，其中，城镇居民人均可支配收入为 3.7 万元，较 1999 年增长 9.1 倍；农村居民人均可支配收入为 1.4 万元，较 1999 年增长 7.5 倍。表 6-3 给出了 2005～2022 年西部地区居民人均可支配收入。可以看出，西部地区居民人均可支配收入不断提高。但在西部地区内部，2005 年，收入最高的内蒙古（5985 元）是收入最低的贵州（3625 元）的 1.65 倍。2022 年，收入最高的内蒙古（35 921 元）是收入最低的甘肃（23 273 元）的 1.54 倍。西部地区居民收入相对差距有所缩小，但绝对差距明显扩大。此外，通过对比更多数据可以发现，只有内蒙古从 2009～2018 年的数值高于全国平均水平，西部地区居民人均可支配收入水平仍较低。东西部居民人均可支配收入差距更大，2022 年，上海和北京的居民人均可支配收入分别为 79 610 元和 77 415 元，均为内蒙古的两倍多。

表6-3　2005～2022 年西部地区居民人均可支配收入　　单位：元

地区	全国	内蒙古	广西	重庆	四川	贵州	云南
2005	6 385	5 985	4 870	5 942	4 703	3 625	4 197
2010	12 520	12 538	9 739	10 984	9 373	7 226	8 184
2013	18 311	18 693	14 082	16 569	14 230	11 083	12 578
2016	23 821	24 127	18 305	22 034	18 808	15 121	16 720
2019	30 733	30 555	23 328	28 920	24 703	20 397	22 082
2022	36 883	35 921	27 981	35 666	30 679	25 508	26 937
地区	西藏	陕西	甘肃	青海	宁夏	新疆	
2005	3 630	4 395	3 962	4 587	4 918	4 707	
2010	6 628	9 412	7 358	8 659	9 864	9 042	
2013	9 740	14 372	10 954	12 948	14 566	13 670	
2016	13 639	18 874	14 670	17 302	18 832	18 354	
2019	19 501	24 666	19 139	22 618	24 412	23 103	
2022	26 675	30 116	23 273	27 000	29 599	27 063	

典型案例　云南省保山市

云南省保山市，位于云南省西南部，东及东北与大理白族自治州相连，东南和南部与临沧市接壤，北与怒江傈僳族自治州为邻，西与德宏傣族景颇族自治州毗邻，西北、正南同缅甸交界，总面积 19637 平方千米，其中山区、半山区面积约占 92.12%。保山处于滇西居中的位置，是中国通往南亚、东南亚乃至欧洲各国的必经之地，境内腾冲为云南重要的近代工商业发祥地之一。地势北高南低，境内大部地区属亚热带季风气候，褐煤储量、地热资源十分丰富，是世界上最大的小粒咖啡种植基地，是全国最大的山葵、石斛、核桃、红花油茶种植基地，是全国著名的“滇西粮仓”。保山市辖 1 个区、1 个市、3 个县。2024 年末常住总人口 240.7 万人，城镇人口 91.02 万人，世居少数民族 12 种，中国著名的侨乡。保山南方丝绸古道、滇缅公路、史迪威公路穿境而过。主要旅游景区有腾冲火山热海和顺古镇、高黎贡山、潞江坝、松山抗战遗址、滇西抗战纪念馆、善洲林场等。

近年来，保山市坚定践行以人民为中心的发展思想，自觉扛起历史使命和责任，一体推进巩固拓展脱贫攻坚成果、乡村振兴和美丽乡村建设，持续增加农民收入，夯实共同富裕基础。发展产业是促进增收的根本。保山坚持做大做强高原特色农业促农增收，纵深推进“一县一业”“一村一品”，大力发展高品质、高附加值、高集约度、高科技农业，做大做强保山小粒咖啡、施甸水稻制种、腾冲中药材、龙陵石斛、昌宁红茶等特色优势产业，促进农民经营性收入持续增加。截至 2022 年底，保山现磨咖啡豆稳居全网销量类目第一。同时，保山市还大力发展乡村旅游产业和绿色生态产业，打造了“中国五星级观鸟胜地”百花岭、江东银杏村、全国农业旅游示范区潞江坝、“中国最美油菜花田”界头、“云南原生山茶第一村”和睦村等一批乡村旅游品牌，充分挖掘林业资源和生态优势，实现农民经营性收入渠道多元化。2022 年，全市乡村旅游从业人员 2 万余人，接待乡村旅游游客 3 563.87 万人次，实现乡村旅游收入 29.74 亿元。

集体经济强，村民生活富；经营主体壮，带动能力强。杨军介绍，经过几年的探索实践，保山市已形成“资产租赁型、股份合作型、项目联动型、产业带动型、物业管理型、有偿服务型、异地开发型、招商合作型、旅游创收型、资源盘活型”10 种行之有效的农村集体经济发展模式，带动增收成效显著。到 2021 年底，保山市 954 个村（社区）中，集体经济收入 10 万元以上的达 70%以上。此外，保山市还大力培育家庭农场、农民专业合作社等新型农业经营主体，带动村民增收致富。2022 年，全市累计发展农民专业合作社 3245 个，入社成员 31 万户，带动农户 33 万户，帮助农民实现收入 35 亿元。

2021 年，保山市选取了 103 个村开展“红色劳务”，组织劳务输出 8 批次，共培训农村劳动力 20.2 万人次，其中脱贫劳动力培训 6.7 万人次，实现农村劳动力转移就业 100 万人。当年，保山市脱贫人口人均可支配收入 12 940 元，其中人均工资性收入 8610.94 元，占比 66.55%。

第七章　城乡融合：构筑互动新格局

2002年，党的十六大提出“统筹城乡经济社会发展”[①]，西部地区长期以乡促城的发展关系开始发生根本性扭转。随着城乡统筹发展的推进，西部地区逐步形成城乡互促发展一体化的新关系。2019 年中共中央和国务院出台《关于建立健全城乡融合发展体制机制和政策体系的意见》，标志着城乡正式迈入深度融合发展阶段。实施西部大开发战略以来，西部地区城乡融合发展在要素、经济、空间、基础设施与公共服务、生态环境等方面取得明显成效。

人、地、钱等城乡要素平等交换和双向流动更加充分。户籍制度改革与农业转移人口市民化进程加快，城乡人口流动更平衡、人口结构优化效果明显；城乡资金流动更密切，促进了城乡经济循环的加强。城乡基础设施一体化发展得到增强，农村人居环境明显改善；实现教育、医疗、文化等资源稳步向农村倾斜，城乡公共资源均衡配置得到明显促进。城乡社会保障制度逐步并轨，城乡居民社会保障水平差距缩小。新型城镇化步伐加快，城乡空间布局得到持续优化，不断增强城市对乡村的辐射带动能力。依托产业的核心支撑，县城的承载力、综合竞争力明显增强，城镇极大地发挥了联系城乡的纽带作用。以农村土地制度改革为突破口，有效释放了农村地区的发展活力，使农民切实享受到改革红利。“三变六联”新机制的探索与实践成果突出，显著促进了农村一、二、三产业的融合和农业现代化，拓宽了农民增收渠道。

第一节　新关系：城乡发展一体化

一、做法

（一）推动户籍制度改革与农业转移人口市民化

户籍制度改革是促进城乡人口有序流动的制度保障。2001 年，《国务院关于实施西部大开发若干政策措施的通知》提出，凡在西部地区地级以下城市（含地级市）和小城镇有合法固定住所、稳定职业或生活来源的人员，可以根据本人意愿办理城镇常住户口，鼓励农业富余劳动力合理转移和跨地区人口合理流动。2014 年，《关于进一步推进户籍制度改革的意见》提出要全面放开建制镇和小城市落户

① 《江泽民在中国共产党第十六次全国代表大会上的报告》，https://www.gov.cn/test/2008-08/01/content_1061490_4.htm。

限制，西部各省区市开始进一步调整户口迁移政策。2019 年，《关于促进劳动力和人才社会性流动体制机制改革的意见》提出，全面取消城区常住人口 300 万以下的城市落户限制，以及推进基本公共服务均等化，为西部地区以户籍制度和公共服务牵引人口区域流动提供了政策支撑。2021 年，随着《中华人民共和国国民经济和社会发展第十四个五年规划和 2035 年远景目标纲要》颁布，西部地区逐步放宽除个别超大城市外的落户限制，如通过完善积分落户制度等措施，持续放宽Ⅰ型大城市（太原、乌鲁木齐）、特大城市（西安、昆明）和超大城市（成都、重庆）的落户条件。

不断创新优化人口管理。2014 年，《国务院关于进一步推进户籍制度改革的意见》提出建立城乡统一的户口登记制度，取消农业户口与非农业户口性质区分，为西部地区推行城乡统一的户口登记、居住证、人口信息管理的创新人口管理方式提供了政策支撑。通过户籍与居住证的互通互认，加快户籍制度与居住证制度并轨，探索城乡统一的户口登记制度。推进以经常居住地登记户口制度的试行和建立，以具有合法稳定住所（含租赁）或合法稳定就业为户口迁移的基本条件。“十四五”期间西部各省份持续推进居住证制度扩面提质，探索电子居住证改革。建立健全实际居住人口信息登记制度，不断推进户籍便利化登记、省内外迁移，优化户籍办理流程，提升管理服务质效。

2016 年，西部各省份在保障农牧业转移人口与易地扶贫搬迁家庭等群体落户的同时，稳步推进农业转移人口市民化机制，切实保障常住人口与城市居民享有同等的市民权利，加快实现以居住证为载体的基本公共服务常住人口全覆盖。保障随迁子女受教育权利，扩大普惠性学前教育和中等职业教育资源供给；以公办学校和政府购买随迁子女占比高的民办学校学位为主，安排进城务工人员随迁子女在流入地接受义务教育，并完善中高考报考政策。着力解决农业转移人口的住房困难问题，加快构建以公租房、保障性租赁住房和共有产权住房为主体的住房保障体系。持续开展参保扩面工作。放开农业转移人口在常住地参加社会保险的户籍限制，引导居民持居住证参加社会保险，推进跨制度、跨地转移接续和纳入全国统筹。加大对农业转移人口劳动技能培训、就业扶持、权益保障力度。引导校企合作和产教融合，开展技能培训，并按规定保障培训补贴；支持灵活就业和创新就业形态，稳定扩大农民工就业岗位；建立农民工劳动权益法律援助绿色通道。建立农业转移人口市民化补助与奖励机制，建立财政性建设资金的投资补助机制，适当提高均衡性转移支付测算中的常住人口因素权重；完善“人钱挂钩”“人地挂钩”等配套政策，提高办理落户积极性。

（二）建立健全城市人才入乡激励机制

2002 年《西部地区人才开发十年规划》中强调西部大开发，人才是关键。2007

年《关于进一步加强西部地区人才队伍建设的意见》中强调要加强基层建设紧缺人才培养充实工作，并提升基层地区人才的待遇①。西部大开发以来，全国相关部门积极实施为西部地区输送或培养人才的专项计划，采用人才招引、定向培养等形式，不断优化人才返乡入乡机制。城乡融合的新阶段，建立城市人才入乡激励机制是破除人口长期由农村向城市单向流动壁垒的重要举措。制定财政、金融、社会保障等激励政策。设立各类财政支农项目和产业基金，对符合条件的入乡人员及创新创业项目给予政策扶持；完善对入乡主体的金融服务，采取财政贴息、融资担保等综合措施，缓解入乡主体融资难、创业风险大等问题。保障入乡人员的社会保险，给困难群体给予一定社会保险补贴和社会救助。

建立选派第一书记工作长效机制。2001 年选派党员干部直接帮扶到乡、到村②，2011 年扩展为选派优秀干部、退伍军人、高校毕业生，开展驻村帮扶工作③，2015 年选派第一书记工作开始在全国层面部署推动，西部作为革命老区、边疆地区和民族地区等重要地区，应加大选派第一书记力度，做到应派尽派④。2021 年，在《关于向重点乡村持续选派驻村第一书记和工作队的意见》的指引下，对脱贫村、易地扶贫搬迁安置村（社区），西部地区继续选派第一书记和工作队，保障基层组织与致富带头人才的稳定入乡机制。

畅通城市人才入乡渠道和建立城乡人才合作交流机制。通过职称评审、工资待遇向教科文卫体等入乡人员倾斜，促进城市各类人才以项目合作、技术入股、互派培养等多种方式向乡村柔性流动和入乡服务。引导基层一线与涉农高校、企业建立长期稳定合作，依托创新项目和岗位创造吸引人才入乡。推进大学生村干部和选调生工作衔接，持续实施“三支一扶”、西部计划等，引导高校毕业生为乡村提供志愿服务和扎根基层。

（三）推动城乡资金密切流动，缓解农村资金短缺

多渠道促进城乡资金要素双向流动。健全财政投入保障机制。调整土地出让收入的城乡分配关系。2004 年，国家要求各省级增设土地出让金用于农业土地开发的资金专账，并保证农业土地开发资金的占比不低于 15%⑤；2020 年国家提出

---

①《中办国办印发进一步加强西部人才队伍建设的意见》，https://www.gov.cn/jrzg/2007-05/13/content_612895.htm。

②《国务院关于印发中国农村扶贫开发纲要（2001—2010 年）的通知》，https://www.gov.cn/zhengce/content/2016-09/23/content_5111138.htm。

③《中共中央 国务院印发〈中国农村扶贫开发纲要（2011－2020 年）〉》，https://www.gov.cn/gongbao/content/2011/content_2020905.htm。

④《中共中央组织部 中央农村工作领导小组办公室 国务院扶贫开发领导小组办公室关于做好选派机关优秀干部到村任第一书记工作的通知》，https://www.dtdjzx.gov.cn/staticPage/jcdzzjsw/villpolicy/20150513/1142181.html。

⑤《财政部、国土资源部关于印发〈用于农业土地开发的土地出让金收入管理办法〉的通知》，https://zrzyj.wenzhou.gov.cn/art/2004/1/1/art_1503386_18657983.html。

要实现省级土地出让收益的 50%（不低于土地出让收入 8%）或土地出让收入的 10%用于农业农村，整合使用土地出让收入中用于农业农村的资金[①]，重点用途从农地开发整理，扩展到用于农村人居环境整治、农村教育等领域，西部各省份依据国家提出的目标与实际情况，制定了相应政策措施。土地出让收入用于农业农村的资金，主要向市、县（区）政府倾斜，根据乡村的实际需要由市、县（区）政府统筹使用，并将调整土地出让收入的情况纳入乡村振兴战略实绩考核。进一步完善涉农资金统筹整合长效机制，2005 年西部地区积极推动涉农资金整合的实践，坚持实施涉农资金分类分区和优化整合范围，并明确和创新整合资金用途。

不断优化农村金融体系，促进更多金融资源入乡建设。2002 年国家提出加快农村金融改革步伐，2006 年起西部地区逐步放宽农村地区金融机构准入政策，稳妥培育和发展新型农村金融机构，逐步建立分工协作的农村金融体系。建立现代农村金融服务体系，完善综合化专业化“三农”金融服务供给机制，引导涉农金融机构研发适合“三农”的农业保险等金融产品；为乡村建设项目和新型农业经营主体提供更多合规的长期低息贷款等服务。优化涉农信贷配置，完善农业担保体系，构建政府扶持、多方参与、市场运作的农村信贷担保机制。健全农业信贷担保费率补助和以奖代补机制；扩大农村有效担保物范围，创新符合农村特点的抵质押担保方式和融资机制。

建立工商资本入乡促进机制。持续优化乡村服务环境，加强乡村公共设施配套；开通城市工商资本下乡“绿色通道”，对注册登记、项目立项、用电用地等提供便利化服务，确保城市工商资本投资项目顺利落地实施。通过融资增信试点、政银保融资等渠道，引导城市工商资本下乡参与重点项目融资。例如，支持通过市场化方式设立城乡融合发展基金，稳妥推进 REITs[②]、PPP[③]试点，盘活城乡存量优质资产。引导工商资本创新经营模式，通过政府购买服务方式引入社会力量发展养老、育幼等乡村生活性服务业，参与乡村建设项目的开发与运营。利用农村综合产权交易平台，发布农村资产信息和重点项目投资清单，引导工商资本以租赁或合作等方式，与农户发展多种业态。积极引导工商资本进入适合企业化经营的农产品加工流通业等，实现与村集体的合作共赢模式。

（四）推动城乡公共服务与基础设施均等化发展

定期开展城乡一体的公共服务与基础设施的供需匹配精准评估，推动资源向供给不足区域倾斜，持续推动基本公共服务城乡均等化。不断推进城乡教育资源

① 《中共中央办公厅 国务院办公厅印发〈关于调整完善土地出让收入使用范围优先支持乡村振兴的意见〉》，https://www.gov.cn/zhengce/2020-09/23/content_5546496.htm。

② REITs 全称 real estate investment trusts，房地产投资信托基金。

③ PPP 全称 public private partnership，公共私营合作制，即政府和资本合作模式。

均衡配置。西部地区从2000年起，通过弥补教育普及短板，实行城乡义务教育标准化建设，通过财政拨款、学校建设、教师配置等方面向农村倾斜，致力于提高“两基”人口群覆盖率。为实现城乡教育均衡发展，2016年落实“四个统一、一个全覆盖”①，推进以县为单位的城乡义务教育一体化。“十四五”期间，积极建立省级统筹规划、统一选拔的乡村教师补充机制和城乡教育联合体模式。健全乡村医疗卫生服务体系。通过城市大医院对口帮扶、定期巡回、发展远程医疗，增强基层医疗卫生服务；建立城乡医疗共同体，协助乡镇卫生院、村卫生室标准化建设。完善城乡统一的社会保险制度。西部地区积极落实2003年推出的新型农村合作医疗和2009推出的新型农村社会养老保险；在“十二五”期末基本实现新农保与新农合制度合并实施，先后开展城乡保险衔接统筹工作，逐步建立统一的城乡医疗与养老保险制度。不断推进失业保险、工伤保险向职业劳动者广覆盖，实现失业保险、工伤保险省级统筹。统筹城乡公共文化资源，建立城乡文化结对帮扶机制，并持续推动城市公共文化资源下移、服务下移。

逐步建立城乡基础设施统一建设、管护、运行模式，促进城乡基础设施共建共享、互联互通。西部地区的城乡基础设施建设，逐步从单一基础设施建设向综合服务功能转变，更注重便捷、高效的生活环境。统筹规划和建设市政公用设施，推动供水供气供热管网等市政公用设施，以及市政污水收集管网与垃圾系统处理，向城郊乡村和规模较大重点镇延伸。延伸硬化路，建设村内主干道和资源路、产业路、旅游路；促进城乡道路客运一体化，开设毗邻城市（镇）的城际公交，拓展公路客运站综合服务功能。建立城乡基础设施一体化长效管护机制。进一步完善公益性设施管护和运行补贴政策，按照支出责任划分纳入同级政府预算；引导社会资本参与城乡供排水、垃圾处理等准公益性项目建设运营。健全分级分类城乡基础建设投入机制，在明确产权归属基础上由产权所有者建立管护制度、落实管护主体责任。

二、成效

（一）城镇化进程加快，有效促进了城乡人口自由流动

实施西部大开发战略以来，西部各省份城镇化率大幅提升。2000～2022年，西部地区常住人口城镇化率提高了29.95个百分点（图7-1），西部地区的平均城镇化率及其6个省份的提升幅度均超过全国平均水平。随着2014年户籍制度改革的深化，西部地区常住人口城镇化率从2013年的45.82%提升至2022年的58.81%（图7-2），提升了12.99个百分点。党的十八大以来，西部地区基本实现了有序放

① 《国务院关于统筹推进县域内城乡义务教育一体化改革发展的若干意见》提到“县域内城乡义务教育学校建设标准统一、教师编制标准统一、生均公用经费基准定额统一、基本装备配置标准统一和‘两免一补’政策城乡全覆盖”。

宽城区常住人口在 300 万以上的 6 个城市，而常住人口在 300 万以下的城市也基本实现了城镇落户零门槛。截至 2022 年，全国有 1.3 亿农业转移人口成为城镇居民①，西部地区户口迁移政策普遍放开放宽。例如，重庆市在 2016 年实行将暂住证变更为流动人口居住证，实行在渝登记且实际居住 6 个月以上，同时有合法稳定就业、合法稳定住所或连续就读即可申请居住证的制度，居住证持有人符合市人民政府规定的落户条件的可将常住户口由原户口所在地迁入居住地。2022 年西部地区中重庆、内蒙古、宁夏的常住人口城镇化率表现突出，超过全国平均水平（图 7-2）。

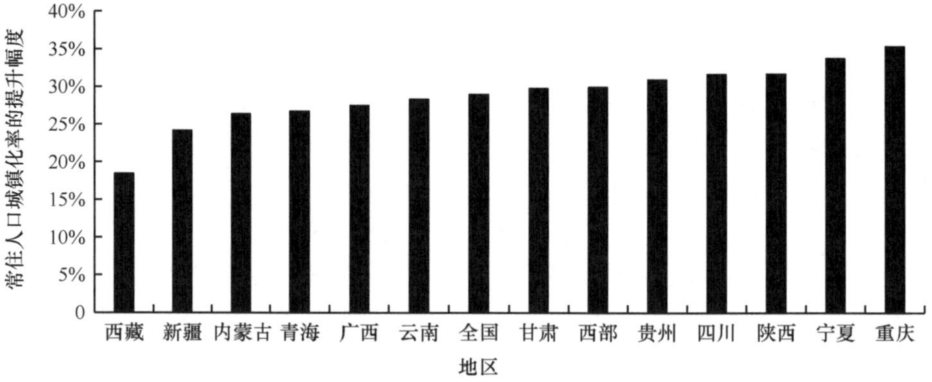

图 7-1　2000～2022 年西部地区和全国常住人口城镇化率的提升幅度

资料来源：由各省份统计年鉴与 EPS 数据库整理所得

EPS（Economy Prediction System）数据库，又称经济性预测系统

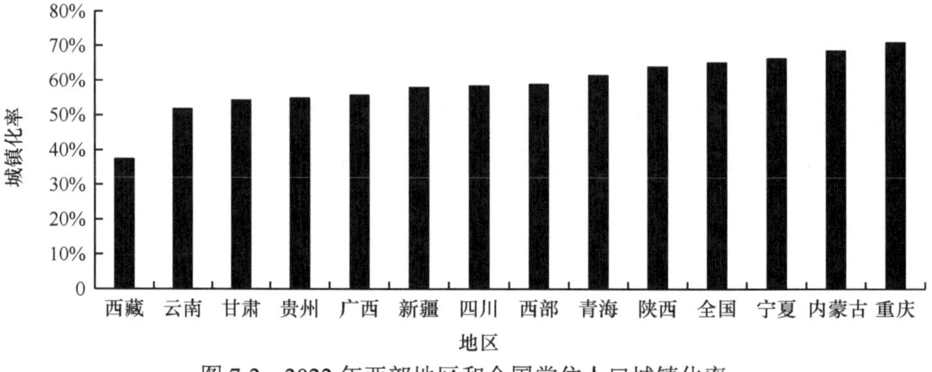

图 7-2　2022 年西部地区和全国常住人口城镇化率

资料来源：由各省份统计年鉴与 EPS 数据库整理所得

西部地区逐步建立起政府主导、多方参与、成本共担、协同推进的农业转移人口市民化机制，以居住证为载体的基本公共服务提供机制得到改善。截至 2020 年，全国 85.8%的进城务工人员随迁子女在公办学校就读或者享受政府购买学位的

---

① 《新型城镇化建设扎实推进 城市发展质量稳步提升——党的十八大以来经济社会发展成就系列报告之十二》，https://www.stats.gov.cn/xxgk/jd/sjjd2020/202209/t20220929_1888803.html。

服务[①]。城市人才入乡激励机制效果明显，如自 2003 年启动西部计划以来，2023 年累计已超 50 万名高校生，投入到全国以西部地区为主的 2100 多个县（市、区、旗）开展基层志愿服务[②]。

（二）有序推动基本公共服务资源向乡村倾斜，促进城乡公共服务并轨

1. 城乡教育均衡化建设进步明显

国家西部"两基"攻坚计划实现了西部"普九"的突破，2012 西部地区扫除文盲超 1400 万人，"两基"人口覆盖率达到 100%，如期完成"两基"攻坚计划。为实现教育资源均衡，农村学前教育与义务教育经费大幅提升，乡村办学条件与教育环境得到显著优化。乡村小学和初中的教育仪器设备等固定资产总额逐年增长，相较 2011 年，2022 年分别增长了 1024 亿元和 356 亿元，年均增长率分别为 8.42%和 7.49%（图 7-3）。

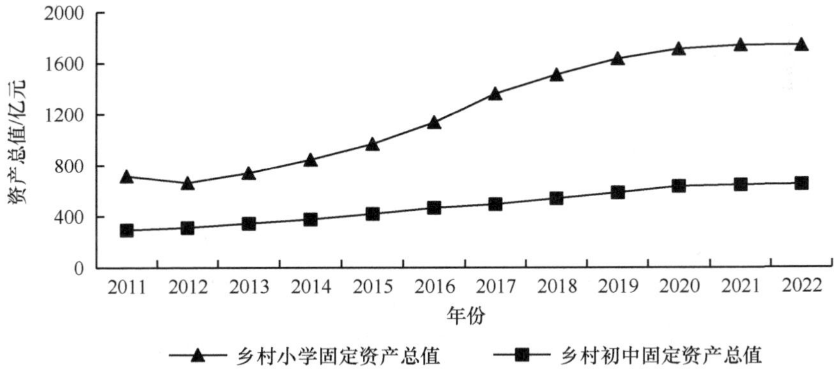

图 7-3　2011～2022 年乡村学校固定资产总值变化情况

资料来源：由各省份统计年鉴与 EPS 数据库整理所得

乡村地区教师数量与专业水平全面提升。截至 2020 年，特岗教师计划已为中西部地区乡村学校补充了超过 95 万名教师，覆盖 3 万多所农村学校，其中特岗教师拥有本科学历的超 80%，三年服务期满后留任率超 85%[③]。2022 年西部乡村小学与乡村初中的专任教师数分别为 562 622 人和 165 679 人，乡村小学师生比与乡村初中师生比分别为 1∶14 和 1∶21。如图 7-4 所示，自 2000 年起，乡村小学专任教师平均负责的学生数量逐年下降，表明乡村的师资短缺问题得到了有效缓解；到了 2012 年，城区小学的师生比也开始呈现逐年下降的趋势，反映出城乡小学教

① 《1400 余万随迁子女受教育权利如何保障？教育部答问封面新闻》，http://www.moe.gov.cn/jyb_xwfb/moe_2082/2021/2021_zl25/bd/202104/t20210401_523930.html。

② 《西部计划实施 20 年超 50 万大学生走向西部》，https://xibu.youth.cn/gzdt/gddt/202312/t20231206_14947545.htm。

③ 《教育部：15 年来累计招聘 95 万特岗教师 覆盖 3 万多所中西部农村学校》，http://edu.people.com.cn/n1/2020/0904/c1006-31849757.html。

育体系同步实现优化。

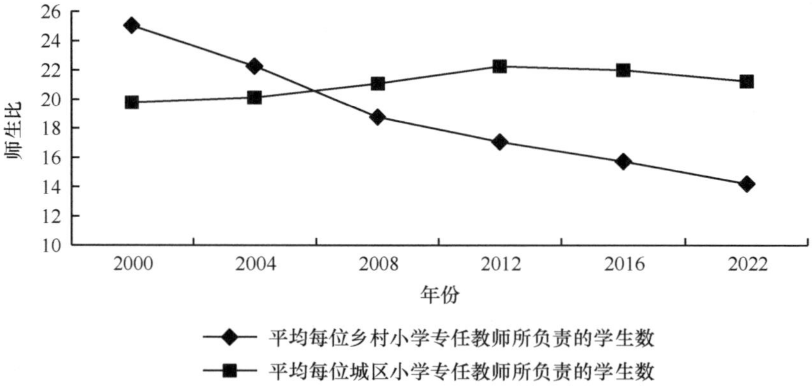

图 7-4　2000～2022 年乡村小学和城区小学的师生比变化情况

资料来源：由各省份统计年鉴与 EPS 数据库整理所得

2. 城乡医疗卫生资源配置均衡化发展成效显著，乡村医疗卫生大幅改善

截至 2022 年底，西部地区已有医疗卫生机构 307 473 个，床位数 286 万张，卫生人员总计 403 万人，其中基层医疗卫生机构 290 970 个，占医疗机构总数的 94.63%，床位数 57 万张，占总数的 19.93%，村卫生室总计 178 174 个。相较于 2003 年，2021 年的农村卫生人员数增长了近 136 万人（图 7-5），涨幅为 2.32 个百分点，城市与农村的卫生人员数之比从 2003 年的 1.23 降到了 2021 年的 1.02，逐步实现医疗资源的均等化配置。医疗卫生实现了县乡村的全覆盖，消除了乡村医疗卫生机构和人员“空白点”，缩小了城乡医疗服务差距。

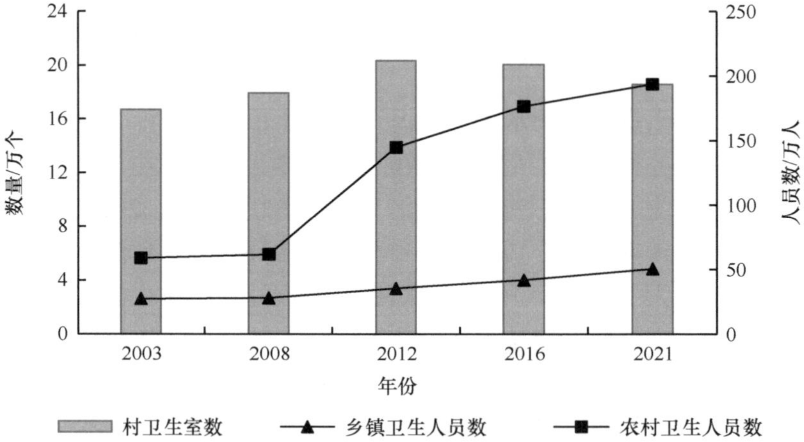

图 7-5　2003～2021 年乡村医疗卫生情况

资料来源：各省份统计年鉴与 EPS 数据库整理所得

3. 实现社会保险扩面提质，城乡社会保障制度并轨加快

2022 年末，参加城镇基本养老保险、城镇基本医疗保险、失业保险的人数分别为 11 405 万、37 872 万、4613 万，相比 2000 年分别增加了 9450 万人、36 418 万人、2452 万人，见图 7-6。从 2012 年开展新农保和城镇基本养老保险两项制度合并实施以来，西部地区统一的城乡居民基本养老保险从 13 595 万人稳步增长至 2022 年的 16 857 万人，新覆盖 3262 万人。此外，2014 年参加新农合的人数已达到 26 944 万人，覆盖率为 72.84%。2022 年末，参加工伤保险人数和生育保险人数分别为 6154 万人和 4771 万人，相较 2010 年分别增长了 3712 万人和 2712 万人。

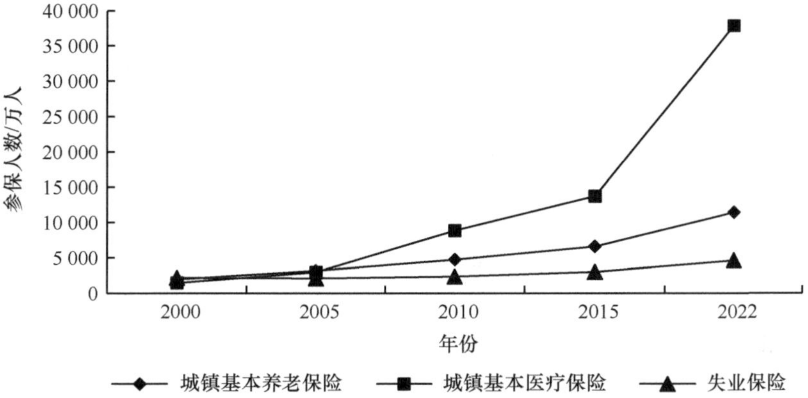

图 7-6 2000～2022 年年末参保人数

资料来源：由各省份统计年鉴与 EPS 数据库整理所得

4. 有效推动城乡精神生活共同富裕的进程

截至 2020 年底，中西部基层文化中心建设完成比例达到 99.48%[①]，基本实现村级文化设施全覆盖。由此可见，西部地区城乡社区服务体系建设更加完善，并且，2007 年西部地区公共财政预算支出中增加了城乡社区事务支出项，截至 2022 年西部地区的该项支出总共达到 48 309 亿元，年均增长率为 13.32%，为提高城乡居民的生活品质提供了有力支持。

（三）乡村基础设施逐步完善，城乡人居环境一体化改善显著

城乡空间融合发展态势显著。西部地区建成区面积由 2000 年的 4760 平方千米拓展至 2022 年的 15 700 平方千米，年均增长率为 5.57%，土地城镇化水平持续提升。2000 年到 2022 年，西部地区新改建公路 176 万千米、新增铁路营业里程 4 万千米，逐步建立起外通内联、通村畅乡、安全便捷的城乡交通运输网络。乡村人居环境明显改善。如图 7-7 所示，西部地区的乡镇道路、供水、垃圾处置、污水处理、园林绿化等乡镇市政公用设施建设逐步完善，2022 年，建制镇和乡村的用水普及率分别高达 92.07%和 86.19%，乡镇的燃气普及率、污水处理率、生活垃圾处理率、绿化覆盖率总体呈上升趋势（图 7-8、图 7-9）。

① 《人类减贫的中国实践》白皮书，https://www.gov.cn/zhengce/2021-04/06/content_5597952.htm。

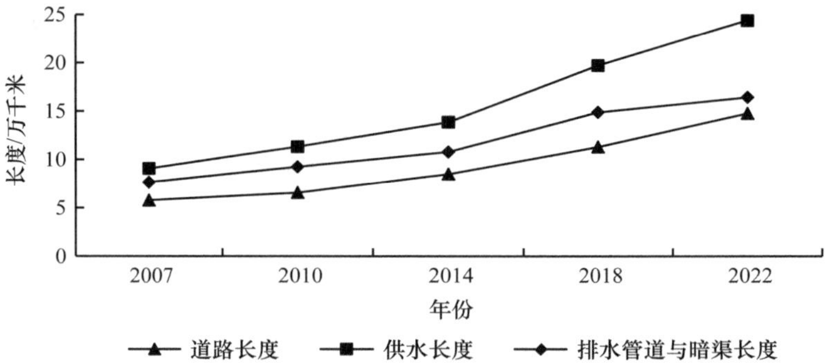

图 7-7　2007～2022 年乡镇基础设施建设情况

资料来源：由各省份统计年鉴与 EPS 数据库整理所得

因西藏地区的乡镇基础设施的相关数据缺失严重，图 7-7、图 7-8、图 7-9 的统计数据不包括西藏地区

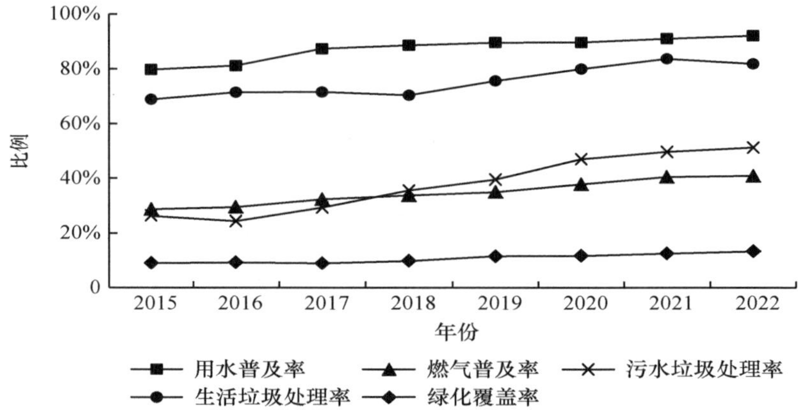

图 7-8　2015～2022 年建制镇市政公用设施发展水平

资料来源：由各省份统计年鉴与 EPS 数据库整理所得

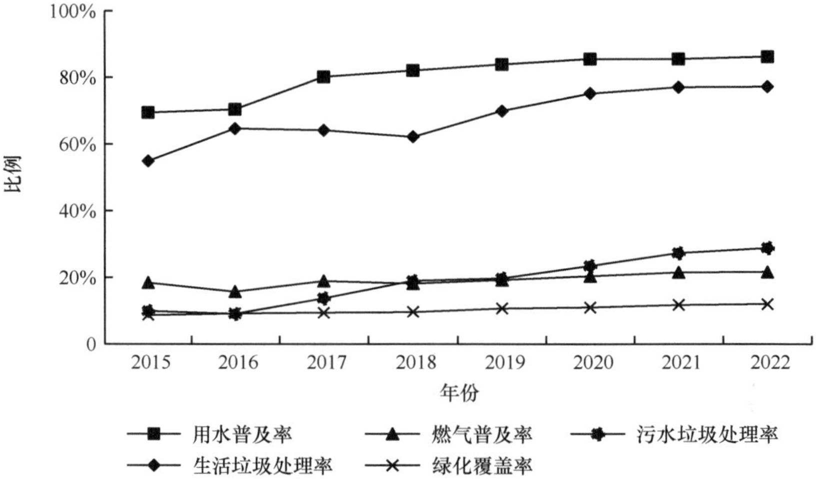

图 7-9　2015～2022 年乡村市政公用设施发展水平

资料来源：由各省份统计年鉴与 EPS 数据库整理所得

城乡通信网络设施差距大幅缩小。2011～2022 年，西部地区光缆线路长度从 339 万千米延长至 2019 万千米。农村互联网宽带接入用户数呈逐年增加趋势，从 464 万户增长至 5421 万户，城乡宽带接入用户比从 2011 年的 5.36 降至 2022 年的 1.90。西部地区乡村在生活质量、生态领域和数字基础设施建设等领域均取得了显著进步，有利于促进城乡基础设施规划、建设、管理一体化发展。

第二节　优化城乡空间布局，夯实县城承载力

一、做法

（一）优化城乡空间格局，有效发挥城镇辐射带动作用

2000 年《中共中央 国务院关于促进小城镇健康发展的若干意见》出台后，西部地区坚持大中小城市和小城镇协调发展。之后，2014 年中共中央和国务院联合印发的《国家新型城镇化规划（2014—2020 年）》提出要构建大中小城市与小城镇协调发展的城镇化新格局。2020 年《中共中央 国务院关于新时代推进西部大开发形成新格局的指导意见》指出，大力促进城乡融合发展：因地制宜优化城镇化布局与形态，推动城市群高质量发展和大中小城市网络化建设，培育发展一批特色小城镇[①]。

城市群都市圈在促进城市群一体化和都市圈同城化发展的过程中，不断增强对周边区域的辐射带动能力。2014 年中共中央发布的《国家新型城镇化规划（2014—2020 年）》将城市群作为推进国家新型城镇化的空间主体。“十三五”规划提出要加快城市群发展，推动区域间融合发展。西部地区按照统筹规划、合理布局、分工协作、以大带小的原则，立足资源环境承载能力，推动城市群和都市圈健康发展。通过强化城市间产业分工协作、推进基础设施一体化与公共服务共建共享、强化生态环境共保共治等措施，培育发展城市群都市圈，有效地促进人口、技术、资金等要素在中心城市和周边区域间的流动。随着城市群都市圈的发展，其辐射带动功能，将由核心城市的单一扩散功能，转而表现为城市群整体对周边地区的辐射（专栏 1）。

专栏 1　成渝城市群的辐射带动功能

作为西部大开发的重要平台的成渝城市群，依托构建“一轴两带、双核三区”空间发展格局，持续辐射带动周边区域发展。

（1）依托成渝发展主轴引领功能，推进重庆两江新区和四川天府新区建

---

① 《中共中央 国务院关于新时代推进西部大开发形成新格局的指导意见》，https://www.gov.cn/zhengce/2020-05/17/content_5512456.htm。

设，并实现新区对核心城市功能沿轴带疏解。

（2）依托沿长江带与沿江交通网，形成沿江生态型城市带，发挥区域优势建设临港产业、特色产业和现代物流基地。

（3）依托成德绵乐城市带，以及成绵乐城际铁路等构成的综合运输通道，带动绵阳等沿线城镇的协同发展。

（4）依托绵阳科技城等平台优势，围绕电子信息、装备制造、航空航天、科技服务、商贸物流等产业，打造创新驱动的特色产业集聚带。

通过与乌蒙山区、四川藏区等集中连片困难地区在产业、基础设施、生态环境保护等方面的合作，积极吸纳欠发达地区劳动力转移就业，积极带动脱贫地区特色产业发展，促进已脱贫地区同步实现小康，发挥成渝城市群对周边欠发达地区的辐射带动作用。

县城作为联结城市与乡村的枢纽，是推进城乡融合发展的重要切入点。2002年党的十六大首次提出“县域”概念。2014年《国家新型城镇化规划（2014—2020年）》要求把加快发展中小城市作为优化城镇规模结构的主攻方向。2022年《关于推进以县城为重要载体的城镇化建设的意见》指出要提升县城发展质量。西部地区县域的发展经历了从工业化主导，到工业化与城镇化的双轮驱动，再到县域“四化”同步多领域全面发展阶段。西部各省份尊重县城发展规律，因地制宜、分类施策补齐县城的城镇化短板弱项，采用科学定位和分类引导县域健康发展，统筹县城生产、生活、生态、安全需要，提升县城的综合承载力。

特色小（城）镇能够同时疏解城市功能和带动乡村振兴，是实施“强镇带村”工程的关键主体。2000年《中共中央　国务院关于促进小城镇健康发展的若干意见》出台，2016年国家正式提出开展特色小镇培育工作，随后西部各省份根据各自发展优势，先后出台规范推进特色小（城）镇建设的相关措施。从追求数量转为高标准高质量建设特色小（城）镇，按照控制数量、提高质量、体现特色、智能智慧等要求，推动小城镇发展与疏解大城市中心城区功能相结合、与特色产业发展相结合、与服务“三农”相结合。以实施分类推进、强化规划引导、发展特色产业、彰显文化特色、完善配套功能、改善人居环境、深化改革创新、促进城乡融合作为重点建设任务。

（二）夯实县城承载力

西部地区在推动城镇化建设中不断夯实县城承载力，锻造城乡融合的坚韧纽带。产业发展是夯实县城承载力的核心支撑。西部地区依据各县资源禀赋和产业基础，重点培育比较优势明显、带动能力强、就业容量大的产业，壮大1～2个主导产业或特色产业。

1. 增强县域产业培育功能，推动产业园区提档升级

西部地区坚持“一县一区、一区多园”，围绕县城主导产业整合升级特色专业园区。完善产业园内外配套设施建设，加大生产性基础设施和专业服务功能平台投入力度；围绕园区优化县城交通等设施网络布局。通过政策扶持、满足企业定制化需求等优势，吸引企业往专业园区聚集。探索产业园区协同发展模式，支持合作共建或创新产业园区，有序引导县域创建承接东部产业转移示范园区。

2. 分区分类培育与发展县城产业

对于农产品主产区县城，要坚持农业优先发展。西部地区积极探索“种植养殖在乡村、加工配送在县城”的有效模式；打造乡村优质生产基地，同步提高县域农产品加工能力；依托现代农业产业园、科技园、创业园打造一批带动作用大和辐射能力强的农产品加工集聚区；加快建设大型批发市场和覆盖全环节的冷链农产品物流园区。创新农业绿色发展机制，打造具有地域特色和县域辨识度的品牌产业；促进工业提质增量；逐步由引导人力资源富集县引进劳动密集型产业，转变为坚持劳动密集型与技术密集型产业并重；逐步将东部产业转移由支援为主转为东西合作共赢模式；依托传统优势产业培育发展先进制造业，引导企业向新兴产业延链，利用数字技术和平台加快制造业高端化、智能化、绿色化转型。推动县城服务业提质增效。西部地区持续推动县城发挥生态、民族民俗、边境风格等优势，打造旅游休闲、健康养生等服务业。对处于重点生态功能区的县城，采用“平台+景区+农户”模式，打造全域旅游精品路线，培育一批服务业强县。

3. 完善县城基础设施与公共服务，夯实县城承载力的基础支撑

综合提升县城基础设施。西部地区不断完善市政设施体系，打造县城内畅外联交通网络，提高县城与周边城市、县乡村三级道路的通达率；加强县城水系统综合整治，更新改造供水管网、排水防涝设施、消除黑臭水体设备等设施。增强防灾减灾能力，常态化开展县城道路、桥梁、消防等安全排查与整治。

提升县城公共服务供给能力。西部地区保障县域教育资源，继续加强县城义务教育学校、师资等的标准化、均衡化供给；合理引导合办的高等学校或职业院校在县城布局。另外，西部地区不断完善县域医疗卫生服务体系，扩大区县域内医共体试点地区范围，构建跨区域医疗联合体；支持各区县城重点办好 1～2 所综合医院（含中医院），并推进其提标改造；深化县域医疗卫生服务体制机制改革。除此之外，西部地区还构建“街道中心＋社区服务站＋小区服务点”三级养老服务平台，支持区县开展城市居家养老服务可持续运营试点；加强社区托育服务设施建设，支持普惠性托育机构与有条件的用人单位提供和发展普惠托育服务。

推进县城数字化、信息化、智能化改造更新。西部地区不断加快县城的新型

基础设施建设，围绕 5G 网络、新能源汽车充电桩等领域加快部署；实施一批数字民生普惠工程，运用数字化技术优化教育、医疗等资源配置，加快建设智慧社区、智慧家庭和发展“数字＋生活服务”，打造数字生活新场景；推进县城数字化管理，开展区域级城市信息模型应用试点，依托基层智治平台推进县城运行一网统管，加强对县城管理服务状况的实时监测、动态监督和综合评价，加快县城高效协同的数字政府建设；逐步推进具备条件的县城安装物联感知设备，搭建城乡统一的物联网监管平台，推动基础设施安全管理向事前预防转变。

（三）强化县城对乡村的辐射带动能力

县城是城镇化的重要载体，也是联结城市与乡村的枢纽，西部地区不断增强县城对乡村的辐射带动能力。例如，推动县城基础设施向农牧区延伸；推进乡村路网与交通网主骨架高效衔接，实施农村公路加密补网工程和乡村运输“金通工程”；推动城乡供水供气一体化，实施农村供水保障工程，建设安全可靠的乡村储气罐站和微管网供气系统；统筹县域城镇和村庄规划建设，编制多规合一实用性村庄规划，完善垃圾、污水、公共厕所三项环境卫生整改，深入开展村庄清洁和绿化行动，建设一批乡村风貌示范带；持续实施数字乡村行动，加快推进 5G 网络和千兆光纤网络向乡村延伸；完善县乡村三级物流配送网络，推广抱团进村、驻村设点等模式，实行“联配联送”物流模式和“客货邮”融合发展。

推进县域公共服务供给向乡村覆盖。西部地区继续深化义务教育教师“县管校聘”管理改革，统筹教师编制配置和跨区域调整，促进县域内义务教育一体化改革发展；优化配置县乡村三级医疗卫生资源，改善乡镇卫生院和村卫生室条件，适当提高乡村两级诊疗量在县域内占比；健全由县级统筹管理、县乡村衔接的三级养老服务体系，转型升级乡镇敬老院，打造村级互助养老服务点；推动“互联网+服务”向乡村延伸覆盖，打通了群众办事“最后一公里”；依托县城产业发展和承载力的增强，提高农民工在县城就业和落户的便利度，实现就近城镇化。

二、成效

（一）城乡空间布局持续优化

2020 年西部地区初步已形成 6 个国家级城市群格局：成渝城市群、中原城市群、北部湾城市群、关中平原城市群、呼包鄂榆城市群、兰州—西宁城市群，打造多个都市圈和中心城市圈。其中，成渝城市群的引领示范带动作用表现出色。2023 年成渝地区双城经济圈的地区生产总值为 81 986.67 亿元，占全国 GDP 比重 6.5%，占西部地区生产总值比重 30.4%；2023 年三次产业结构为 8.0∶36.9∶55.1，三次产业增加值分别增长 3.8%、5.6%、6.8%，其中第二、第三产业增加值增速分别比全国高 0.9 个、1 个百分点[①]。

多年来，西部地区形成了一批充满活力、宜居宜业的现代化县城，如表 7-1 所示。2023 年，西部地区拥有 14 个中国百强县，西部地区生产总值超千亿元的县级市（旗）有 4 个，占全国 54 个千亿县的 7.41%，分别为陕西神木市、贵州仁怀市、内蒙古准格尔旗和伊金霍洛旗，其中神木市地区生产总值超 2000 亿元；在西部百强县中，有 14 个县的地区生产总值位于 600 亿元至 1000 亿元区间，半数西部百强县的地区生产总值位于 200 亿元至 400 亿元区间[②]，县域经济总量尚有较大提升空间，西部百强县在各省区市的分布情况见图 7-10。2017 年公布的 276 个第二批全国特色小镇名单中，西部地区共有 155个特色小镇，比第一批数量增长了 56.48%，占比达到 58.05%[③]。

表7-1　西部地区城镇化空间布局情况

省区市	城市群都市圈	2023 年西部百强县	2017 年全国特色小镇
广西	北部湾城市群、南宁都市圈	桂平市等 8 个	河池市宜州区刘三姐镇等 10 个
云南	滇中城市群	楚雄市等 15 个	楚雄彝族自治州姚安县光禄镇等 10 个
贵州	黔中城市群、贵阳—贵安—安顺都市圈和遵义都市圈	仁怀市等 10 个	黔西南布依族苗族自治州贞丰县者相镇等 10 个
重庆	成渝城市群	垫江县等 7 个	铜梁区安居镇等 9 个
四川	成渝城市群、成都都市圈	西昌市等 33 个	成都市郫都区三道堰镇等 13 个
陕西	关中平原城市群、呼包鄂榆城市群、中原城市群、西安都市圈	神木市等 8 个	汉中市勉县武侯镇等 9 个
甘肃	兰州—西宁城市群、关中平原城市群	—	庆阳市华池县南梁镇等 5 个
宁夏	宁夏沿黄城市群、银川都市圈	灵武市 1 个	银川市兴庆区掌政镇等 5 个
青海	兰州—西宁城市群	格尔木市 1 个	海西州德令哈市柯鲁柯镇等 4 个
内蒙古	呼包鄂榆城市群	准格尔旗等 8 个	赤峰市敖汉旗下洼镇等 9 个
新疆	天山北坡城市群、乌鲁木齐都市圈	阿拉尔市等 9 个	克拉玛依市乌尔禾区乌尔禾镇等 10 个
西藏	—	—	阿里地区普兰县巴嘎乡等 5 个

（二）县域综合承载力明显增强

1. 西部地区县域经济逐步迈向高质量发展阶段

2021 年，县域地区生产总值为 22.79 万亿元，比 2010 年的 7.61 万亿元增长

① 《2023 年成渝地区双城经济圈经济发展监测分析》，https://tjj.cq.gov.cn/zwgk_233/fdzdgknr/tjxx/sjjd_55469/202403/t20240306_12999005.html。

② 资料来源：赛迪顾问发布的《2023 西部县域经济百强研究》与《2023 中国县域经济百强研究》。

③ 由中国住房和城乡建设部公布的第一批与第二批全国特色小镇名单整理所得。

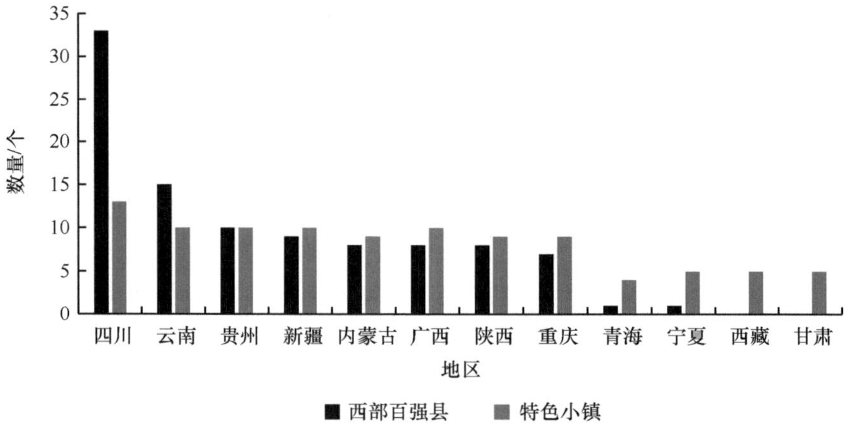

图 7-10　2023 年西部百强县和 2017 年全国特色小镇分布情况

资料来源：由各省份统计年鉴与 EPS 数据库整理所得

了近 1.99 倍，人均地区生产总值为 60 481 元，比 2010 年的 20 436 亿元增长 1.96 倍，地方财政一般预算收入为 10 956 亿元，比 2010 年的 3937 亿元增长了 1.78 倍①。2010～2021 年，第一、第二、第三产业增加值均实现了稳步增长，如图 7-11 所示，年均增长率分别为 9.01%、8.07%、13.29%。“十二五”后，一产、二产占比总体上持续下降，三产占比持续上升，2021 年第三产业增加值占比达到 46.07%（图 7-12），成为西部地区县域经济发展的主要引擎，反映西部地区县域产业结构的优化升级。

2. 县域城乡人民生活水平同步提高

2010～2021 年，城乡居民储蓄存款余额从 37 489 亿元大幅上升到 117 189 亿元，

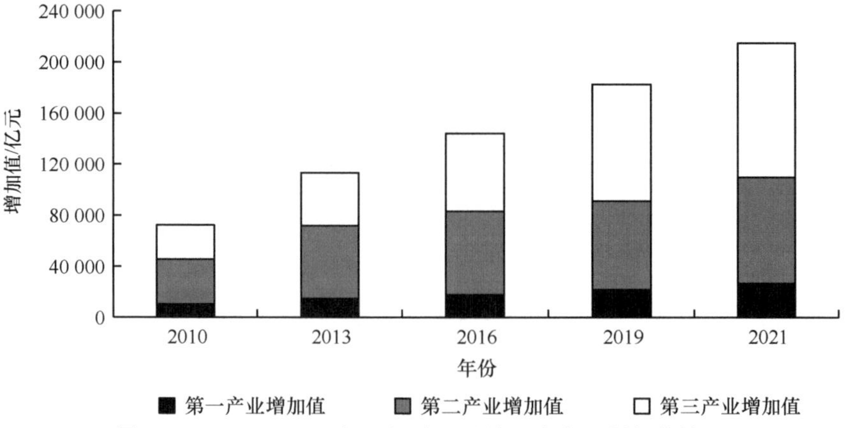

图 7-11　2010～2021 年西部地区县城三类产业增加值情况

资料来源：由各省份统计年鉴与 EPS 数据库整理所得

① 资料来源：由各省份统计年鉴与 EPS 数据库整理所得。

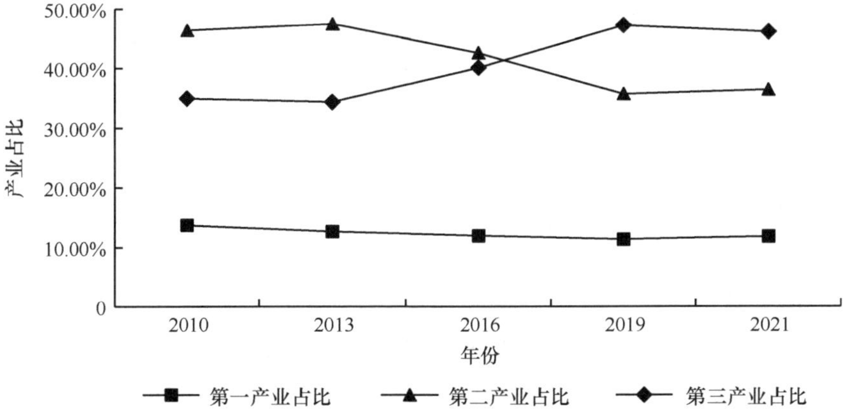

图 7-12　2010～2021 年三类产业占比变化情况

资料来源：由各省份统计年鉴与 EPS 数据库整理所得

增长约 2.13 倍，实现了城乡居民在经济生活上的稳定和进步。县域平均城镇居民和农村居民的人均可支配收入均显著上升。以广西为例，2020 年广西县域平均城镇居民与农村居民的人均可支配收入分别为 34 974 元与 15 192 元，比 2005 年增长了 3.61 倍与 5.27 倍，城乡居民人均收入比从 2005 年的 3.13 降为 2020 年的 2.30，县域内的城乡融合发展步伐加速，如图 7-13 所示。

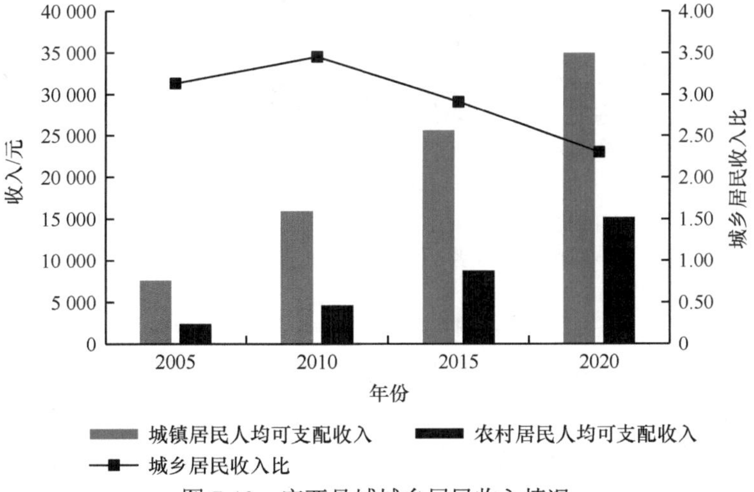

图 7-13　广西县域城乡居民收入情况

资料来源：由《广西统计年鉴》与 EPS 数据库整理所得

3. 县域的就业吸纳能力与人口吸引度显著提升

2022 年西部地区县人口达到 2.21 亿人，县城人口 4653 万人，随着县城承载力的增强，县城平均人口密度由 2006 年的 1691.17 人/平方千米，提升到 2022 年的 2877.71 人/平方千米，年均增长率为 3.38%，县域城镇化进程稳步推进。2016 年第二产业、第三产业单位就业人数总计 9357 万，比 2013 年的 8205 万人增加了 1152 万人。

4. 县城的基础承载力大幅增强

县城教育质量提升明显。2012 年，国务院出台《关于深入推进义务教育均衡发展的意见》，明确要求“率先在县域内实现义务教育基本均衡发展”。到 2021 年底，全国的 2895 个县实现了义务教育基本均衡发展[①]，其中宁夏成为西部第一个达到国家规定的评估认定标准，其余各省份也在改善办学条件、构建关爱体系、推进综合改革中，切实推动了义务教育均衡发展工作，并在 2022 年完全实现了县域的义务教育基本均衡发展。

2021 年，西部县域学校数共 156 265 所，占全国县域学校数量的 34.58%，学前教育、小学、初中、高中的在校学生数分别为 884.5 万、2083.1 万、957 万、427.4 万名，如图 7-14 所示；此外，学前教育、小学、中学的教职工人数总共约 300.66 万人，占全国的 31.82%[②]。

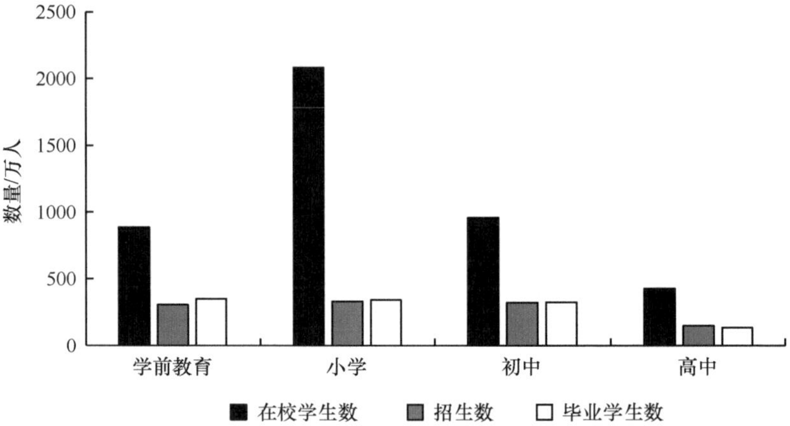

图 7-14　2021 年西部地区县城学生数

资料来源：由各省份统计年鉴与 EPS 数据库整理所得

县域居民医疗卫生服务可及性明显提高。西部地区医疗资源整体改善，2024 年西部地区符合基本标准的县医院占比为 88.30%，平均每家县医院有执业（助理）医师 162 人，执业（助理）医师中高级职称人数为 44 人[③]，床位数增长情况见图 7-15。西部地区医疗服务体系更完善，2018 年，全国 87.1%的居民在县域内医疗机构就诊，农村居民在县域内医疗机构就诊的比例超 90%，西部农村地区，15 分钟内能够到达最近医疗点的家庭比例，从 2013 年的 69.1%提高到 2018 年的

① 《全国县域义务教育均衡发展 国家督导评估认定有关情况介绍》，http://www.moe.gov.cn/fbh/live/2022/54598/sfcl/202206/t20220621_639114.html。

② 《中国县域教育向城化、空心化，如何破局？》，https://www.jiemian.com/article/9951356.html。

③ 《国家卫生健康委办公厅关于通报 2024 年度县医院医疗服务能力评估情况的函》，https://www.nhc.gov.cn/yzygj/c100068/202505/4377774b76b647bfbed6a0ba8bbf6b9d.shtml。

82.6%[①]，基本实现在县域内解决居民看病就医问题。

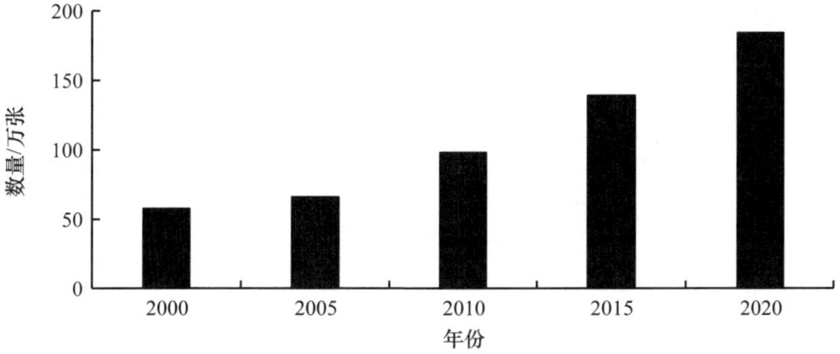

图 7-15　2000～2020 年县城医院、卫生院床位数

资料来源：由各省份统计年鉴与 EPS 数据库整理所得

县城市政公共基础设施建设水平大幅提升。市政设施年度固定资产投资额从 2006 年的 225 亿元增长至 2022 年的 1804 亿元，年均增长率达到 13.89%，有效保障了供水、燃气、道路桥梁、排水防洪、园林绿化等市政公用设施的建设运营。2006～2022 年，县城道路长度、供水管道长度、排水管道长度分别新增 36 029 千米、53 308 千米、62 750 千米，新增污水处理总量 287 657 万立方米，县城用水普及率、燃气普及率、污水处理率、生活垃圾处理率分别达到 96.68%、82.40%、94.34%、99.40%。此外，县城的绿化覆盖率和绿地覆盖率逐年上升，生态文明建设取得明显进步，提升情况见图 7-16 与图 7-17。县城的整体形象和居民生活质量均得到显著提升。

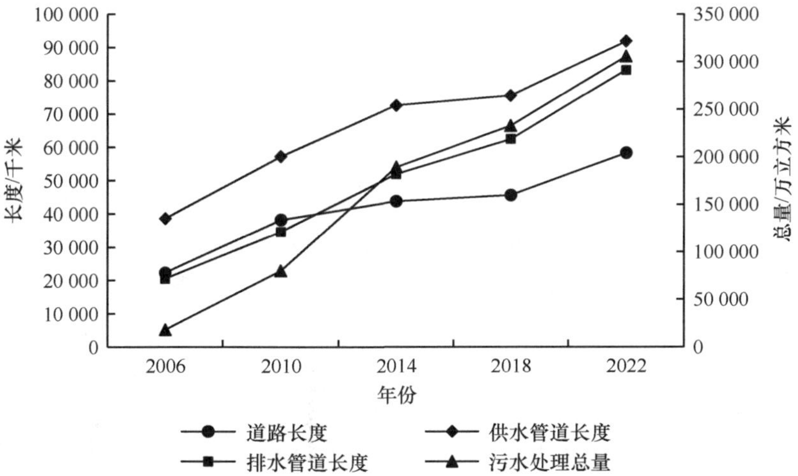

图 7-16　2006～2022 年县城市政公共基础设施建设情况

资料来源：由各省份统计年鉴与 EPS 数据库整理所得

① 资料来源：《全国第六次卫生服务统计调查报告》。

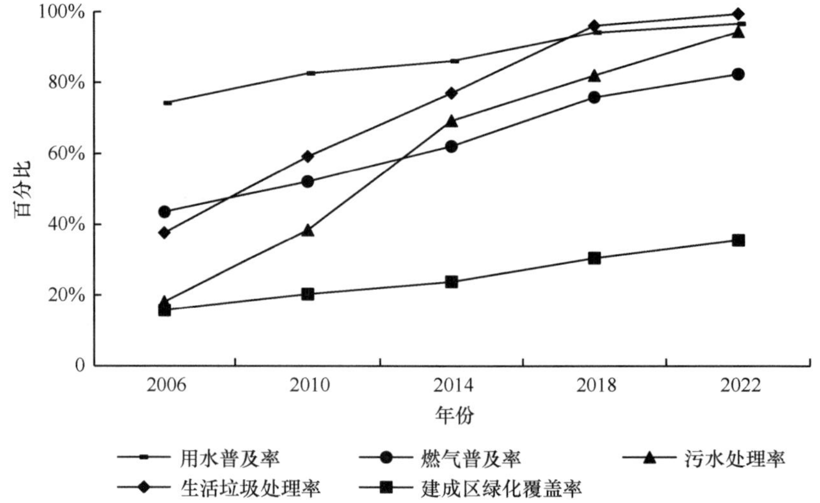

图 7-17　2006～2022 年县城市政公共基础设施建设水平

资料来源：由各省份统计年鉴与 EPS 数据库整理所得

第三节　新机制：走出富裕新路子

一、做法

完善农村土地所有权、承包权、经营权分置措施与推进农村集体产权制度改革，是盘活农村资源促进城乡融合的重要举措，是实行“三变六联”以助力农民增收致富的基础和前提。

（一）深化农村土地“三权分置”制度改革

2013 年起西部各省份落实对土地所有权和承包经营权的确认颁证，开始引导土地承包经营权在公开市场上流转，并在 2014 年积极推进农村土地所有权、承包权、经营权“三权分置”制度改革，并从承包经营权扩大到农村土地物权的改革。同时，完善土地征收制度，规范征地范围与程序，建立健全对被征地农民合理、多元保障机制；全面推进农村土地确权登记颁证工作，开展农村宅基地、承包地、集体建设用地确权登记颁证，并建立土地动态化、信息化管理系统，共享确权登记成果。建立健全土地流转规范管理制度；建立严格准入门槛和经营能力审查制度，实行流转土地的动态监测，保障土地经营权流转规范有序；建立符合农村实际需要的农村土地流转服务中心，开展流转交易服务和纠纷处理。

盘活农村土地资源是“三权分置”的直接目标。2008 年，党的十七届三中全会通过的《中共中央关于推进农村改革发展若干重大问题的决定》提出，逐步建立城乡统一的建设用地市场。2013 年，西部地区稳妥地开展农民住房财产权抵押、担保、转让试点，并逐步拓展至土地经营权的抵押担保融资功能。2014 年，伴随农村集体经营性建设用地入市制度的确定，农村集体经营性建设用地的出让、租赁、入股，实现了与国有土地同等入市、同权同价。2019 年《中华人民共和国土地管理法》的修正，进一步强化了农村土地所有权主体，激活了对农村土地所有权衍生的使用、经营、抵押等他项权能，加快了土地经营权流转市场建设。在“十四五”期间西部各省份全面推进并落实第二轮土地承包到期后再延长 30 年的政策，产权交易和土地创新经营成为改革重点。

（二）推进农村集体产权制度改革

西部地区从 2013 年起逐步建立归属清晰、权能完整、流转顺畅、保护严格的农村集体产权制度，到 2016 年按照时间服从质量不断深化农村集体产权制度改革。具体做法如下。从 2017 年起对未承包到户的集体资源性资产、用于公共服务的非经营性资产、集体统一经营的经营性资产，进行科学评估和分类施策的登记造册，并在 2019 年基本完成农村集体资产的清产核资；同步开展权属关系的确认，统筹户籍关系、土地承包关系等因素和协调各方利益，界定农村集体经济组织成员身份；建立非经营性资产集体统一运营管理机制；稳步推进经营性资产股份合作制改革，将农村集体经营性资产以股份或者份额形式，量化到本集体成员，合理设置股权；规范股权管理，向农村集体经济组织成员出具股权证书，把成员对集体资产股份的占有权和收益分配权落实到位；成立村经济合作社或股份经济合作社，履行对村级集体资产的所有权、经营管理权、收益分配权等权能；加大对农村集体产权、资产、资金的监管和审计。2020 年西部地区农村集体产权制度改革阶段性任务基本完成，并在“十四五”期间深化农村集体产权制度改革，完善产权权能，发展壮大新型农村集体经济。

（三）扩面深化“三变六联”

西部地区认真落实党提出的要赋予农民更多的财产权利，以贵州六盘水为代表逐步探索并推出“资源变资产、资金变股金、农民变股民”（以下简称“三变”）改革，形成了农户与经营主体联产联业、联股联责、联股联心的新机制，拓展了农民增收渠道。

第一，扩面深化“三变六联”，盘活农村资源，具体做法有以下三方面。一是农户个人资源入股机制，以土地承包经营权为起点，并逐步拓展入股标的物，引导农民将自有农机设备、技术或劳动力、宅基地使用权等资源资产，协商入股新型经营主体或工商企业。二是集体资源资产股份化运营。对于农村集体资源资产，通过民主协商将集体资源资产量化折股后注入合作企业，构建按股分红、利益共享的分配体系；对于政府下拨的涉农发展资金及形成的集体存量资产，将其量化为村集体与农户持有的股金，参与企业经营，或由村集体经济组织委托专业机构进行市场化运作，确保国有资产保值增值。三是加快推进农村集体经营性建设用地入市制度的创新，可通过入市交易或建设经营性设施、标准化厂房等方式进行市场化运营，或采取公开招租、委托经营等多元化模式盘活土地资源，形成可预期的集体经济收益来源。

第二，扩面深化“三变六联”，发展壮大新型农村集体经济。西部地区积极探索新型农村集体经济发展模式，不断创新股权合作机制和农业经营模式，推动联农带农富农强农；发展农业社会化服务组织，为农民提供农业生产全程服务；引导地方依托龙头企业，带动农民合作社和家庭农场，形成农业产业化联合体；支持新型农业经营主体通过“联耕联种”等形式与农户合作经营，带动小农户专业化标准化集约化生产，帮助小农户节本增收。开展农超对接、农社对接，完善企业与农民订单带动、利润返还、股份合作、服务联结等合作模式，加快推广“保底收益+效益分红”“订单收购+分红”“土地流转+优先雇用+社会保障”等利益联结机制，拓展农民增收渠道；推广“三变”经验，在盘活集体资产资源中发展、壮大集体经济，完善利益联结机制。

二、成效

（一）农村改革成效显著，有效缩小城乡发展差距

随着农村土地“三权分置”改革和农村集体产权制度改革的深化，西部地区有效盘活了农村资源。2012～2015 年，西部地区完成的集体土地使用权、集体建设用地使用权、宅基地使用权登记数分别为 484 万、319 万、22 267 万宗，已处理土地权属争议 33.77 宗，土地整治项目规模达到 233 万公顷，有效地保障了推进农村土地改革的基础。2016 年，通过转包、转让、出租等方式流入的耕地面积和林地面积分别为 741.6 万和 320.6 万公顷。在流入耕地面积中，以转包、出租方式的占比分别为 63.40%和 26.05%；流入耕地的土地用途中仍以农作物种植为主，面积占比达 78.46%，如图 7-18 所示。

发展壮大新型集体经济，农民共享改革收益，收入稳定增长。2016 年，西部农村地区参与农业生产经营人员共 1.07 亿人，农民合作社共有 21.97 万个，家庭农场和专业大户共 16.03 万户，登记注册的农业经营单位数量共 47.83 万个，其中集体单位 34 796 个，股份制企业单位 31 360 个。在农村的新型经营特征中，新型经营主体仍以农产品生产为主，实现生产、销售、加工一体化的经营主体占比达到 7.15%，提升空间较大。此外，农户与农业经营单位参加农业保险的比重为 49.03%，其中政策性保险占 46.97%，有效降低了农业生产经营风险。相较 2013 年，2022 年农村居民人均工资性收入、经营性收入、转移性收入、财产性收入分

别提升了2990元、3267元、3151元、227元，实现稳步增长，见图7-19。

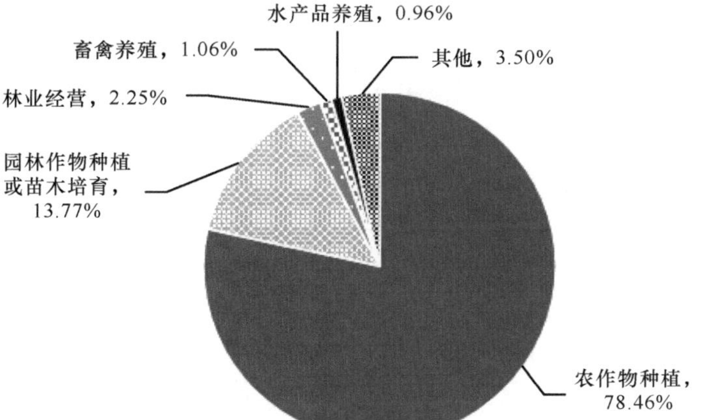

图7-18　2016年流入耕地面积的用途构成情况

资料来源：由各省份统计年鉴与EPS数据库整理所得

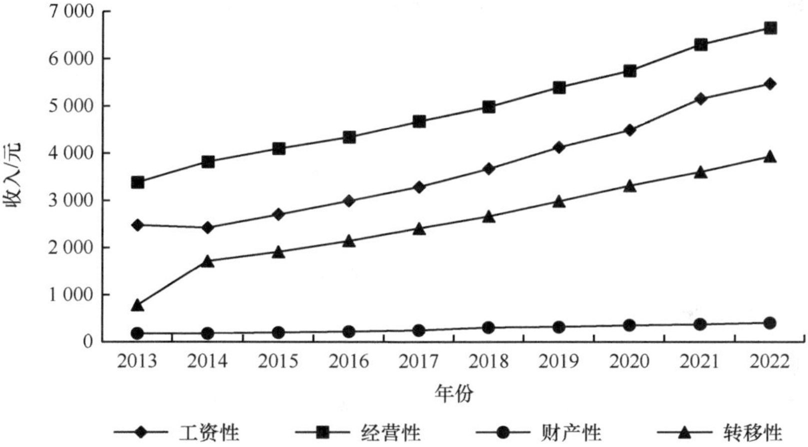

图7-19　2013～2022年西部地区农民收入情况

西部地区城乡经济、社会融合效果突出。2000～2022年，城镇与农村居民人均可支配收入和人均消费支出水平均得到显著提升，分别增长了6.48、8.66、4.75、9.44倍。城乡居民收入与消费差距均明显缩小，城乡居民收入比和消费比分别从2000年的3.28与3.35，降到了2022的2.54与1.79，随着城乡融合的推进，未来西部地区的城乡收入差距将持续缩小，如图7-20所示。

（二）"三变六联"成效显著

以贵州六盘水市"三变"成效为例。六盘水市通过深化农村改革和积极推进"三变"，激活各类生产要素，发展多种形式的股份合作，创新了农业生产经营机制，增强了农村集体经济实力，拓宽了农民增收路径。2017年六盘水市成为全

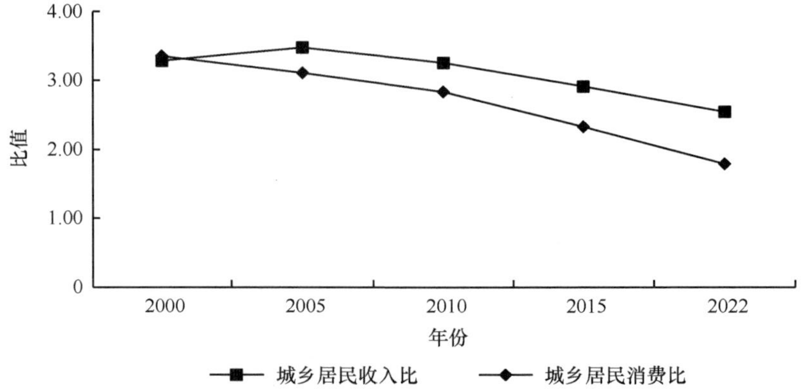

图 7-20　2000～2022 年西部地区城乡居民收入差距与消费差距

资料来源：由各省份统计年鉴与 EPS 数据库整理所得

国农村改革试验区，其“三变”改革经验在全国试点推广，其“三变”主要做法与成效如下。资源变资产，截至 2024 年，全市共有 167.98 万亩承包地、40.69 万亩集体土地、14.31 万亩集体林地、4244.69 万平方米水域水面、8.66 万平方米房屋、2.66 万亩集体草地入股经营主体，实现资源资产化、资产股份化；资金变股金，按股分红，全市共整合资金 76.18 亿元参与“三变”改革，其中，财政资金 8 亿元、农户自有资金 5.09 亿元、村集体自有资金 1.31 亿元、政府投融资公司资金 23.8 亿元，其他企业资金 7.65 亿元，合作社资金 11.29 亿元，家庭农场资金 2.72 亿元，金融资金 16.31 亿元；农民变股东，成为股权投资人和股东，参与经营主体收益分红，全市共有 50.14 万户农户入股经营主体成为股东，入股受益农民 165.33 万人，占全市农村人口 254.34 万人的 65%。实施“三变”改革后，六盘水市农民收入明显增加。2016 年农民人均可支配收入达 8267 元，增长 9.9%，增速高于全国平均水平，其中，26.65 万户 74.65 万入股农民分红总额达 7.47 亿元，户均分红 2805 元、人均分红 1000 元。[①]

① 《农村“三变”：重构农业经营体系的重大制度创新——贵州省六盘水市农村改革调查》，http://journal.crnews.net/ncgztxcs/2017/desyq/dc/920408_20171113040451.html。

第八章　动力变革：打造西部发展新引擎

科技创新是引领西部发展的重要引擎，对加快西部地区转变经济发展方式、增强经济发展内生动力和活力至关重要。自西部大开发战略实施以来，西部地区积极贯彻创新驱动发展战略和人才强国战略，以打造创新型省份为主线，积极培育国内及区域性的科技创新领军地，激发西部地区创新活力；通过构建多层次科技合作平台，深化东西创新合作，聚焦并释放西部地区创新活力；深化科技体制改革以增强创新动力。通过全面提升区域科技创新能力，西部地区已形成“中心带动、多点支撑、开放合作、协同创新”的区域创新格局，为推动西部大开发战略提供了强有力的支撑。

在科技创新的引领下，西部地区已经实现了动力结构的深刻变革和动能的成功转换，取得了令人瞩目的创新成果。在打造特色创新高地方面，成渝科技创新中心、西安“双中心”等已成为全国科技创新的领军地，而西宁、南宁、昆明等创新型城市则在区域科技创新中发挥着引领作用。同时，克拉玛依、德阳等地区也形成了具有地方特色的创新高地。在东西创新合作方面，通过构建东西部联动和对口支援等机制，不仅有效提升了西部地区的创新能力，还进一步推动了区域协调发展。在深化科技体制改革方面，职务科技成果权属改革、“揭榜挂帅”科技体制改革、科技成果转化“三项改革”等一系列科技体制改革成果不断涌现，不断推进科技创新和科技成果转化，激发了西部地区创新活力与潜力。

第一节　激发活力：打造特色创新高地，提升区域科技创新能力

自西部大开发战略实施以来，党中央、国务院围绕“打造特色创新高地，提升区域科技创新能力”进行了一系列部署安排，通过推动成渝科技创新中心建设、西安“双中心”建设、区域特色创新高地建设，带动西部地区创新发展。

一、成渝科技创新中心建设

（一）做法

成渝科技创新中心是促进新时代西部大开发形成新格局的重要举措，也是党中央赋予成渝地区双城经济圈建设的战略使命。2020 年 1 月，中央财经委员会第

六次会议提出要使成渝地区成为具有全国影响力的科技创新中心。2020 年 12 月，科技部印发了《关于加强科技创新促进新时代西部大开发形成新格局的实施意见》，强调“支持成渝科技创新中心建设”。2021 年 10 月，中共中央、国务院印发《成渝地区双城经济圈建设规划纲要》，提出把成渝地区双城经济圈建设成为具有全国影响力的科技创新中心，建设成渝综合性科学中心。2021 年 12 月，成渝地区获批建设区域科技创新中心和区域综合性科学中心，其中四川区域选址天府新区兴隆湖，重庆区域选址金凤片区。2023 年 3 月，科技部等印发《关于进一步支持西部科学城加快建设的意见》，提出支持成渝地区以“一城多园”模式加快建设西部科学城，打造具有全国影响力的科技创新中心。

在党中央的精心规划与部署下，成渝两地持续优化和迭代协同创新体系，携手推动科创中心的建设进程。2021 年 12 月，中共重庆市委、中共四川省委、重庆市人民政府、四川省人民政府联合发布了《重庆四川两省市贯彻落实〈成渝地区双城经济圈建设规划纲要〉联合实施方案》，明确提出共建具有全国影响力的科技创新中心。2023 年 3 月，重庆市人民政府发布了《重庆市推动成渝地区双城经济圈建设行动方案（2023—2027 年）》，其中着重提出打造具有全国影响力的科技创新基地。同年 4 月，在科技部的指导下，川渝两省市政府联合印发《成渝地区共建“一带一路”科技创新合作区实施方案》，确立了面向“一带一路”的科技交往中心、技术转移枢纽、协同创新平台、产创融合高地四大战略定位。此外，在顶层设计的引领下，成渝两地相关部门还制定并发布了《关于推动川渝共建重点实验室建设的实施意见》《川渝科研机构协同创新行动方案》等一系列文件，为成渝科技创新中心的建设提供了坚实的支撑和保障。

（二）成效

川渝两地共建具有全国影响力的科技创新中心，科技创新能力得到显著提升。表 8-1 展示了 2020～2022 年川渝地区部分科技创新指标变动情况。可以看出，成渝两地在科技创新中心建设方面取得阶段性成效。第一，在共建培育创新主体方面，川渝两地注重发挥企业创新主体作用，培育高质量市场主体。2020～2022 年，四川和重庆的高新技术企业数分别从 8154 家、4222 家增加到 14 582 家、6348 家，年均增长率分别为 33.73%和 22.62%。第二，在创新平台联合建设方面，2023 年，四川已建成 8 家国家级高新技术产业开发区、11 家国家农业科技园区、50 家国家级科技企业孵化器以及 22 家国家级国际科技合作基地；重庆已建成 4 家国家级高新技术产业开发区、13 家国家农业科技园区、12 家国家重点实验室、10 家国家级工程技术研究中心以及 29 家国家级科技企业孵化器。第三，创新能力协同提升。在创新投入方面，2022 年，四川 R&D 经费投入达到 1215 亿元、R&D 投入强度为 2.14%，重庆市 R&D 经费投入达到 687 亿元、R&D 投入强度为 2.36%。在创新产出方面，2022年，四川和重庆的专利授权量135 507件、66 467件，发明专利授权量分别为25 458件、12 207件。此外，2022年川渝两地相互转移专利量达到428件。第四，共享科技创新资源持续拓展。截至2024年6月，川渝科技资源共享服务平台已整合与共享两地大型科研仪器设备13 186台/套，总价值超过130亿元。四川大型科学仪器共享平台重庆分中心，整合87家科研机构各类仪器设备2065台（套），推动跨区域共享服务4200余次，组织开展项目交流对接54次，促成川渝两地项目合作落地15项，实现科技合作1708万元。第五，共促成果转移转化进展顺利。2020～2022年，川渝两地技术市场交易额从1245亿元、118亿元分别增长至1644亿元、559亿元。

表8-1　2020～2022年川渝地区部分科技创新指标变动情况

科技创新指标	四川			重庆		
	2020年	2021年	2022年	2020年	2021年	2022年
高新技术企业数/家	8 154	1 0 210	14 582	4 222	5 108	6 348
R&D经费投入/亿元	1 055	1 215	1 215	527	604	687
专利授权量/件	108 386	146 936	135 507	55 377	76 206	66 467
发明专利授权量/件	1 4187	19 337	25 458	7 637	9 413	12 207
技术市场交易额/亿元	1 245	1 389	1 644	118	185	559

资料来源：国家统计局、四川省和重庆市《国民经济和社会发展统计公报》

二、西安“双中心”建设

（一）做法

西安凭借其深厚的科教底蕴、先进的创新基础设施以及优越的创新环境，不仅在新时代成为推进西部大开发形成新格局的战略核心，更是西部地区乃至全国科技创新的领军高地。2010年，西安被科技部批准为国家创新型试点城市。2015年8月，国务院批复同意西安高新技术产业开发区建设国家自主创新示范区。2018年2月国家发展改革委、住房城乡建设部印发的《关中平原城市群发展规划》，明确提出加快西安中心城市建设步伐，打造丝路科创中心。2020年12月，科技部印发《关于加强科技创新促进新时代西部大开发形成新格局的实施意见》，提出“支持西安全国重要科研和文教中心建设”。2021年1月，西安市高新区获批创建全国首个硬科技创新示范区。2021年3月，秦创原创新驱动平台建设全面启动。2022年陕西省政府工作报告明确提出“支持西安建设综合性国家科学中心”。同年12月，西安获批建设综合性国家科学中心和科技创新中心（以下简称“双中心”），成为第四个获批建设“双中心”的城市。此后，西安制定行动计划，推进西安综合性科学中心“一核两翼”（丝路科学城、中国西部创新港和长安大学城）和科技创新中心“一核一圈一带”（西安综合性国家科学中心核心区、以西安都市圈为中心的协同创新生态圈、丝路科技创新合作带）规划布局。

（二）成效

西安市在打造全国创新高地方面取得显著成效：一是创新主体不断壮大。2023 年西安拥有国家级高新技术企业突破 1.25 万家，约占陕西总数的 77.6%；入库科技型中小企业 1.5 万家，约占陕西总数的 66.8%；获批专精特新“小巨人”企业累计 113 家，约占陕西总数的 60.1%；培育国家级制造业单项冠军企业 22 家。二是创新平台体系日趋完善。截至 2024 年 6 月，西安拥有 6 家国家级工程技术研究中心以及 34 家国家级科技企业孵化器，为科技创新提供了坚实的基础和平台支持。此外，西安市还持续加大国家级科研基地和国家重大科技基础设施建设支持力度，推进高精度地基授时系统、国家分子医学转化科学中心以及先进阿秒激光设施等重大科技基础设施建设，筹建国家超级计算西安中心。三是创新能力持续增强。在创新投入方面，2016～2022 年，西安 R&D 经费投入从 326 亿元增长至 601 亿元，年均增长率达到 10.73%（表 8-2）。2023 年全社会研发投入强度达到 5.23%，居副省级城市第 2 位。在创新产出方面，2016～2022 年，西安专利授权量从 38 279 件增长到 58 045 件，其中发明专利授权量从增长至 6686 件增长至 17 136 件。四是科技成果转化成果丰硕。2016～2022 年，西安技术市场成交额从 712 亿元增长至 2881 亿元，年均增长率达到 26.23%。

表8-2　西安市重点科技创新指标的变动情况

年份	R&D 经费投入/亿元	专利授权量/件	发明专利授权量/件	技术市场交易额/亿元
2016	326	38 279	6 686	712
2017	360	25 042	7 902	848
2018	426	31 640	8 025	1 028
2019	482	34 123	9 017	1 364
2020	506	45 407	11 067	1 649
2021	554	64 131	14 055	2 209
2022	601	58 045	17 136	2 881

资料来源：西安市科学技术局

三、区域特色创新高地建设

（一）做法

在响应国家科技重大战略实施和推动区域高质量发展的号召下，西部地区各地积极行动，因地制宜地打造了一系列独具特色的创新高地。第一，以创新型省份建设为重要抓手，全面推动区域创新驱动发展战略的深入实施。第二，充分发挥西宁、南宁、昆明、贵阳、银川、呼和浩特、拉萨等创新型城市的引领作用，带动周边地区形成协同创新的良好态势。同时，通过创建一批创新型城市和创新型县（市），积极构建区域创新高地，以点带面推动整体创新能力的提升。第三，加快了克拉玛依、德阳等具有区域特色的地级市创新能力的提升步伐，通过政策引导、资源整合和人才培养等措施，这些城市在特定领域形成独特的创新优势，为区域高质量发展注入新的活力。

（二）成效

西部地区在区域特色创新高地建设方面取得了显著成就。在创建创新型省份方面，科技部于 2013 年和 2017 年分别批准陕西和四川开展创新型省份建设，两省随即出台了《陕西省创新型省份建设工作方案》和《四川创新型省份建设实施方案》，有力地推动了创新型省份建设。根据《中国区域创新能力评价报告 2023》，2023 年陕西和四川分别跻身全国创新能力排行榜第 10 名和第 11 名。此外，广西、贵州、云南等省区在其“十四五”科技创新发展规划或政府工作报告中，也明确提出了创建创新型省份的宏伟目标。在创新型城市建设方面，根据科技部科学技术信息研究所发布的《国家创新型城市创新能力评价报告 2023》，2023 年贵阳、昆明、乌鲁木齐、南宁、呼和浩特、银川、拉萨、西宁分别位列国家创新型城市创新能力指数第 27、38、54、57、59、68、85、86 名。此外，截至 2024 年 6 月，西部地区已有 22 个市（区）获批开展创新型城市建设，其中柳州市、绵阳市、德阳市等是最新入围的城市。同时，还有 41 个县（市）被纳入创新型县（市）建设名单，包括广西荔浦、重庆奉节等 14 个县（市）入围首批建设名单，以及内蒙古和林格尔、贵州龙里等 27 个县（市）入围第二批建设名单。在打造区域特色地区方面，西部地区也取得了显著进展。例如，2022 年 6 月，国务院正式批准克拉玛依高新技术产业开发区升级为国家高新技术产业开发区，而在 2023 年 8 月，中国机械工业联合会更是授予德阳市“中国装备科技城”的荣誉称号。

第二节　凝聚合力：推动东西部创新合作，协同创新再上台阶

推动东西部科技创新合作，是形成东西部创新合力、提升西部地区科技创新水平的重要途径。自西部大开发战略实施以来，围绕东西部科技创新合作，《科技助推西部地区转型发展行动计划（2013—2020 年）》《“十四五”东西部科技合作实施方案》等一系列政策文件相继发布，而西部各省份也在政策的鼎力支持下，始终不渝地推进东西部科技合作，通过实施科技对口支援以及跨区域结对合作等重点任务，不断探索区域创新合作的新机制、新模式，成功开创了跨区域科技创

新合作的新篇章，为西部地区的科技进步和经济发展注入了强大动力。

一、科技援疆

（一）做法

科技援疆是国家对口援疆的重要机制，也是提升新疆创新能力的重要举措。自 2000 年起，全国科技界便积极投身于科技援疆的事业中。2007 年 3 月，科技部和新疆维吾尔自治区人民政府携手建立了工作会商制度，这标志着“全国科技支援新疆行动”的正式启动。2008 年 2 月，科技部出台《关于推进科技支疆工作的意见》，对科技援疆工作进行部署安排。2011 年 12 月国家发展改革委和科技部联合发布《全国科技援疆规划（2011—2020）》，从战略高度系统提出了推动全国优势科技资源向新疆集聚的总体思路与重大部署。2016 年 10 月，新疆维吾尔自治区人民政府与科技部、深圳市、中国科学院建立四方合作机制，共同推动新疆创新驱动发展试验区建设，打造了科技援疆的新路径新模式。2022 年 3 月，科技部等九部门印发《“十四五”东西部科技合作实施方案》，提出支持新疆重点领域碳达峰碳中和技术联合攻关、推动新疆棉花、林果特色农业创新发展以及打造丝绸之路经济带区域科技创新高地三项任务。

（二）成效

自科技援疆实施以来，通过各方的共同努力和支持，科技援疆工作取得丰硕的成果，显著推动了新疆科技创新和发展。在培育创新主体方面，国家级高新技术企业数量从 2007 年的 166 家增长至 2022 年的 1368 家。在创新平台建设方面，昌吉高新区、石河子高新区、克拉玛依高新区、阿克苏阿拉尔高新区升级为国家级高新区，昌吉国家农业科技园区升级为国家农业高新技术产业示范区，怀柔国家实验室新疆基地、光伏材料与电池全国重点实验室、荒漠与绿洲生态国家重点实验室获批并建立。在科技产出方面，2007～2022 年，专利授权量从 1534 件增长至 20 528 件，其中，发明专利授权从 90 件增长至 1711 件（图 8-1）。在科技成果转化方面，2007～2022 年，技术市场成交额从 7 亿元增长到 31 亿元。此外，2016～2021 年，通过科技援疆实现先进技术转移及成果转化 753 项，获得自主知识产权 917 项，实现新增产值 18 亿元。

二、科技援藏

（一）做法

科技援藏是补齐西藏科技短板，推动西藏经济社会发展和实现长治久安的重

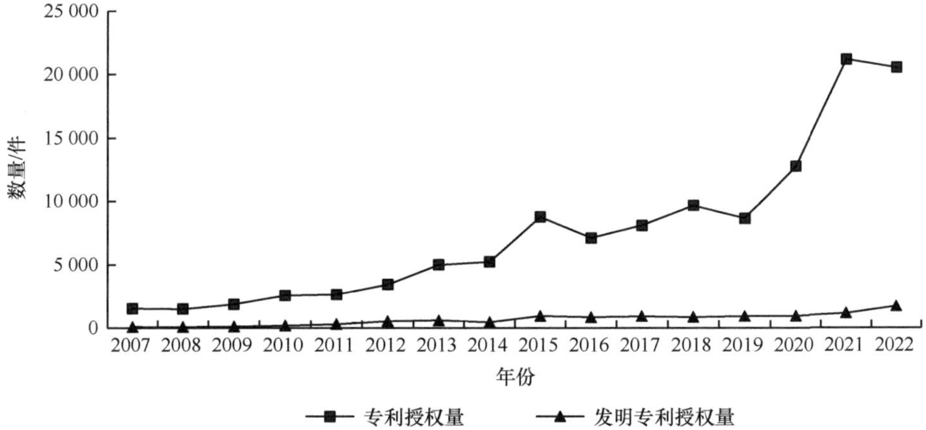

图 8-1　2007～2022 年新疆专利产出变化情况

资料来源：国家统计局

要手段。1994 年 7 月第三次西藏工作座谈会召开后，全国范围内掀起了科技援藏的热潮。1995 年 8 月，国家科学技术委员会（简称“科委”）印发《关于认真做好科技援藏工作的通知》，号召全国各地对口支援西藏各地市科委。1996 年 8 月，国家学委在拉萨组织召开全国科技援藏工作座谈会，从而正式拉开了科技援藏的序幕。2005 年 7 月，科学技术部（简称科技部）印发《关于进一步加强科技援藏工作的若干意见》，对科技援藏工作进行了全面部署。党的十八大以来，国家进一步加大科技援藏的力度。2017 年，科技部会同中国科学院等五部门出台《“十三五”科技援藏规划》，为深入推进“十三五”时期科技援藏工作进行部署。2022 年 3 月，科技部等九部门联合出台《“十四五”东西部科技合作实施方案》，提出实施三江源生态保护科技工程、打造世界级盐湖产业基地以及提升“青字号”农畜产品产业化技术水平三项任务。

（二）工作成效

在多方协同合作下，“科技援藏”工作取得了显著成效。在培育创新主体方面，截至 2023 年，西藏高新技术企业达到 127 家。在创新平台建设方面，拉萨获批创建国家创新型城市，白朗县入选全国首批创新型县（市），拉萨高新技术产业开发区升级为国家高新技术产业开发区，林芝国家可持续发展实验区获批建设。此外，西藏已建成 1 个省部共建国家重点实验室、4 个国家农业科技园区、1 个国家级技术创新中心。在科技产出方面，专利授权量从 2000 年的 17 件增长至 2022 年的 2127 件，发明专利授权量从 2000 年的 4 件增长至 2022 年的 149 件（图 8-2）。在科技成果转化方面，2017～2022 年，西藏技术市场成交额从 440 万元增长至 6 亿元。

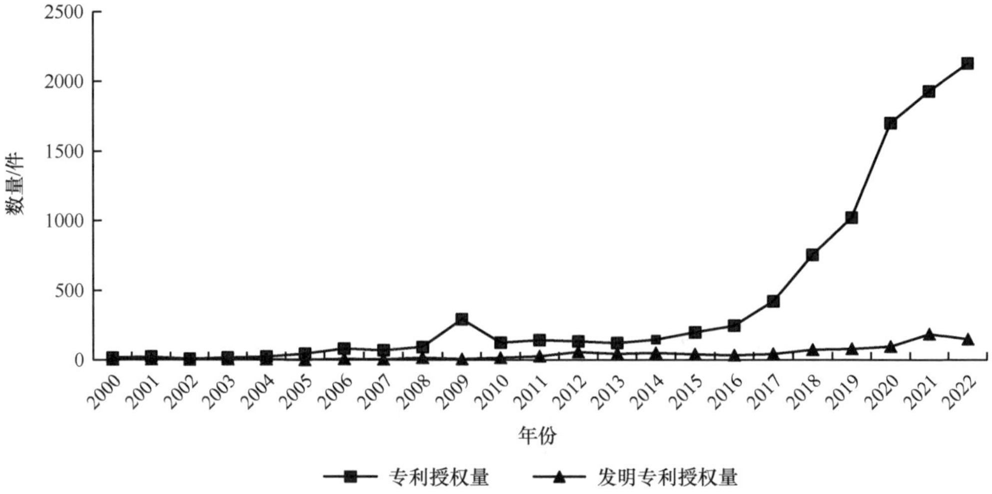

图 8-2　2000～2022 年西藏专利产出变化情况

资料来源：国家统计局

三、科技援青

（一）做法

青海是继新疆、西藏之后全国科技支援的第三个重点省份。在 2013 年 1 月全国科技工作会议上，科技部部长万钢提出要“统筹推进科技援疆援藏援青工作”。2014 年 7 月，科技部牵头召开第一次全国科技援青工作座谈会，并提出了“6+6”的“科技援青”工作思路，这标志着科技援青工作正式启动。2016 年科技部、中国科学院、中国工程院、国家自然科学基金委员会和青海省人民政府联合印发了《“十三五”科技援青规划》，积极引导和支持高等院校、科研院所、企业与青海开展科技合作交流和对口支援。此后，山西、重庆两地主动作为、积极融入科技援青战略。在科技创新东西部协作的带动下，科技援青工程已形成“5+6+8”的工作格局，国家支持、对口支援和促进技术转移“三位一体”有机结合的“科技援青”机制逐步完善，为提升青海创新驱动发展能力提供了全方位的支持和帮助。

（二）成效

依托科技援青机制，青海的创新能力得到显著提升。在培育创新主体方面，截至 2023 年，青海高新技术企业数量达到 280 家、科技型企业数量累计达到 698 家。在创新平台建设方面，青海已建成 1 个国家级高新技术产业开发区和 6 个国家级农业科技园。在科技产出方面，青海专利授权量从 2014 年的 619 件增长至 2022 年的 5276 件，发明专利授权量从 2014 年的 110 件增长至 2022 年的 458 件（图 8-3）。在创新成果转换方面，2022 年，青海技术市场成交额为 16.30 亿元。

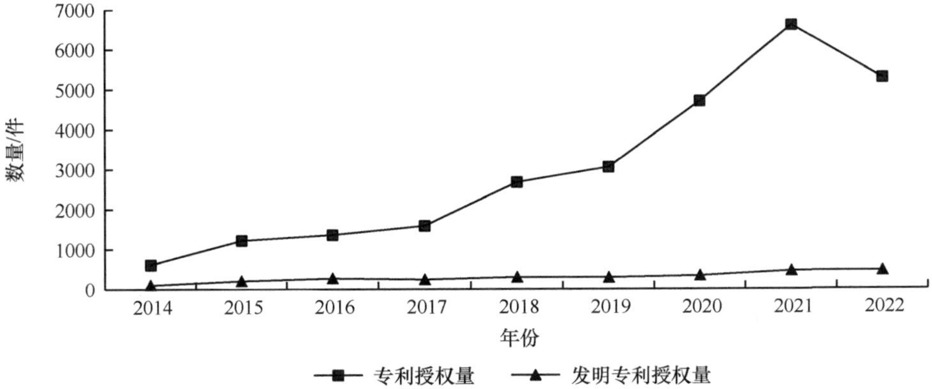

图 8-3　2014～2022 年青海专利产出变化情况
资料来源：国家统计局

四、科技入滇

（一）做法

2006 年 10 月，科技部与云南省人民政府共同构建了部省工作会商制度。在国务院对口帮扶以及科技部的支持下，云南持续推进沪滇、京滇、长三角、珠三角等重点区域创新合作，通过中国·云南桥头堡建设科技入滇对接会、沪滇科技成果对接交流活动、粤港澳科技合作对接交流平台，构建起“科技入滇”高位推动的长效机制。2020 年以来，云南省人民政府与中国机械总院共建云南装备制造业创新中心，云南省科技厅与中国农业大学、江南大学、山东大学、湖南农业大学、华为、中译语通公司等深入合作，高质量打造“科技入滇”升级版，为云南跨越式发展提供重要科技支撑。

（二）成效

通过“科技入滇”平台，吸引国内外高端科技资源入滇落地，为云南创新发展注入新动能。在培育创新主体方面，截至 2023 年，云南省全省高新技术企业数突破 3000 家，入库国家科技型中小企业 1652 家。在创新平台建设方面，云南已建成昆明、玉溪以及楚雄 3 个国家级高新技术产业开发区、9 个国家级重点实验室、4 个国家工程技术研究中心、11 个国家农业科技园。在科技产出方面，云南专利授权量从 2014 年的 8124 件增长至 2022 年的 39 497 件，发明专利授权量从 2014 年的 1423 件增长到 2022 年的 4091 件（图 8-4）。在创新成果转换方面，2016～2022 年，云南技术市场成交额从 58 亿元增长至 219 亿元。

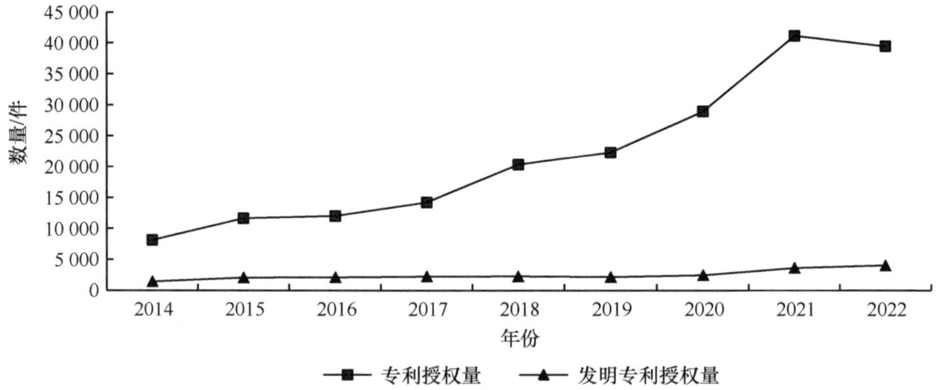

图 8-4　2014～2022 年云南专利产出变化情况

资料来源：国家统计局

五、科技支宁

（一）做法

东西部科技合作已成为推动宁夏创新发展的核心驱动力。2017 年 8 月，科技部牵头召开“科技支宁”东西部合作推进会，标志着“科技支宁”东西部合作机制的初步形成。2022 年 7 月，科技部宣布，支持宁夏启动“科技支宁 2.0”，探索东西部科技合作新机制、新模式、新经验，打造跨区域协同创新样板。同年 10 月，宁夏回族自治区政府制定《关于高水平建设全国东西部科技合作引领区的实施方案》，明确了建设全国东西部科技合作引领区的方法路径。截至 2023 年，宁夏已形成了“11+13”长效合作机制。

（二）成效

在科技支宁战略的支持下，宁夏科技创新能力得到显著提升。在创新平台建设方面，2023 年宁夏已建成银川和石嘴山 2 个国家级高新技术产业开发区、3 个国家级重点实验室、3 个国家工程技术研究中心、4 个国家农业科技园。在科技产出方面，宁夏专利授权量从 2016 年的 2677 件增长至 2022 年的 12 452 件，其中发明专利授权量从 2016 年的 560 件增长至 2022 年的 1204 件（图 8-5）。在创新成果转换方面，2016～2022 年，技术市场成交额从 4 亿元增长至 34 亿元。

六、科技兴蒙

（一）做法

“科技兴蒙”行动已成为国家区域创新战略布局的重要组成部分，成为内蒙古创新驱动的统领性举措。2019 年 12 月，内蒙古自治区党委、政府与科技部共

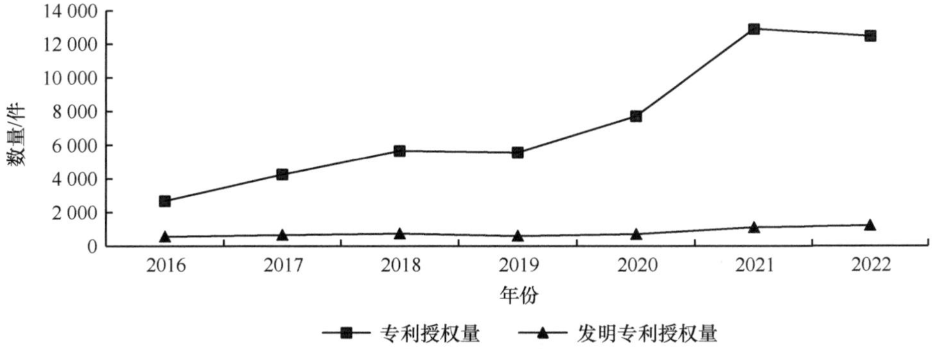

图 8-5　2016～2022 年宁夏专利产出变化情况

资料来源：国家统计局

同启动实施“科技兴蒙”行动。2020 年 12 月，在科技部和内蒙古自治区政府共同组织的科技兴蒙合作推进会上，内蒙古自治区政府与北京市人民政府、广东省人民政府、中国农业大学、中国农业科学院、中国钢研科技集团有限公司、中国矿业大学（北京）签署科技合作协议，基本形成了“4+8+N”合作机制。此外，为深入实施“科技兴蒙”行动，内蒙古自治区政府还实施了一系列配套政策。

（二）成效

随着“科技兴蒙”行动的深入推进，内蒙古科技创新发展取得新进展。在培育创新主体方面，2023 年内蒙古高新技术企业和科技型中小企业总数分别达 1905 家和 2539 家。在创新平台建设方面，截至 2023 年，内蒙古已建成 3 个国家级高新技术产业开发区、3 个国家级重点实验室、1 家国家农业高新技术产业示范区以及 9 家国家农业科技园区。在科技产出方面，内蒙古专利授权量从 2016 年的 5846 件增长至 2022 年的 24 640 件，其中发明专利授权量从 2016 年的 871 件增长至 2022 年的 2054 件（图 8-6）。在创新成果转换方面，2016～2022 年，技术市场成交额从 12 亿元增长至 51 亿元。

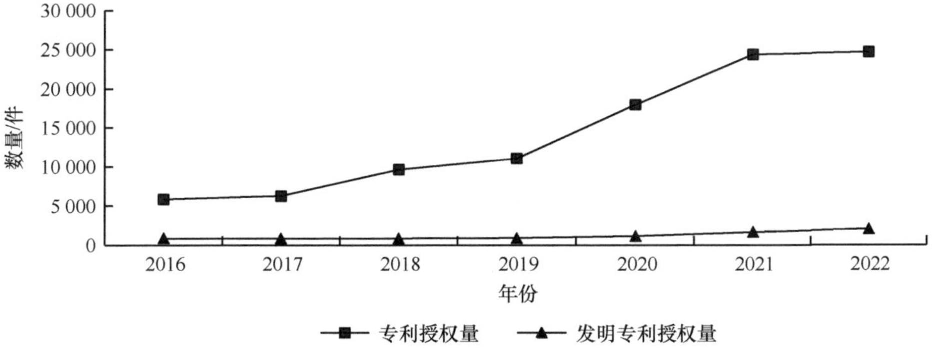

图 8-6　2016～2022 年内蒙古专利产出变化情况

资料来源：国家统计局

七、科技入黔

（一）做法

“科技入黔”是贵州省为推动高质量发展发布的一项重要政策。2013 年以来，贵阳市人民政府与中关村科技园区管理委员会开展了一系列科技合作。自2022 年以来，《国务院关于支持贵州在新时代西部大开发上闯新路的意见》《“十四五”东西部科技合作实施方案》均明确提出“科技入黔”。2022 年 6 月，科技部和贵州省人民政府联合制定《“科技入黔”推动高质量发展行动方案》，通过央地协同创新机制，开启探索具有贵州特色的创新驱动高质量发展路径的新征程。此外，贵州和广东还建立和深化“广东研发+贵州制造”的合作模式，联合开展技术研发、成果转化。

（二）成效

在东西部科技创新合作机制的支持下，贵州创新能力得到显著提升。在培育创新主体方面，贵州高新技术企业数量从 2016 年的 555 家增长到 2020 年的 1897 家。在创新平台建设方面，2023 年贵州已建成贵阳、安顺和遵义 3 个国家级高新区、5 个国家级科技合作基地、5 个国家重点实验室、2 个全国重点实验室以及 10 家国家农业科技园区。在科技产出方面，2016～2022 年，贵州专利授权量从 10 425 件增长到 29 382 件，其中发明专利授权量从 2036 件增长至 3645 件（图 8-7）。在创新成果转换方面，技术市场成交额从 2016 年的 20 亿元增长至 2022 年的 491 亿元。

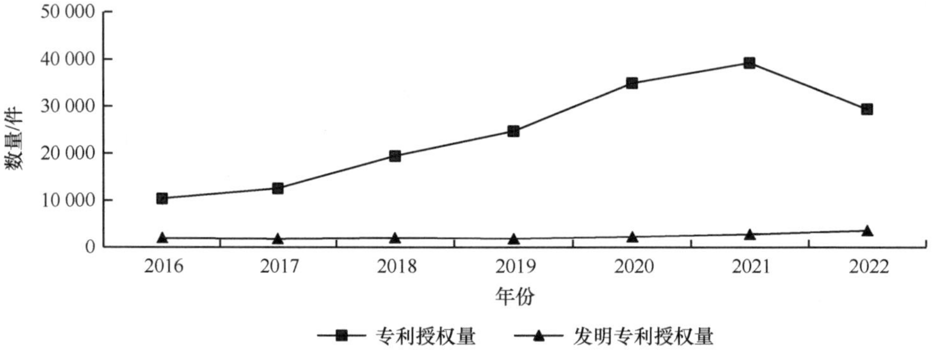

图 8-7 2016～2022 年贵州专利产出变化情况

资料来源：国家统计局

八、甘肃兰白—上海张江科技创新结对合作

（一）做法

甘肃兰白国家自主创新示范区和科技创新改革试验区（简称“兰白两区”）

与上海张江国家自主创新示范区之间的科技创新结对合作，已成为甘沪两地科技创新合作的一张亮丽名片。2014 年 11 月，科技部批复同意甘肃省开展兰白科技创新改革试验区建设试点。同时，在东西合作机制框架下，科技部确定上海张江国家自主创新示范区对口支持建设。2015 年，科技部、甘肃省政府及上海张江国家自主创新示范区管委会共同建立了兰白试验区三方会商机制，以推动合作深入发展。2018 年 2 月，国务院正式批复支持兰州、白银高新技术产业开发区建设兰州白银国家自主创新示范区，进一步提升了这一合作平台的战略地位。2019 年 4 月，上海张江高新区管委会与兰白国家自主创新示范区办公室签订创新发展合作备忘录，双方在平台共建、项目合作、交流对接、成果转化等方面开展合作。《“十四五”东西部科技合作实施方案》中，明确“深化甘肃兰白—上海张江科技创新结对合作”的重要任务，为双方的未来合作提供了更为明确的方向和目标。

（二）成效

在上海张江的支持下，兰白两区的自主创新能力有了显著的飞跃。2023 年，兰白两区高新技术企业数量激增，总数达到了 849 家，同比增长近 22%，占全省高新技术企业的比例高达41%;兰白两区内的高新技术企业数量也迅速增长至592 家，同比增长近 8%，占据全省的 28%。在创新平台建设方面，甘肃和上海两地紧密合作，聚焦生物医药、科技金融、大数据等领域，通过共建“兰白·张江生物医药科技园”和白银银西生物医药产业园为区域创新发展提供了强有力的支撑。此外，在科技创新结对合作支持下，甘肃华隆芯材料科技有限公司研发的光刻胶配套材料技术、白银图微新材料科技有限公司研发的新型绿色高性能材料聚合硫酸酯均实现了关键技术突破。

第三节　增强动力：深化科技体制改革，赋能作用不断彰显

科技体制机制障碍是制约西部地区自主创新能力提升的重要因素。自西部大开发战略实施以来，党中央和国务院对破除科技体制机制障碍进行了一系列部署与安排。2017 年 1 月，国家发展改革委印发《西部大开发“十三五”规划》，明确提出“构建创新体制机制”的任务。2020 年 5 月，《中共中央 国务院关于新时代推进西部大开发形成新格局的指导意见》发布，进一步强调“积极推进科技体制改革”。

在党中央的指导下，西部地区各省份将科技体制创新作为全面深化改革的重要内容，旨在推动以科技创新为核心的全面创新。例如，陕西省制定出台了一系列政策文件，包括《陕西省深化科技奖励制度改革方案》《陕西省深化科技奖励制度改革方案》等政策文件，旨在破除科技体制机制障碍，促进科技成果转化和科技奖励制度改革，构建了高效有力的政策体系。与此同时，西部地区在科技创新体制机制改革中的努力和成果，有效地促进了地方科技创新能力的提升，推动了

经济社会发展的新格局形成。

一、职务科技成果权属改革

（一）做法

职务科技成果权属改革是破解科技成果转化难题的重要举措。2015 年，四川作为国家系统推进全面创新改革试验的区域，将科技成果所有权改革作为试验区工作的重点之一。2016 年 1 月，西南交通大学研究制定了《西南交通大学专利管理规定》，明确规定学校与职务发明人可以按照“三七开”的比例共同申请专利或分割学校持有的职务发明专利。同年 12 月，四川大学、西南交通大学等 10 所高等院校以及省中医药科学院等 10 家科研院所被选择开展职务科技成果权属混合所有制改革试点。2020 年，赋权改革推广到四川省全省。2024 年 1 月，四川省科技厅等 10 部门印发《关于全面深化职务科技成果权属制度改革的实施方案》，围绕完善职务科技成果国有资产管理机制、为科研单位职务科技成果转化放权赋能以及加速推动科技成果转移转化等三个方面进行深入探索。

（二）成效

四川省在职务科技成果权属改革方面取得了显著成效。通过推动科研成果的权属变革，不仅激发了科研人员的积极性和创新活力，还促进了科研成果的转化和应用，为地方经济发展注入了新的动力。相关改革举措获得国务院第六次大督查通报表扬，并被媒体誉为科技领域的“小岗村”试验。通过职务科技成果赋权改革，2023 年四川省高校累计完成职务科技成果分割确权 2084 项，孵化企业 558 家，带动社会投资近 210 亿元。作为率先开展改革的单位，2016～2021 年，西南交通大学已完成分割确权的职务科技成果就有 242 项，知识产权评估作价入股创办高科技企业 24 家，带动社会投资近 8 亿元。2023 年四川大学在促进专利转化方面已累计分割确权科技成果 265 项，评估作价 20 多亿元，成立近 40 家科技型企业。

二、“揭榜挂帅”科技体制改革

（一）做法

“揭榜挂帅”是科技自立自强的迫切需求，是深化科技体制改革的关键举措。党的十八大以来，习近平曾多次强调“可以探索搞揭榜挂帅”[①]。2017 年 1 月，贵州省率先在全国推出“揭榜挂帅”技术榜单制。该制度专注于贵州长期未能攻

① 《揭榜挂帅，就是让能者上》，https://www.gov.cn/xinwen/2020-05/30/content_5516244.htm。

克的关键核心技术和重大科技需求，特邀业内专家共同制定技术榜单，同时，利用网络和报纸等媒体平台向全国乃至全球团队发布榜单。项目的申报采用了一榜多方竞争的形式，并通过竞标和专家论证的方式，选出最佳方案和团队。在科技经费分配上，榜单项目遵循“瞄准重大需求、实施重点投入”的原则，通过无偿资助、股权投资等多种方法，引导并优化社会资源向创新领域配置。

（二）成效

在“揭榜挂帅”机制推动下，贵州成功破解了数项制约高质量发展的“卡脖子”难题，从而获国务院第八次大督查通报表扬。首批揭榜项目已初见成效。例如，贵州耀辉矿业发展有限公司与贵州理工学院等单位通过共同承担榜单项目，攻克了倾角超过 80 度的急倾斜煤层机械化开采技术，较传统方式年产量可增加 4.53 万吨，年产量提升率达到 41.3%。由贵州众一金彩黔矿有限公司与贵州省矿山安全科学研究院等单位联合承担的榜单项目，在薄煤层复杂地质煤岩体及危险区域的智能识别技术上取得了突破。

三、科技成果转化“三项改革”

（一）做法

科技成果转化“三项改革”是陕西科技创新体制机制改革的重要成果，也是陕西塑造高质量发展新动能的重要举措。2022 年 3 月以来，陕西省科技厅等 6 部门在 75 家高校院所开展职务科技成果单列管理、技术转移人才评价和职称评定、横向科研项目结余经费出资科技成果转化“三项改革”试点，有效破解了高校和科研人员存在“不敢转”、“不愿转”以及“缺钱转”等难题。此后，在总结“三项改革”成功经验的基础上，陕西省政府还提出许可“先使用后付费”、探索“权益让渡”转化方式、开展“先投后股”试点等十条改革措施。此外，陕西省科技厅相继发布《陕西省高校院所“三项改革”科技成果转化“以演代评”实施方案（试行）》《陕西省推行科技成果先使用后付费工作指引》，就搭建科技成果“先使用后付费”发布对接工作平台等改革措施进行具体部署。

（二）成效

陕西省实施的科技成果转化“三项改革”，有效激发了科研人员的创新热情，带动了区域创新创业活力，相关改革措施获得国务院第九次大督查通报表扬。一是激发了高校科研院所创新活力。“三项改革”的实施充分调动了科技人员积极参与科技成果转化的积极性，促使更多存量成果和静态资源加快转变为新的生产力。2023 年，高校院所技术合同成交额 316.66 亿，同比增长 102.68%，陕西高校专利转让总数达到7559件、同比增长44.86%，排名全国第4。此外，全球知识产权综合信息服务提供商IPRdaily与incoPat创新指数研究中心联合发布2024年中国高校专利转让排行榜（TOP100）中，陕西省有8所高校上榜，其中西安交通大学以转让2111件专利居全国高校排名第5位。二是促进校企校地深度合作。一批高水平研究型大学、重要科研机构着力打造科技成果“产生、转化、孵化、产业化”一体联动的高能级平台。自科技成果转化“三项改革”实施以来，西安交通大学与国家电网、华为等百家行业领军企业签约191家战略合作平台，组建79个校企深度融合创新联合体，已在陕西就地转化成立205家科技型企业；西安电子科技大学与广州、杭州等地共建研究院，同时与中国电科、华为、中兴等龙头企业共建了77个校企联合科研机构，形成了推进科技创新的强大合力；西安建筑科技大学通过建立“研究院+公司”全链条成果转化创新模式，组建了陕西省膜分离技术研究院有限公司等在全国具有一定影响力的10余家科创企业。三是加快创新主体培育。“三项改革”的实施在集聚创新资源、促进成果转化方面发挥带动作用，有效地推动了各类创新主体的发展。2023年，陕西省入库科技型中小企业2.18万家，同比增长37%；有效期内高新技术企业16 754家，同比增长33%；新增A股上市科技企业7家。

四、科研经费“包干制”

（一）做法

2019年全国两会，“包干制”首次被写入国务院政府工作报告。同年12月，国家自然科学基金委员会等3部门发布了《关于在国家杰出青年科学基金中试点项目经费使用“包干制”的通知》，在2019年起批准资助的国家杰出青年科学基金项目中试点实行“包干制”。2021年8月，国务院办公厅提出扩大科研经费“包干制”实施范围。为落实科研经费管理的创新举措，西部各个省份积极响应号召，重庆、广西、四川、陕西、内蒙古等省区市纷纷试点科研项目经费“包干制”。例如，2020年4月，广西技术厅印发《广西科研项目经费“包干制”改革实施方案》，提出在总预算不变的前提下，对科研项目经费支出不设科目比例限制，简化项目过程管理，赋予科研单位和科研人员更大自主权。2022年12月，重庆市科学技术局和财政局联合制定《重庆市财政科研项目经费“包干制+负面清单”管理办法（试行）》，实行科研项目经费“包干制+负面清单”管理模式。

（二）成效

以科研经费“包干制”为代表的科研经费管理改革的成效逐渐显现。通过科研经费“包干制”试点，与预算制项目相比，四川农业大学项目管理费金额降低

28.6%，直接经费提高 10.6%，绩效支出仅上涨 0.3%，劳务费支出占总经费比例处于合理范围①。此外，截至 2023 年，学校累计承担“包干制”试点项目 100 余项，到期已通过验收项目达 100%，科研人员创新活力得到更大幅度的提升。

典型案例　东西协作齐发展 携手共浇幸福花

甘肃省天水市武山县凭借充足的日照与丰富的水源优势，近年来全力推进蔬菜产业的升级与发展。为加速产业振兴，武山县科技局紧抓东西协作帮扶机遇，利用东部资源优势，通过融合“产业+资源”“人才+技术”“科研+平台”三大要素，推动蔬菜产业高质量发展。

一是产业+资源。武山县积极与天津宝坻区科技局建立紧密合作关系，成功从天津农业科学院引进了包括黄瓜、辣椒、白菜、甘蓝等在内的 20 余个蔬菜新品种，开展试验示范工作。同时，配套推行了配方施肥、水肥一体化、病虫综合防治等 10 余项先进的良种良方配套技术措施，以实现蔬菜新品种的标准化种植。此外，武山县建立了 1 个蔬菜新品种种植示范基地，种植面积超过 20 亩。

二是人才+技术。武山县充分利用天津市宝坻区科技局提供的科技产业帮扶资源，主动对接并邀请天津市农业科学院的专家前来指导，针对项目实施过程中遇到的具体问题，通过线上即时通信工具与专家保持密切联系，获取远程现场指导，为蔬菜产业的快速发展提供了强有力的智力支持。此外，为了全面提升本地群众的种植技术水平，2023 年科技局精心策划并组织了 3 期种植技术培训，惠及 100 余名群众。

三是科研+平台。围绕科技项目的深入实施，天水田园春农业科技有限公司与天津农学院等权威科研单位及优秀企业建立了稳固且富有成效的合作关系。通过充分利用天津市科研院所的科技资源优势，在产学研合作领域达成了深度共识，为企业创新发展持续提供动能。

通过开展东西协作工作，武山县蔬菜产业获得高质量发展，同时在推动全县其他产业发展、带动农民增收等方面起到良好的示范作用。

资料来源：武山县科学技术局

① 《为“放管服”加上双保险，保驾护航科技创新》，https://news.sicau.edu.cn/info/1135/73767.htm。

第九章　大开放：迈向制度型开放新阶段

以开放促改革、促发展是我国现代化建设不断取得新成就的重要法宝。在全面推进现代化建设的新时代，西部地区既面临着加快新旧动能转换、推动高质量发展的巨大压力，同时也迎来了国家向西开放和推动内陆地区开放等新机遇。实施西部大开发战略以来，西部地区对外开放水平进一步提升。通过市场和政府两个主体的有效发力，西部大开发战略在深化要素市场化改革、优化良好营商环境、打造内陆开放型经济等方面取得了实质性进步。首先，在要素市场化改革方面，西部地区的土地、资本、劳动力、技术等要素配置效率不断提高，要素市场发育程度指数从 1999 年的 1.76 上升到 2022 年的 10.65，与全国其他地区差距逐年缩小。其次，在营商环境方面，西部地区积极发挥有为政府的关键作用，各类市场主体公平参与市场竞争的保障措施逐步完善落实。高水平市场化营商环境逐步形成，国际化营商环境持续优化。最后，在打造开放型内陆经济方面，西部各省份一方面不断加大内陆与沿海地区的合作，建设内陆自由贸易试验区，充分利用西部后发优势，积极承接产业转移，重点承接产业链关键环节，培育形成优势产业集群。另一方面，主动融入国家重大发展战略，对接“一带一路”建设，搭建对外开放平台。这为西部地区加快构筑向西开放战略新高地，实现更大范围、更宽领域、更深层次的错位互补、协同联动，迈向制度型开放新阶段奠定了良好基础。

第一节　有效市场：深化要素市场化改革

要素市场居于市场经济体系的核心地位。自主有序流动的生产要素是市场经济实现资源优化配置的基本前提，也是保持一个经济体充满活力和创造力的重要保障。按照不同的要素市场划分，我国的要素市场化配置改革主要可以分为土地市场化配置改革、劳动力市场化配置改革、资本市场化配置改革和技术市场化配置改革等。本节将系统回顾实施西部大开发战略以来西部各省份在土地、劳动、资本、技术等要素市场化改革的做法以及所取得的成效。

一、做法

（一）农村和城市共同推进，深化土地要素市场化改革

土地要素作为经济社会发展禀赋基础和空间平台载体，具有资源要素之首的

重要地位。西部地区的土地市场化配置改革可以分为农村土地要素市场化和城市土地要素市场化两部分。

第一，农村土地要素市场化改革：生态化+市场化。农村土地要素市场化的基本特征是以生态化为前提的市场化。21世纪以来，中央高度关注土地配置的市场化问题，不断从政策制度层面平衡土地改革的生态化与市场化。在此背景下，政府在关于西部进行深化土地要素市场化改革方面制定了一系列针对性措施。2000年国务院西部地区开发领导小组下设办公室（简称西部开发办）《关于西部大开发若干政策措施的实施意见》，一方面鼓励农民对坡耕地退耕还林还草，提出“谁退耕、谁造林、谁种草、谁经营、谁拥有土地使用权和林草所有权”；另一方面，增加国家对西部地区土地整理复垦开发资金的投入。2020年《中共中央 国务院关于新时代推进西部大开发形成新格局的指导意见》在新时代的背景下再次强调要“探索集体荒漠土地要素市场化路径，设定土地用途，鼓励个人申领使用权”。

第二，城市土地要素市场化改革：高效化+差异化。城市土地要素市场化改革强调流程的高效化和政策的差异化。其中，流程的高效化是指“提高建设用地审批效率，减少审批环节，及时提供并保障经济建设用地”。政策的差异化是指结合具体地方性特征“实施差别化土地政策”。自西部大开发政策提出以来，政府在政策层面对城市土地要素市场化改革的原则、范围、程序、法律责任进行了系统性规定，确立了市场配置土地资源的基本制度。在用地政策上，继续实施差别化用地政策，新增建设用地指标进一步向西部地区倾斜，合理增加荒山、沙地、戈壁等未利用土地开发建设指标。加强对基础设施领域补短板项目的用地保障。例如，为支持西部地区开放平台建设，在计划指标安排上对以下项目和用地予以倾斜支持：包括国家级新区、开发区的利用外资项目，以及重点开发开放试验区、边境经济合作区、跨境经济合作区产业发展所需的建设用地。

（二）培养和引进双管齐下，深化劳动力要素市场化改革

由于中国地区之间资源禀赋、技术条件、发展基础、经济发展水平差异较大以及户籍制度、城乡分离的工业化模式等因素的交叠，劳动力要素市场扭曲较为严重。长期以来，西部地区的劳动力要素市场化面临着人才的不足及人才流失等问题。为引导劳动力要素合理畅通有序流动，如期实现西部大开发战略目标，各级政府出台了一系列政策以突破阻碍劳动力要素自由流动的藩篱。

第一，深化户籍制度改革，加快农业转移人口市民化。具体地，一是完善地方户籍政策，探索建立常住地登记户口制度，进一步拓宽户籍服务便民利民举措。二是推进基本公共服务均等化，让常住人口享有与户籍人口同等的教育、就业创业、社会保险、医疗卫生等基本公共服务，落实支持农业转移人口市民化的财政政策等。

第二，畅通劳动力和人才社会性流动渠道，建立多层次、多阶段人才培养体系。一方面，加快建立健全统一规范的人力资源市场，营造公平就业环境，进一步畅通劳动力和人才渠道。另一方面，建立健全多层次人才培养体系，着力培养一批深扎西部的技术人才。在义务教育方面，改善欠发达地区义务教育薄弱学校的基本办学条件，全面加强乡村小规模学校、乡镇寄宿制学校建设。在职业教育方面，发展现代职业教育，推进职业教育东西协作，促进产教融合、校企合作。在高校建设方面，支持西部地区高校“双一流”建设，着力加强适应西部地区发展需求的学科建设。在干部培养方面，扩大干部交流规模，提高干部交流层次，做好中央和国家机关、经济发达地区与西部地区干部双向交流和挂职、任职锻炼工作。

第三，实施全链条人才引进政策，完善人才引进机制。为促进区域经济社会均衡发展，政府正在逐步加强东、中部与西部的政策协同性，鼓励人才向西部流动，优化覆盖人才吸引与进入、落户与住房、科研与生活等全链条人才引进体系。在人才吸引与进入方面，自 2001 年起政府建立由中央财政负担的艰苦边远地区津贴制度，提高艰苦边远地区人员的工资水平。在落户与住房方面，允许合法稳定住所和职业的人员办理城镇常住户口，直辖市和副省级城市可调整户口迁移政策，放宽人才落户限制，并取消相关费用。在科研支持方面，为西部专业人才提供经费支持，改善科研条件，配置科研助手以及倾斜项目申请，鼓励科技创新。在生活保障方面，改善西部人才的工作生活条件，提供生活补贴，解决夫妻两地分居等生活困难，并办理人身意外伤害保险。

（三）向内和向外双向建设，深化资本要素市场化改革

第一，向内推进，深化自身市场化改革。西部大开发战略提出之初便开始注重资本要素市场化改革。2000 年国务院西部开发办《关于西部大开发若干政策措施的实施意见》中明确指出要加大对西部地区的金融信贷支持，加大对西部地区基础设施建设的信贷投入，扩大以基础设施项目收益权或收费权为质押发放贷款的范围，增加农业、生态建设的信贷投入，运用信贷杠杆支持经济结构及产业结构调整。2012 年以来，为落实国家西部大开发战略，资本市场对西部地区企业首发上市实施“即报即审、审过即发”的绿色通道政策。

第二，向外扩展，牵引其他市场化改革。资本要素作为经济发展中最为活跃和最为基础的要素，是社会化大生产条件下生产关系的主要物质载体，通过与其他生产要素的有效结合来提升社会生产力水平。在新发展阶段，为更好地推进西部地区资本要素与其他要素的协调发展，我国从人才培养、税收优惠、金融支持等方面加速营造有利于创新的市场环境，通过加速推进创新资本形成，持续发挥资本市场的资源配置枢纽作用。例如，2020 年《中共中央 国务院关于新时代推

进西部大开发形成新格局的指导意见》提出要“建立东中西部开放平台对接机制，共建项目孵化、人才培养、市场拓展等服务平台”“对设在西部地区的鼓励类产业企业所得税优惠等政策到期后继续执行”“引导和鼓励银行业金融机构合理调配信贷资源，加大对西部贫困地区扶贫产业支持力度”“增加绿色金融供给，推动西部地区经济绿色转型升级。依法合规探索建立西部地区基础设施领域融资风险分担机制”。

（四）国家和区域多阶段考量，深化技术要素市场化改革

技术要素市场化的核心目的是通过市场机制优化技术资源的配置，激发创新活力，促进技术成果的转化和应用。为顺应国家整体技术要素市场化改革进程，我国西部大开发过程中的技术要素市场化改革可概括为三个阶段。

第一，1999～2005 年是科教兴国战略下的技术要素市场体系建设阶段。在科教兴国战略背景下，2000 年国务院西部开发办《关于西部大开发若干政策措施的实施意见》强调科技在西部大开发过程中的主导作用，指出国家设立的各项科技基金、科技计划经费等专项经费要向西部地区倾斜，要鼓励西部地区企业提高技术开发经费的开支比重，要加大科技型中小企业创新基金支持西部地区的力度，要对科技人员在西部地区实施科技成果转让和兴办科技型企业提高转让收入提成、科技成果入股等奖励的比例。在国家政策的引导下，这一时期，西部地区的创新氛围大大增强，技术要素市场化程度大幅提高。

第二，2006～2011 年是自主创新战略下的技术要素市场体系完善阶段。2006 年 3 月，《中共中央 国务院关于实施科技规划纲要增强自主创新能力的决定》出台，明确提出增强自主创新能力、努力建设创新型国家的目标。为落实自主创新战略，2007 年《西部大开发“十一五”规划》提出要“建立企业自主创新的基础支撑平台，实行支持自主创新的财税、金融和政府采购政策，引导企业增加研发投入，着力提高自主创新能力”。这一时期出台的相关政策为中长期西部地区技术要素的市场配置能力提升提供了制度保障，从市场主体、市场环境、利益相关群体等多个维度为实施自主创新战略提供了支撑。

第三，2012 年至今是创新驱动发展战略下的技术要素市场化配置深化阶段。在 2012 年党的第十八次全国代表大会上，创新驱动被确定为中国未来发展的核心战略之一，该战略旨在通过科技创新推动经济结构的转型升级，提高经济发展的质量和效益。为缩小西部地区较其他地区在创新发展方面的差距，2013 年国家发展改革委和中国科学院联合制定了《科技助推西部地区转型发展行动计划（2013—2020 年）》，该计划强调要“坚持市场导向，政府引导”“构建区域创新体系和创新型产业集群”“优化创新体制机制”。2020 年，科技部印发《关于加强科技创新促进新时代西部大开发形成新格局的实施意见》，以推动西部地区加快

实施创新驱动发展战略，大幅提升区域和地方科技创新效能，支撑新时代西部大开发形成新格局。当前，我国西部创新政策体系建设已经站在一个新的历史起点，正在大力推进科技创新发展，不断提高自主创新能力。

二、成效

自实施西部大开发战略以来，西部地区要素市场化改革稳步推进，各类要素资源配置效率不断提升。这表明经过25年的发展，西部地区要素市场化改革取得了一定的成效，西部整体要素市场化程度指数实现了年均8.14%的增长。但由于历史文化、自然条件和政策体制等诸多方面的限制，西部地区的要素市场化发展，仍位于全国尾部。虽然与东部地区的差距在逐步缩小，但差距仍然较为明显。

（一）西部地区要素市场化程度的整体特征分析

图9-1展示了1999～2022年，全国以及东、中、西部地区平均要素市场发育程度指数发展趋势。可以看到，自西部大开发战略实施以来，西部地区的要素市场发育程度不断提高。样本期间内，西部各省份平均要素市场发育程度指数从1999年的1.76增长到2022年的10.65，年均增长率8.14%。尽管，西部地区的要素市场发育程度与全国其他地区还有一定的差距，但其差距表现出逐渐缩小态势。1999～2022年，西部地区的要素市场发育程度指数与全国平均要素市场发育程度指数的差距由36.30%缩减到9.51%。

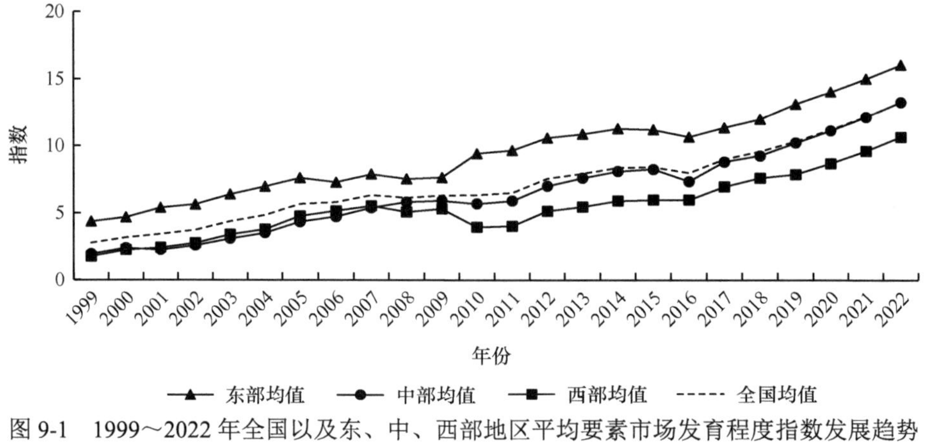

图9-1　1999～2022年全国以及东、中、西部地区平均要素市场发育程度指数发展趋势

资料来源：樊纲市场化指数

（二）西部地区要素市场化程度的分省特征分析

表9-1报告了西部地区各省份要素市场发育程度指数。首先，在要素市场发育程度指数方面，2022年四川位列西部第一，指数达到15.60。甘肃、陕西紧随

其后，要素市场发育程度分别达到 13.82 和 13.40，贵州、重庆的指数均达到 13.24、13.00。西藏地区的要素市场发育程度远低于西部其他地区，在 2022 年仅为 1.73。可能的原因在于，西藏地区生态地理环境脆弱，经济发展条件较差，要素市场发育困难。其次，在要素市场发育程度指数增速方面。从 2000 年开始，除西藏要素市场发育不稳定，其余西部各省的要素市场发育程度指数均有不同程度增长。其中，青海、四川、内蒙古年均增速位列西部省份前三，分别达到 12.52%、10.37% 和 8.68%。

表9-1　西部地区要素市场发育程度

地区	2000 年	2005 年	2010 年	2015 年	2020 年	2022 年	年均增速
内蒙古	1.61	4.39	3.51	5.04	7.95	10.04	8.68%
广西	1.85	4.34	4.88	6.32	7.71	8.64	7.26%
重庆	4.27	9.07	8.90	10.25	10.15	13.00	5.19%
四川	1.78	5.50	5.57	9.45	12.72	15.60	10.37%
贵州	2.40	4.45	3.09	4.10	10.34	13.24	8.07%
云南	3.55	5.31	4.86	5.34	7.70	9.48	4.57%
西藏	0.00	2.15	–0.75	–0.23	2.65	1.73	—
陕西	2.62	4.31	6.01	8.30	11.53	13.40	7.70%
甘肃	2.30	4.82	3.01	6.06	11.38	13.82	8.49%
青海	0.61	2.63	3.32	6.82	6.12	8.18	12.52%
宁夏	1.97	4.77	3.85	5.82	9.04	11.76	8.46%
新疆	1.75	5.46	1.07	4.31	6.79	8.89	7.67%

资料来源：樊纲市场化指数

（三）西部地区要素市场化程度的子要素市场分析

第一，西部地区的土地要素市场化改革加速了土地流转。在 2007 年以前的较长时期内，西部地区农村土地流转的规模基本保持稳定，农村土地流转面积占家庭承包耕地面积的比重基本上稳定在 3.80%～5.40%。2008～2017 年，西部地区农村土地流转陡然加快，土地流转面积逐年扩大，土地流转率快速上升（图 9-2）。土地流转率由 2008 年的 8.40%快速上升到 2017 年的 31.39%。之后，西部地区的土地流转速度有所回落。2022 年土地流转面积为 1.23 亿亩，土地流转率达到 31.13%。土地流转的快速发展，为西部地区农业经营的规模化和农业生产效率的提升创造了有利条件。

第二，西部地区的劳动力要素市场化改革减少了劳动力净流出。劳动力是经济增长的重要因素，劳动力的净流出会直接影响流出地的经济增长和社会发展。改革开放之初，随着东南沿海地区制造业的迅速崛起，我国的劳动力开始大量向东部地区聚集。从图 9-3 可以看到，2000～2012 年，东部地区人口流动率一直为正，且在 2012 年之前呈现出明显上涨趋势。但与之形成鲜明对比的是，中部和西部地区从 2004 年起，人口流动率转为负数，面临较为严重的劳动力流失问题。为此，党的十六大和十六届三中全会明确指出支持中西部地区加快改革发展。西部大开发通过深化劳动力要素市场化改革，加强投资基础设施建设、推动产业升级和引进外资等措施，进一步增加西部地区就业机会，改善劳动力生活和工作环境，以缓解西部地区劳动力净流出。随着西部地区自我发展能力的提升，2014 年之后，相比于中部地区，西部地区的人口净流出显著减少，由 2014 年的–0.05 上升到 2022 年的–0.03。2014～2022 年，东、西部之间的人口流动率差距从 2014 年的 0.27 缩小到 2022 年的 0.22；与中部地区的对比，中、西部之间人口流动率的差距由 0.02 扩大至 0.06，说明西部大开发战略的实施确实显著改善了西部所面临的人口净流

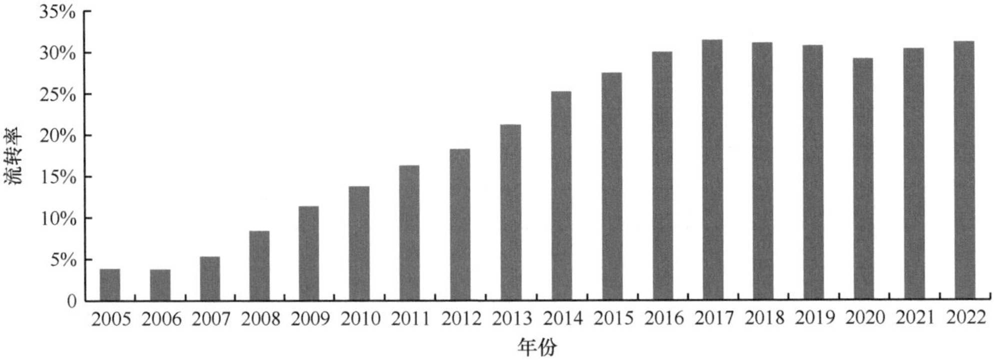

图 9-2　西部地区土地流转率的变化趋势（2005～2022 年）

资料来源：中国农村政策与改革统计年报、中国农村经营管理统计年报

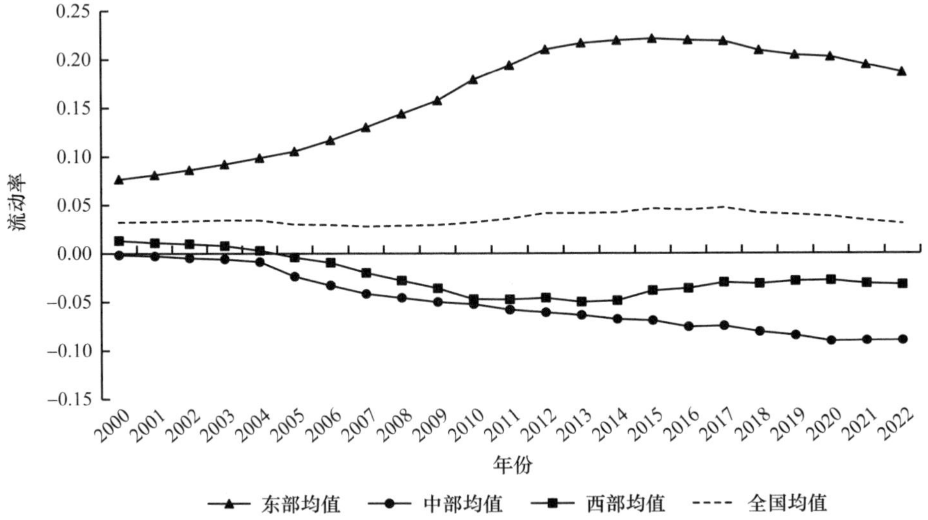

图 9-3　平均人口流动率（2000～2022 年）

指标说明：人口流动率=（常住人口–户籍人口）/户籍人口，正值代表人口流入，负值代表人口流出

资料来源：《中国统计年鉴》《中国人口和就业统计年鉴》

出状况，为当地经济的发展提供了人口红利。这对经济欠发达地区的政策制定具有一定的启示意义。

第三，西部地区的资本要素市场化改革缩小区域资本要素市场化差距。西部大开发战略实施以来，西部地区的资本要素市场化水平持续上升，从 2000 年 2.91 上升到 2022 年 17.42。但与全国整体水平相比，西部地区的资本要素市场化发展水平仍远远滞后于东部和中部地区。从西部地区内部来看，西部各省资本要素市场化水平差距较大。2022 年，四川、新疆、青海的资本要素市场化水平位居西部前三，分别为 29.59、25.10 和 21.52，而西藏、陕西、云南、甘肃的资本要素市场化指数均低于 15，尤其是西藏的资本要素市场化指数只有 2.70（表 9-2），需要特别关注。

表9-2　资本要素市场化指数

地区	2000 年	2005 年	2010 年	2015 年	2020 年	2022 年
云南	3.52	7.24	7.28	7.01	10.78	12.32
内蒙古	2.49	5.47	8.39	9.28	14.29	17.36
四川	1.08	6.93	9.17	9.87	17.71	29.59
宁夏	3.55	8.76	8.24	12.83	16.11	19.91
广西	3.25	5.80	10.68	13.41	15.56	18.51
新疆	0.81	4.53	5.15	7.06	15.39	25.10
甘肃	4.73	4.60	2.92	4.81	11.05	13.65
西藏	0	2.52	0.95	–0.14	5.46	2.70
贵州	4.85	5.10	4.87	7.85	13.83	17.51
重庆	4.57	9.38	12.96	14.37	17.61	20.06
陕西	5.81	7.26	4.91	5.81	9.78	10.88
青海	0.27	5.15	4.55	5.00	10.09	21.52
东部	5.16	8.52	15.57	16.32	19.74	22.93
中部	3.76	6.10	9.10	11.54	15.95	19.48
西部	2.91	6.06	6.67	8.10	13.14	17.42
全国	3.93	6.94	10.46	11.90	16.21	19.91

资料来源：樊纲市场化指数，具体计算方式请参照《中国市场指数——各地区市场化相对进程报告》

第四，西部地区的技术要素市场化改革激发技术要素市场化潜力。总体来看，西部各省份技术要素市场化水平不断提高，并且与全国技术市场化水平的差距逐渐缩小，说明西部技术要素市场化改革成效较为明显。分省来看，西部不同区域之间技术要素市场化程度差异巨大。2022 年，陕西、贵州、甘肃的技术要素市场化指数分别达到 27.77、27.77、22.80，而新疆、内蒙古、重庆的技术要素市场化只有 0.60、1.75、2.30（表 9-3）。在增速方面，四川、甘肃、西藏、贵州、陕西的指数增长速度较快，云南、内蒙古、新疆、重庆、青海增速不明显。

表9-3　技术要素市场化指数

地区	2000 年	2005 年	2010 年	2015 年	2020 年	2022 年
云南	3.70	3.00	1.08	3.93	3.03	3.59
内蒙古	1.84	2.42	3.83	2.04	1.22	1.75
四川	1.07	1.93	3.71	11.08	16.58	22.55
宁夏	0.83	1.23	0.58	1.89	3.83	5.85
广西	0.45	1.60	0.37	0.56	3.70	6.22
新疆	2.21	1.84	0.71	0.40	0.49	0.60
甘肃	0.78	5.22	6.10	11.08	16.30	22.80
西藏	0	2.68	0	0	1.41	14.59
贵州	0.01	0.23	1.01	2.09	14.59	27.77
重庆	5.61	9.37	10.84	7.52	2.00	2.30
陕西	0.97	2.87	10.09	15.77	19.72	27.77
青海	0.50	1.34	7.15	11.99	2.91	4.24
东部	5.01	7.00	8.56	10.16	13.02	16.23
中部	2.14	2.83	3.56	7.18	10.72	14.12
西部	1.50	2.81	3.79	5.70	7.15	11.67
全国	2.91	4.30	5.42	7.66	10.15	13.92

资料来源：樊纲市场化指数，具体计算方式请参照《中国市场指数——各地区市场化相对进程报告》

第二节　有为政府：优化良好营商环境

“水深则鱼悦，城强则贾兴”。营商环境是重要的发展基础。只有不断优化营商环境，才能在用好、盘活西部地区特色资源的同时，打开大门，开放发展，在承接和引进中促进要素、资源、产业的集聚，实现产业结构的转型升级和更大范围、更深层次、更高水平的市场大循环，在改革和创新中形成新优势、培育新动能。现阶段，西部地区虽然在营商环境方面存在一些挑战，但西部地区各省份政府正致力于解决现有问题，推动营商环境向更高效、更公平、更透明的方向发展，为经济的持续健康发展奠定了坚实基础。

一、做法

（一）加强公平竞争监管，打造公正有序“市场秩序”

第一，强化公平竞争审查。西部各省份扎实开展第三方评估工作，健全公平竞争审查第三方评估机制，提高审查质量和效果，推动公平竞争审查制度深入实施。2019 年，市场监管总局制定《公平竞争审查第三方评估实施指南》鼓励支持政策制定机关在公平竞争审查工作中引入第三方评估。随后，陕西、四川、重庆等西部各省市在公平竞争审查中引入第三方机构，着力打造专业机构独立评估、专家团队集体研讨、专门会议审定结果、专函督促限期整改、专项跟踪整改效果、专题报告评估情况“六专”模式的评估体系。同时，各省份加强反垄断与反不正当竞争监管执法，破除行业垄断、准入壁垒、地方保护等不合理限制。2021 年 8 月，陕西省召开反不正当竞争厅际联席会议第一次全体会议。通过加强对全省开展反不正当竞争工作的组织领导，形成优势互补、分工协作、齐抓共管的工作格局。

第二，加强公共资源交易监管。西部地区各省份着力完善全流程电子招标投标系统功能，实现交易信息“一网汇聚”，服务事项“一网通办”，数字证书“一网通用”。2023 年 3 月 15 日，中国西部招标采购交易平台正式上线，平台将面向整个西部地区，主要解决招投标领域当中还“遗留”的各种问题，其中包括让项目尽快“通电”，实现招投标全流程电子化。同时，西部各省份积极升级改造公共资源交易监管平台，上线试运行招标代理及服务评价、招标文件备案、评标过程监督、项目进程感知、大数据分析等功能，实时推送围标串标线索预警、重大项目跟踪等重要信息。此外，西部地区持续开展工程建设领域招标投标专项治理，推进整治损害政府采购营商环境专项检查工作，着力消除对不同地域、不同所有制企业设置的各类不合理限制和壁垒。

（二）深化商事制度改革，激活创新创业“一池春水”

第一，畅通市场准入。实行市场准入负面清单制度，是党中央、国务院作出的重大决策部署，也是加快实现西部大开发战略目标的重要制度安排。2020 年《中共中央 国务院关于新时代推进西部大开发形成新格局的指导意见》指出，要落实全国统一的市场准入负面清单制度，推动“非禁即入”普遍落实。在实践中，西部各省份对标落实全国统一的市场准入负面清单制度，建立违背市场准入负面清单案例排查制度。2022 年重庆市出台《重庆市全面提升市场准入效能工作推进机制（试行）》，聚焦市场准入负面清单制度是否全面有效落实、许可准入事项办理是否便捷高效、违规问题投诉举报渠道是否畅通、经营主体对落实情况是否满意等维度探索构建市场准入效能评估指标体系，开展区县市场准入效能评估，不断深化全国市场准入效能评估试点工作。2023 年陕西省建立“市场准入壁垒线索征集平台”，畅通政府、市场、民众之间开放共享、实时交流，优化意见反馈渠道，提升监管效能。

第二，深化准营改革。西部各省份推进“证照分离”改革持续扩面，2021 年陕西、四川、云南等地发布了“深化‘证照分离’改革全覆盖工作”的通知，“证照分离”改革取得了审批更简、监管更强、服务更优的积极成效。同时，各地高效率深化登记便利化改革，推动企业登记注册后首次办理公章刻制、申领发票和税控设备、员工参保登记、住房公积金企业缴存登记等企业开办业务“一网通办”，企业办事体验满意度进一步提升。2023 年陕西首次在省级市场监管部门推行“一业一证”改革，推出行业综合许可证，整合多张许可证，探索“一证准营”。

（三）强化信用体系建设，释放经营主体“发展活力”

第一，完善信用分级分类监管。推进企业信用风险分类管理，是贯彻落实党中央、国务院关于深化“放管服”改革和优化营商环境决策部署的重要举措，是构建以信用为基础的新型监管机制的重要内容，是提升“双随机、一公开”等监管工作效能的迫切需要，对于优化监管资源配置，营造诚实守信、公平竞争的市场环境具有重要作用。近年来，西部地区在完善信用分级分类监管方面采取了积极举措。2023 年，陕西全面推行信用风险分类管理，实现对全省 155 万户经营主体精准划分信用风险等级，实施差异化监管，助力经营主体“减负增信”；重庆市发展改革委发布《关于印发重庆市全面推进信用分级分类监管工作方案的通知》，全市超 40 个行业建立起信用分级分类监管体系，对监管对象实施差异化监管，实现信用为监管提效、为企业减负。

第二，持续优化信用服务。一方面，完善守信激励与失信惩戒机制，为信用优良的经营主体建立“申请有额度、办理有时效、拒单有原因、服务有监管”的信用融资“四有”服务体系，依法依规落实失信惩戒。陕西、云南、甘肃等多地制定地方守信联合激励和失信联合惩戒实施方案；云南发布了《云南省加快推进“信易+”守信激励工作方案》，提出了守信激励的多项措施，包括“信易贷”“信易游”“信用+电力”“信易批”“信用+志愿服务”；截至 2023 年底，重庆在行政审批、招标投标、政府采购等 290 个事项中，触发并实施信用奖惩超 60 万次。另一方面，规范信用修复流程，加强经营异常名录和严重违法失信名单管理，积极做好信用修复工作。2023 年，重庆进一步规范信用修复流程，创新开展信用修复智能短信提醒服务，信用修复及时率达 100%，优化纳税信用复评机制，畅通纳税人信用修复渠道，帮助超 16 万家企业实现纳税信用修复升级；《陕西省 2024 年社会信用体系建设工作要点》明确表明，陕西省将进一步提升信用修复比例，建立“全国信用信息共享平台（陕西）”与“国家企业信用信息公示系统（陕西）”同步修复制度，解决失信主体两头修复问题。

二、成效

自西部大开发战略实施以来，特别是党的十九大以来，西部地方政府抓重点、补短板、强弱项，以促进西部市场竞争更加公平、商事制度更加完善、信用体系更加健全，地区营商环境更优更好。

（一）营商环境指标的建立及总指数分析

第一，营商环境指标的建立。营商环境是指市场主体在准入、生产经营、退出等过程中涉及的政务环境、市场环境、法治环境、人文环境等有关外部因素和条件的总和。为了全面反映营商环境，本书参照张三保等（2020）的研究，构建西部地区营商环境指数评价指标体系（表9-4）。营商环境指数评价体系由4个一级指标、16个二级指标、29个三级指标构成。其中，4个一级指标均来自国家规划纲要原文，契合党的二十大报告关于“市场化、法治化、国际化一流营商环境”[①]的建设要求；二、三级指标和权重设置综合考虑了世界银行营商环境评价指标体系、国务院《优化营商环境条例》等。

表9-4　西部地区营商环境评价指标体系

一级指标	目标	二级指标	三级指标	测量方法
市场环境	公平竞争	融资	融资水平	省份社会融资规模增量/地区生产总值
		创新	高技术产业产出	高技术产业利润总额/地区生产总值
			专利数量	专利申请授权量/人口数
			研发投入	研发投入(规模以上工业企业)
		竞争公平	企业品牌设立	商标注册数/人口数
			创业企业数量	新增企业数量
			非公有制经济比重	私营企业法人单位数/企业法人单位数
		资源获取	水价	非居民自来水单价
			电力供应	各省电力消费量/人口数
			地价	商业营业用房平均销售价格
			人力资本	高等在校生数量
			网络	互联网宽带接入户数/人口数
			交通服务	货运量和客运量
		市场中介	注册会计师	注册会计师人数/企业数
			租赁及商业服务业	租赁及商业服务业从业人数/总人口
政务环境	高效廉洁	政府关怀	政府关怀度	政府关心指数
		政府效率	政府规模	一般预算支出/地区生产总值
			电子政务水平	电子服务能力指数
		政府廉洁	政府廉洁度	政府廉洁指数
		政府透明	政府透明度	政府透明度指数

① 《习近平：高举中国特色社会主义伟大旗帜　为全面建设社会主义现代化国家而团结奋斗——在中国共产党第二十次全国代表大会上的报告》，https://www.gov.cn/xinwen/2022-10/25/content_5721685.htm。

续表

一级指标	目标	二级指标	三级指标	测量方法
法律政策环境	公正透明	司法公正	司法质量	司法文明指数
		产权保护	专利纠纷行政	裁决专利侵权纠纷行政裁决数/专利数
		社会治安	万人刑事案件	刑事案件/人口数
		司法服务	律师	律师数量/企业数
		司法公开	司法信息公开度	司法信息公开度指数
人文环境	开放包容	对外开放	贸易依存度	海关进出口金额/地区生产总值
			外资企业比	外资直接投资企业数/企业数
			对外投资力度	对外非金融投资额/地区生产总值
		社会信用	企业信用	商业纠纷/企业数

第二，营商环境总指数分析。整体来看，西部地区的营商环境总指数显著低于东部和中部地区，并常年处于全国平均水平之下（表 9-5）。分省来看，2021 年，西部地区中，四川的营商环境总指数最高，在 2021 年达到 57.39，重庆、贵州、云南紧随其后，营商环境指数均高于 45；而西藏、青海、甘肃的营商环境总指数不超过 35。由此可见，西部地区的营商环境总体上呈现出“西南高、西北低”的特点。

表9-5　营商环境总指数

地区	2017 年	2018 年	2019 年	2020 年	2021 年
内蒙古	40.51	41.07	47.54	45.83	39.67
广西	40.36	41.23	51.05	47.47	42.23
重庆	46.02	51.21	54.92	57.97	53.99
四川	56.74	61.10	60.43	66.00	57.39
贵州	52.65	52.43	51.45	54.53	50.40
云南	51.45	48.73	48.15	50.89	45.77
西藏	21.15	24.63	29.66	27.54	23.59
陕西	41.80	38.25	43.40	42.10	37.72
甘肃	47.08	38.54	47.73	42.98	34.32
青海	32.10	34.47	34.81	34.79	27.74
宁夏	40.35	48.82	50.29	47.42	41.62
新疆	41.26	50.80	50.07	40.67	43.98
东部	51.00	54.71	56.94	58.29	52.27
中部	44.31	47.84	50.56	48.66	44.57
西部	42.62	44.27	47.46	46.52	41.54
全国	46.03	48.90	51.62	51.25	46.13

资料来源：《中国省份营商环境评估数据库 2023》，具体计算方式请参照《中国市场指数——各地区市场化相对进程报告》

（二）营商环境分项指标分析

第一，市场环境指数分析。市场环境是企业生存发展的主要载体，是评价营商环境的重要指标。样本期内，东、中、西部地区的市场环境指数整体呈现波动上升态势。但需要注意的是，虽然西部地区的市场环境有所改善，但东、西部之间的市场环境指数差距正在逐步变大（表 9-6），从 2017 年的 11.02 进一步扩大到 2021 年的 16.81。因此，西部地区须进一步深化改革以优化整体市场环境。从分省数据来看，西藏与其他省份之间存在明显异质性，市场环境指数波动较大，呈现出较为明显的“V”形走势，短期内难以快速赶上市场环境水平较高省份。

表9-6 市场环境指数

地区	2017 年	2018 年	2019 年	2020 年	2021 年
内蒙古	23.51	24.26	26.54	24.94	30.91
广西	25.51	27.23	30.83	30.16	29.65
重庆	28.82	33.52	36.54	37.25	36.85
四川	33.78	34.89	40.91	40.70	39.19
贵州	22.03	24.08	30.15	28.41	29.61
云南	24.50	26.29	27.73	26.61	29.76
西藏	31.02	21.16	11.75	17.62	17.23
陕西	23.28	24.41	32.58	32.16	34.44
甘肃	19.19	20.19	26.78	28.07	24.32
青海	26.90	22.06	31.86	21.36	26.08
宁夏	26.29	25.72	30.38	29.45	29.24
新疆	23.67	21.14	29.73	29.23	28.81
东部	36.73	39.65	45.14	44.92	46.48
中部	25.84	28.04	34.41	32.76	34.19
西部	25.71	25.41	29.65	28.83	29.67
全国	29.65	31.14	36.38	35.56	36.80

资料来源：《中国省份营商环境评估数据库 2023》，具体计算方式请参照《中国市场指数——各地区市场化相对进程报告》

第二，政务环境指数分析。改善政务环境是政府塑造良好营商环境的关键环节。2017～2021 年，东、中、西部地区的政务环境指数整体处于先升后降的趋势，且均在 2019～2020 年的疫情期间达到最大值。可见，我国政府在面对外部冲击时能够及时、有效地发挥良好的政务功能。对比东、中部，不难发现，西部地区的政务环境仍与全国其他地区有一定差距（表 9-7），应进一步加大政务环境改善力度。

表9-7 政务环境指数

地区	2017 年	2018 年	2019 年	2020 年	2021 年
内蒙古	51.82	52.08	53.38	54.20	50.07
广西	51.58	46.56	63.49	60.02	44.98
重庆	57.34	56.19	61.69	69.56	60.32
四川	75.65	68.26	67.25	76.24	62.61
贵州	76.56	70.58	70.32	76.00	63.45
云南	65.38	54.97	62.08	60.49	49.00
西藏	16.45	12.98	25.46	23.40	24.85
陕西	50.10	37.03	54.18	48.17	37.95
甘肃	62.93	52.90	59.79	50.85	38.73
青海	30.65	35.05	34.93	34.22	27.69
宁夏	47.77	57.03	62.45	54.01	41.26
新疆	46.44	54.52	50.42	42.50	40.93
东部	58.19	59.62	63.55	63.56	53.73
中部	56.26	56.38	61.11	58.74	52.26
西部	52.72	49.85	55.45	54.14	45.15
全国	55.58	55.00	59.79	58.67	50.03

资料来源：《中国省份营商环境评估数据库 2023》，具体计算方式请参照《中国市场指数——各地区市场化相对进程报告》

第三，法律政策环境指数分析。法律政策环境是维护公平、良性的市场竞争秩序最有效的途径。2017～2021 年，东、中、西部地区的法律政策环境指数整体处于上升趋势，但在 2021 年略有下降。与全国其他地区相比，西部地区的法律政策环境发展良好，并在 2021 年超过全国平均水平（41.77）（表 9-8）。分省来看，西部各省份之间的法律政策环境指数相差较大。因此，西部地区应进一步缩小区域间法律政策环境的差距，巩固并推动西部地区法律政策环境的协调发展。

表9-8 法律政策环境指数

地区	2017 年	2018 年	2019 年	2020 年	2021 年
内蒙古	31.76	35.09	52.89	43.31	19.35
广西	19.79	41.29	35.68	30.07	44.48
重庆	29.90	54.28	53.56	48.58	52.22
四川	39.11	71.49	65.42	71.06	61.48
贵州	18.93	35.73	25.01	30.80	42.73
云南	37.75	52.45	28.74	46.18	47.81
西藏	15.35	49.94	45.59	38.07	17.33
陕西	34.05	47.99	23.03	32.63	37.59
甘肃	33.56	16.37	39.35	38.97	30.69
青海	31.23	37.38	31.48	45.75	32.63

续表

地区	2017年	2018年	2019年	2020年	2021年
宁夏	39.32	53.90	41.04	48.13	53.81
新疆	38.56	69.90	64.34	41.79	62.78
东部	40.31	54.87	46.90	53.70	48.57
中部	29.93	45.08	40.09	38.35	32.23
西部	30.78	47.15	42.18	42.95	41.91
全国	33.94	49.35	43.31	45.57	41.77

资料来源：《中国省份营商环境评估数据库2023》，具体计算方式请参照《中国市场指数——各地区市场化相对进程报告》

第四，人文环境指数分析。人文环境属于营商环境的软环境，主要包括文化价值观念、文教事业、创业意识等。从全国各区域来看，东部地区的人文环境明显远超中部和西部地区。2020年及之前年份，西部地区的人文环境指数均高于中部地区；2021年，西部地区被中部地区反超，其人文环境指数从2020年的54.52下降到2021年的50.16（表9-9）。从西部地区内部来看，西部各省份之间的人文环境指数变化趋势存在明显差异。相较2017年，2021年甘肃、贵州、青海等地区的人文环境指数有较大幅度的下跌；而四川、内蒙古、宁夏则有明显的上升。

表9-9　人文环境指数

地区	2017年	2018年	2019年	2020年	2021年
内蒙古	29.89	36.93	49.44	54.65	51.53
广西	71.74	66.49	69.65	61.67	55.32
重庆	66.95	56.49	65.08	61.93	65.46
四川	29.76	34.89	48.05	41.61	60.34
贵州	72.82	57.75	55.23	39.78	32.97
云南	74.81	64.42	69.31	69.79	67.49
西藏	53.98	67.13	77.26	65.24	62.46
陕西	63.71	58.45	62.30	59.85	48.84
甘肃	53.78	40.37	43.76	39.11	41.94
青海	71.30	59.66	59.26	48.36	13.55
宁夏	25.20	32.23	44.88	49.15	43.87
新疆	70.19	71.70	68.02	63.06	58.12
东部	79.66	75.17	78.92	77.27	76.27
中部	56.77	46.05	51.47	52.66	58.04
西部	57.01	53.88	59.35	54.52	50.16
全国	64.99	59.41	64.26	62.11	61.46

资料来源：《中国省份营商环境评估数据库2023》，具体计算方式请参照《中国市场指数——各地区市场化相对进程报告》

第三节　高水平：打造内陆开放型经济

党的二十大报告明确指出："稳步扩大规则、规制、管理、标准等制度型开放。"[①]与一般的以商品自由流通为核心的"门槛式开放"不同，制度型对外开放是更高层次的对外开放，是更加深入、全面、系统与公平的开放。制度型对外开放是制度环境的开放，包括制度设计与国际先进制度的高标准对接、深度参与国际经贸规则标准的制定等。

西部大后方如何撬动新动能？开放，是一个重要支点。西部大开发战略实施以来，西部各省份在党中央的领导下，依托各自优势，提速打造内陆开放型经济，以期实现高水平开放。一方面，西部地区融入全局，对国内开放，主动服务对接区域重大战略，积极融入全国统一大市场建设；另一方面，敞开大门，对国外开放，大力推进西部陆海新通道建设，深度融入共建"一带一路"，稳步扩大制度型开放。

一、做法

（一）多层次拓开放

第一，以国内大循环为主体，拓展区际互动合作。西部地区空间范围大、自然资源丰富，但人口密度低，集聚效应和规模优势相对较弱。因此，促进东、中、西部地区的优势互补以实现地区之间的整体发展尤为重要。为此，西部政府在加强西部地区内部之间协同开放、西部与东中部互动合作方面采取了多项举措。首先，在西部地区内部之间协同开放方面，西部政府一方面通过设立系列政策便利西部地区之间的经济交往，如 2019 年陕西、甘肃、青海、宁夏、新疆五省区建立《西北五省区政协建立服务丝绸之路经济带建设协作交流机制》。另一方面，通过鼓励西部地区之间协商生态建设以探索协同推进生态优先、绿色发展新路径，如云南、贵州、四川三省在 2021 年通过中国首个地方流域共同立法。其次，在西部与东中部互动合作方面，《中共中央关于进一步全面深化改革、推进中国式现代化的决定》中提出，"完善区域一体化发展机制，构建跨行政区合作发展新机制"。

第二，以国内国际双循环相互促进，实现国际合作共赢。首先，西部地区积极参与和融入"一带一路"建设。新疆地区加快丝绸之路经济带核心区建设，重庆、四川、陕西通过发挥综合优势积极打造内陆开放高地和开发开放枢纽，甘肃、陕西通过积极发掘历史文化优势以发挥丝绸之路经济带重要通道、节点作用，贵

---

① 《习近平：高举中国特色社会主义伟大旗帜　为全面建设社会主义现代化国家而团结奋斗——在中国共产党第二十次全国代表大会上的报告》，https://www.gov.cn/xinwen/2022-10/25/content_5721685.htm。

州、青海两地深化国内外生态合作以积极推动绿色丝绸之路建设，内蒙古更加深入地参与中蒙俄经济走廊建设，云南积极提高澜沧江－湄公河区域开放合作水平。其次，西部地区加快沿边地区开放发展。沿边地区政府加快完善重点开发开放试验区、边境经济合作区、跨境经济合作区布局，在跨境金融、跨境旅游、通关执法合作、人员出入境管理等方面开展创新，并且进一步完善了边民互市贸易管理制度以深入推进兴边富民行动。此外，西部地区积极推进西部陆海新通道建设。西部各地通过完善成都至北部湾出海口的西通路和重庆至北部湾出海口的中通路积极畅通主通道建设，通过加快广西北部湾国际门户港和海南洋浦区域国际集装箱枢纽港的建设强化重要枢纽功能，通过深入推进"一单制"等政策推动通道降低成本和优化服务。

（二）多平台促开放

第一，实行重点区域改革，支持部分地区先行。首先，西部地区加快对外开放枢纽城市建设。重庆、成都、西安等经济基础较好的城市进一步加快建设国际门户枢纽城市，昆明、南宁、乌鲁木齐、兰州、呼和浩特等省会（首府）城市主动提升面向毗邻国家的次区域合作支撑能力。其次，党中央设立西部自由贸易试验区助力西部高质量发展。国务院在 2017 年批复成立重庆、四川、陕西三个西部自由贸易试验区，在 2019 年批复成立云南、广西自由贸易试验区，在 2023 年批复成立西北沿边地区设立的首个自由贸易试验区——新疆自由贸易试验区。此外，西部地区积极办好各类国家级博览会。例如，云南在 2018 年举办了首届"中国—南亚合作论坛"，围绕投资贸易、互联互通、减贫扶贫、城市发展、金融合作、人文交流等议题进行探讨交流，该论坛已成为推动区域经贸领域高水平合作的重要平台。

第二，释放政策红利，支持特色产业先试。西部大开发战略实施以来，我国政府抓重点、补短板、强弱项，坚持在西部地区实行特色产业先试，坚持西部地区产业"以强带弱"，促进西部地区产业结构调整、产业布局优化、特色优势产业发展壮大。首先，国务院同意在西部地区率先实施原油、天然气资源税从价计征改革试点，使资源产地的老百姓更多分享到了资源开发的收益。其次，为促进西部地区产业结构调整和特色产业发展，《财政部 海关总署 国家税务总局关于深入实施西部大开发战略有关税收政策问题的通知》中明确："自 2011 年 1 月 1 日至 2020 年 12 月 31 日，对设在西部地区的鼓励类产业企业减按 15%的税率征收企业所得税。"后续《财政部 税务总局 国家发展改革委关于延续西部大开发企业所得税政策的公告》规定："自 2021 年 1 月 1 日至 2030 年 12 月 31 日，对设在西部地区的鼓励类产业企业减按 15%的税率征收企业所得税。"以进一步延续和强化对西部地区特色产业企业的税收支持，减轻企业资金负担，助力产业发展。

（三）大通道畅开放

第一，基础设施“硬联通”扎实推进。基础设施“硬联通”不仅是西部大开发的物理基础，也是实现区域长期可持续发展的必要条件。西部大开发战略实施以来，西部地区高度重视西部地区运输通道的通达度、通畅性和均等化水平，加大力度发展交通运输事业。一方面，西部地区加强海陆空各通道的建设，加快川藏铁路、渝昆高铁、西（宁）成（都）铁路等国内通道建设，积极推进中尼、中老、中亚等跨境通道项目，通过完善口岸、跨境运输和信息通道等开放基础设施以加快建设开放物流网络和跨境邮递体系。另一方面，西部地区积极构建海陆空联运模式，积极实施中新（重庆）战略性互联互通示范项目，通过优化中欧班列组织运营模式以加强中欧班列枢纽节点建设，依托长江黄金水道构建陆海联运、空铁联运、中欧班列等有机结合的联运服务模式和物流大通道。

第二，制度规则“软联通”精彩纷呈。西部大开发战略实施以来，党中央及西部各级政府制定了一系列制度规则以推进西部地区的“大通道”建设。首先，在财税支持方面，政府赋予西部地区具备条件且有需求的海关特殊监管区域内企业增值税一般纳税人资格，在政策规定范围内对西部地区鼓励类产业项目在投资总额内进口的自用设备免征关税。其次，在用地政策方面，政府加强对交通基础设施领域补短板项目的用地保障，在计划指标安排上对建设交通基础设施所需建设用地予以倾斜支持。最后，在人才政策方面，政府通过落实完善工资待遇倾斜政策以鼓励引导各类劳动力特别是高素质人才投入西部大开发的“大通道”建设，政府允许国有企事业单位专业技术和管理人才按有关规定在西部地区基础设施建设领域兼职并取得合法报酬。

二、成效

（一）多层次的对内对外高水平开放

第一，升级区域合作，拓展对内开放新空间。西部大开发战略实施以来，西部地区推动生产要素在区域之间有序自由流动，区域产业分工和经济布局更为优化。党的十八大以来，东西部协作进一步升级，相关省份围绕帮扶协议目标任务，密切配合、通力协作，各项工作取得明显成效。2023 年，东部 8 个省市向西部 10 个省区市投入财政援助资金 231.9 亿元，协作双方互派党政挂职干部 3045 人、专业技术人才 2.5 万人，东部地区的先进技术和管理经验引进并应用于西部地区，为西部地区巩固拓展脱贫攻坚成果和经济高质量发展提供有力支持。同时，西部地区丰富的自然资源、人力资源也为东部地区的经济社会发展提供保障。通过西气东输、西电东送、“东数西算”等一系列合作工程，东西部地区进一步实现合作分工、优势互补。在深入合作的过程中，西部地区优化营商环境，创造条件承接东部地区产业转移，为区域协调发展提供产业支撑。

第二，深化国际合作，打造对外开放新局面。根据《中国统计年鉴》的统计数据，1999～2022 年，西部地区进口额由 59.83 亿美元增加到 2277.98 亿美元，净增 2218.15 亿美元，年均增速 17.14%；出口额由 77.19 亿美元增加到 3440.16 亿美元，净增 3362.97 亿美元，年均增速为 17.95%。同时，西部地区进口额占全国进口额的比重和西部地区出口额占全国出口额的比重也持续上升，西部地区进口额占全国进口额的比重由 1999 年的 3.61%上升到 2022 年的 8.41%，相应地，出口额占全国出口额的比重由 3.96%上升到 9.66%（图 9-4）。西部大开发战略使得西部地区的对外开放取得实质性进展。

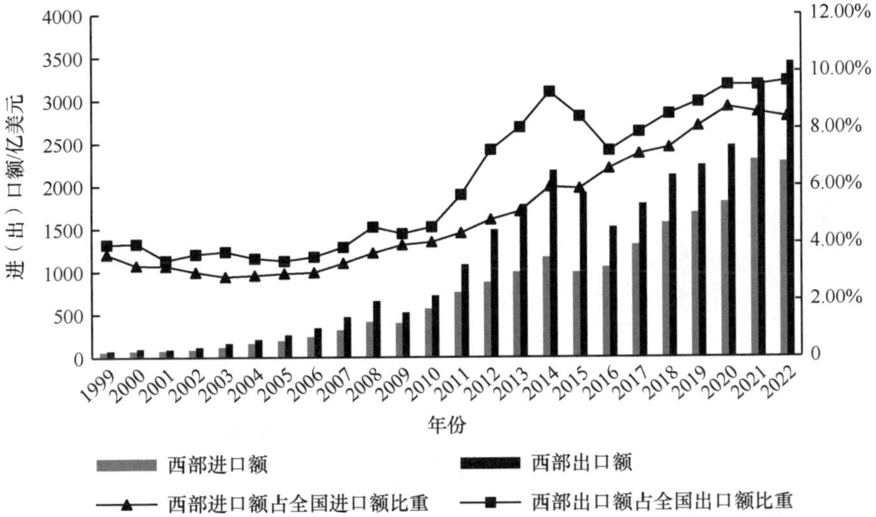

图 9-4　1999～2022 年西部地区进口和出口情况

资料来源：《中国统计年鉴》

（二）多平台的重点领域高水平开放

建设自由贸易试验区，创新开放新机制。我国政府在西部地区设立了重庆、四川、陕西、云南、广西、新疆自由贸易试验区。这些自由贸易试验区以制度创新为核心，以可复制可推广为要求，聚焦政府职能转变、投资贸易便利化、金融开放创新等领域，深入开展改革探索，持续优化营商环境，成为支撑西部地区扩大高水平开放的重要平台。首先，从自由贸易试验区进口额和出口额来看，1999～2022 年，西部地区自由贸易试验区的进口额和出口额整体处于攀升态势（图 9-5）。其中，陕西、重庆、四川的自由贸易试验区设立时间较早，因而进口额和出口额相对较大，在促进对外开放方面较好地发挥了带头领先作用。其次，从各自由贸易试验区进口额和出口额增速来看，四川、重庆和广西的进口额在 2015 年之后增速较快，三者的出口额在 2016 年之后出现较快增长，自由贸易试验区的设立对西部其他地区的进口额和出口额均具有明显拉动作用。

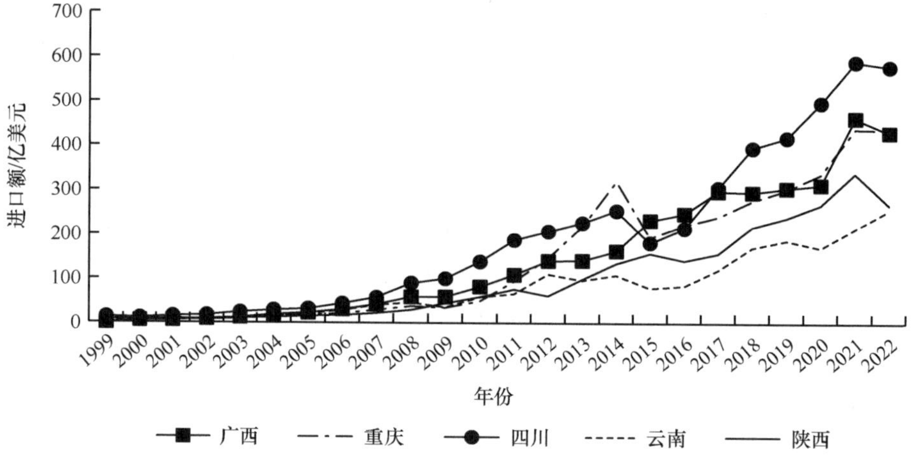

（a）进口额

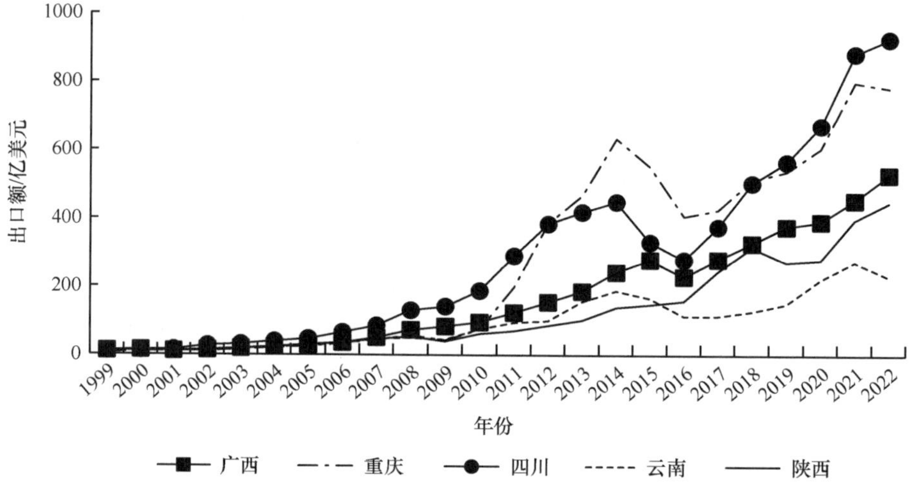

（b）出口额

图 9-5　1999～2022 年西部地区自由贸易试验区进口额和出口额

陕西、重庆、四川在 2017 年被设立为自由贸易试验区；云南、广西在 2019 年被设立为自由贸易试验区

资料来源：《中国统计年鉴》

（三）大通道的运输联通高水平开放

西部地区持续强化铁路建设、完善公路网络，通过畅通运输通道提高对外开放水平。西部大开发 25 年来，西部地区铁路路网密度、干线等级和公路网络联通、通达水平明显改善。其中，铁路营业里程数由 2000 年的 2.21 万千米增加到 2022 年的 6.30 万千米；公路里程数由 2000 年的 55.39 万千米增加到 2022 年的 231.87 万千米；铁路营业里程增长 1.85 倍，公路里程增长 3.19 倍（图 9-6）。事实

上，全国新增的铁路和公路建设里程大多来自西部地区。2000～2022 年，西部地区铁路营业里程和公路里程占全国的比重分别从 32.18%和 32.97%增长到 40.66%和 43.30%。西部地区交通运输所取得的历史性成就，为经济社会发展、民族团结进步、边疆长治久安提供了有力支撑。

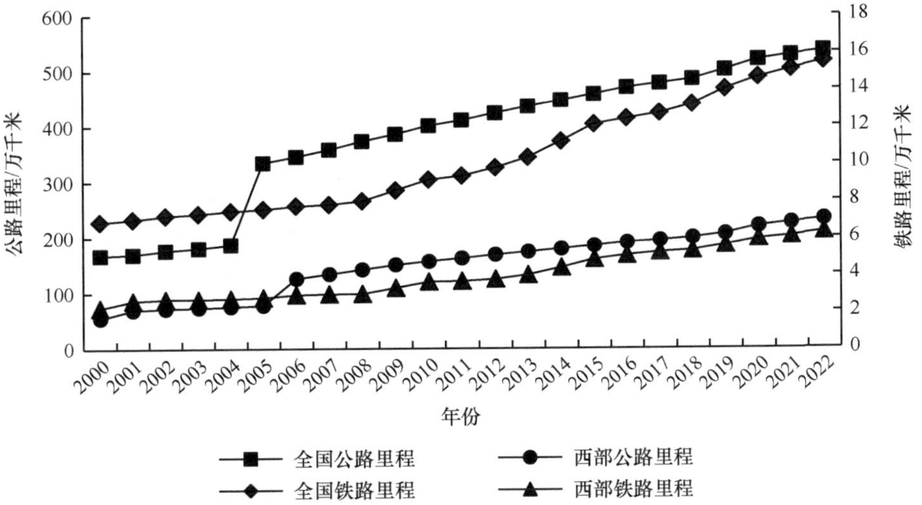

图 9-6　2000～2022 年全国和西部地区公路和铁路里程数

资料来源：《中国统计年鉴》

此外，陆桥运输大通道、西部陆海新通道等横贯东西、纵贯南北的运输通道初具架构，西部地区综合立体交通网络初步形成。截至 2023 年 12 月，西部陆海新通道沿线省份已创建“六型”国家物流枢纽 42 个。截至 2025 年 3 月 4 日，西部陆海新通道铁海联运货物 22.6 万标箱，同比增长 61.3%。当前，西部陆海新通道铁海联运班列货物运输品类已增加到 1234 种，辐射我国 18 个省区市 73 个城市 158 个站点，通达全球 127 个国家及地区的 556 个港口。西部陆海新通道，从单纯的“通道经济”向“物流+经贸+产业”的发展模式优化升级。

典型案例　中新（重庆）：西部开放的“新”动力引擎

中新（重庆）战略性互联互通示范项目是中国与新加坡继苏州工业园区、天津生态城之后的第三个政府间合作项目，于 2015 年 11 月 7 日正式启动。项目以重庆为运营中心，旨在提升中国西部地区的互联互通水平，辐射带动区域发展。

该项目围绕“一个中心、两个主题、三大战略、四+N 领域”展开。其中，“一个中心”指该项目以重庆为运营中心，辐射带动整个西部；“两个主题”指该项目围绕“现代互联互通”和“现代服务经济”两大主题；“三大战略”是指该项目契合中国“一带一路”倡议、西部大开发战略和长江经济带发展战略；“四+N 领域”是指中新双方主要以金融服务、航空产业、交通物流和信息通信四个领域为重点开展先期合作，后逐步向其他领域扩展。

该项目的实施成效显著。①金融服务领域，项目促进了跨境融资和金融创新，为西部地区经济发展注入了新活力。截至2022年6月底，截至2022年，中新（重庆）战略性互联互通项目累计落地政府和商业合作项目211个，总金额252.5亿美元。②航空产业领域，项目增加了重庆与新加坡之间的航线，促进了两地人员和货物流动。③交通物流领域，该项目成功打造西部陆海新通道，显著提升了西部地区与“一带一路”共建国家的互联互通，截至2023年底，全线开行铁海联运班列超过1万列，较开行之初增长约50倍。④信息通信领域，项目打通了中新国际数据通道，促进了信息资源的互联互通。

中新（重庆）战略性互联互通示范项目不仅是中新两国合作的典范，也是中国西部大开发与“一带一路”倡议相结合的生动实践，展现了中国西部地区在新时代全面开放新格局中的积极作为。

第十章　人民为中心：共筑幸福新家园

西部大开发坚持以人为本，始终把改善生产生活条件、提高人民生活水平作为工作的出发点和落脚点，把增强人民群众获得感、幸福感、安全感放到突出位置。作为保障全体人民生存和发展的基本需求，增进人民福祉的重要制度安排，基本公共服务发展已成为西部大开发战略的主要内容。第一，公共服务体系日渐完善。西部大开发基本公共服务发展进程历经了以"筑基架梁"为特征的体系构建阶段，以"包容普惠"为特征的均等化阶段、以"系统谋划"为特征的系统化阶段和以"提质增效"为特征的体系完善阶段，基本形成政府保障基本、社会多元参与、资源合理配置、全民共建共享的公共服务体系。第二，公共服务供给水平全面提升。西部大开发从提升人民教育质量、健全社会保障制度、加强医疗保障体系建设、强化公共文化体育服务、推动公共服务均等化等多方面综合施策，促使西部地区基本公共服务供给水平持续提升，教育文化、社会保障、医疗卫生、服务设施等方面的供给能力不断增强。第三，基本民生底线不断兜牢兜实。西部大开发以人民的需求和期望为导向，不断改进公共产品和服务，满足群众多样化的民生需求、纳入有效衔接的生活服务、保障重点人群民生兜底、持续推动人力资本水平提升，推动了基本公共服务从注重效率向注重质量转变，从确保服务可及性向确保服务满意度、幸福感转变，真正达到提质增效的要求。

第一节　获得感更加充实：公共服务体系日渐完善

一、做法

（一）基本公共服务体系建立阶段

在第一轮西部大开发（2000～2010年）中，以"筑基架梁"为主要任务，以筑牢民生底线为优先安排，突出顶层规划，辅以西部地区农村寄宿制学校建设工程、中西部农村初中改造工程、职业教育基础能力建设工程、农村卫生服务体系工程、农村基层计划生育服务体系工程、科技公共服务平台建设工程、西部科普专项工程、西新工程、村村通广播电视工程、乡镇综合文化站建设工程、农村电影放映工程、重大文化自然遗产和民族民间文化保护工程、安全生产和国家灾害应急救援工程、重大事故隐患治理工程等重点工程专项政策，对西部地区以往零散的基本公共服务政策进行整合，并在实践中对系统性逻辑加以诠释，实现基本公共服务从无到有、从少到多的突破。

（二）基本公共服务均等化阶段

在第二轮西部大开发（2011～2020 年）中，“包容普惠”是此阶段基本公共服务发展的主要特征，强调基本公共服务均等化，核心是从社会“弱势者”的角度出发，让更多人公平可及地获得均等的基本公共服务。在西部地区基本公共服务均等化实践场景中，“包容普惠”的价值诉求与“公平可及”的政策目标相耦合，标准化的规划要求和基本成形的制度规范推进了供给资源的优化，构建起各民族人人共享、机会均等的基本公共服务覆盖体系，在民生领域凝聚起行动共识，为西部地区全方位发展打下人力基础、物质基础和社会基础（张丽君等，2023）。

（三）基本公共服务系统化阶段

2021 年以来，我国着力推进西部地区基本公共服务的系统化建设。一方面，我国于 2021 年首次出台国家基本公共服务标准，明确幼有所育、学有所教、劳有所得、病有所医、老有所养、住有所居、弱有所扶、优军服务保障和文体服务保障等 9 个领域 80 个基本公共服务项目的发展目标和重点任务。各省区市也均对标国家标准和本地区的实际需要，制定出台了本地区基本公共服务实施标准。随后两年，我国基本公共服务标准体系建设取得明显成效，涵盖国家、行业、地方和基层服务机构的基本公共服务标准制度框架搭建完成，原有的 80 项基本公共服务项目基本落实到位，为保障和改善民生发挥了积极作用。另一方面，我国基本公共服务的体系建设，是以政府在服务供给上的不同权责为逻辑主线，将公共服务按照基本与非基本进行分类，以此作为提高公共服务水平的“车之两轮”“鸟之两翼”。不仅坚持推进基本公共服务均等化，兜牢基本民生保障底线；并且着力扩大普惠性非基本公共服务供给，满足多层次、多样性公共服务需求。通过基本和非基本公共服务的区分，明晰政府、社会和个人的具体权责，持续优化财政资金在民生保障领域的配置结构和配置效率，在大幅度提升公共服务水平的同时，不断增强公共服务的均衡性和可及性（孙鸿鹤，2022）。

典型案例　成都——公共服务倍增的“幸福城”

从发展初期开始，成都以解决超大城市治理挑战、提升人口结构变化背景下的居民幸福感作为核心目标，规划确立了高标准的公共服务顶层设计，并依据城市功能和人口分布，优化了公共服务的布局，使得服务主动向民众靠近。在此基础上，成都推出了“幸福美好生活十大工程”，覆盖老年人、儿童、特殊群体、老旧小区改造、城市更新、生态环境、通勤、生活成本竞争力等公共服务关键领域，分阶段有序推进民生项目。近年来，成都市在改善民生方面的财政支出比例一直保持在 67%以上，2017～2021 年的总投资额累计达到了 9100 亿元，共实施了 649 项重点民生工程，为成都市创造了 59.4 万个新的教育学位、2.6 万个医疗床位、1.4 万个养老床位以及 16.5 万平方米的保障性住房，同时，城镇新增就业人口也达到了 133.5 万（王小霞等，2022）。成都在教育、就业、医疗和养老等关键民生领域的发展上不断提速，并将民生规划及时转化为具体行动方案，为实现共同富裕奠定了坚实基础。为了保障基本公共服务的普及和均等化，成都市持续推动以便民服务为核心的公共服务体系改革，优化基本公共服务的制度框架。通过制定基本公共服务政策清单、设施建设项目清单和服务数据清单等“三张清单”，成都市不断优化公共服务制度，根据公众的实际需求灵活调整政策内容和设施建设，扩大服务的覆盖范围。此外在国家推动基本公共服务标准化试点进程中，成都持续探索和创新公共服务的组织和供应方式，努力构建起高品质的公共服务设施网络。通过实施“15 分钟公共服务圈”计划，成都显著增强了居民的获得感、幸福感和安全感。2009～2024 年，成都连续 16 年被评选为“中国最具幸福感城市”，并在国家公共服务质量满意度评估中排名领先，为共同富裕的目标打下了坚实基础。

二、成效

（一）政府保障基本

自西部大开发战略启动以来，各地方政府不断加强财政保障体系，确保中央和地方在公共服务领域的财政责任和支出分配改革要求得到有效执行。中央和省级财政部门加大了对基层政府提供基本公共服务的财政支持，以满足其需求。为强化人才队伍建设，政府进一步完善了开放、有序的人才市场体系，探索新的人才服务模式，促进了公共服务人才的有序流动和合理配置。同时，政府保障了公共服务设施的用地需求，优化了土地供应机制，确保了公共服务用地的有效供给。公共服务机构和设施的用地已被纳入国土空间规划和年度用地计划，并获得了优先保障。资源配置机制得到优化，公共资源的分配更加细致和完善，与常住人口和服务半径相挂钩，提高了公共服务的有效覆盖。在公共服务设施建设中，坚持功能优先、经济适用的原则，避免盲目追求规模庞大的综合性设施。跨地区的统筹协调得到加强，鼓励邻近地区打破行政区划限制，共建共享公共服务设施，为城乡居民提供就近享有公共服务的便利条件。随着第四次科技革命的到来，政府利用互联网、大数据、人工智能等现代信息技术，推进信息管理平台的建设，畅通了公共服务供需交流渠道，推动了数据的互联共享，完善了资源调配机制，加强了公共服务的质量控制和效果评价。

（二）社会多元参与

自西部大开发战略实施以来，各地区政府部门不仅加强了在基本公共服务供给中的基础保障作用，也积极推动社会力量参与公共服务的提供。通过激发各类企事业单位、协会、商会、公益团体等市场主体和社会组织的活力，鼓励群众自我管理和服务，广泛参与到公共服务中来，形成了政府、社会和个人三方协同发展、全民共建共享的多元化公共服务供给体系。在调动事业单位、社会组织、国有企业等社会主体参与公共服务方面，政府深化了事业单位改革，强化了其公益属性，提升了治理效能，引导这些事业资源更有效地参与到公共服务的供给中。同时，鼓励社会力量通过公建民营、政府购买服务、政府和社会资本合作等多种方式参与公共服务的供给。政府还大力支持社会组织的发展，积极培育面向社区居民提供各类服务的社区组织，支持这些组织承接社区公共服务项目，开展志愿服务活动，并逐步扩大政府向社会组织购买服务的范围与规模。此外，国有经济的作用也得到了进一步的发挥，明确了国有经济参与公共服务的领域和条件，推动国有资本在提供公共服务、应急能力建设和公益性服务等方面发挥更大的作用。这些措施共同促进了公共服务供给体系的多元化和高效化，满足了人民群众多样化的服务需求。

（三）资源合理配置

随着经济社会快速发展，社会流动性日益增强，西部地区的公共服务体系建设正在向更加协调、有序和一体化的方向发展。这种转变的目的是通过强化公共服务体系的建设，实现公共资源的合理分配，同时不断提升公共服务的质量和效率。在这一过程中，西部地区正致力于创新公共服务的供给模式，实现公共服务供给体系的整体优化和效率提升，旨在满足不同群体的特定需求、促进资源的高效利用和服务质量的持续改进。西部地区重视解决群众最关心的利益问题，致力于提供普惠性、基础性、兜底性的民生服务，包括从儿童早期教育到老年人护理的各个阶段，确保每个公民都能享受到教育、就业、医疗、养老、住房和对弱势群体的支持等基本公共服务。通过这些措施，西部地区在实现幼有所育、学有所教、劳有所得、病有所医、老有所养、住有所居、弱有所扶等方面取得了显著进展。为了进一步提高基本公共服务的共建能力和共享水平，西部地区建立并完善基本公共服务的标准体系，推动基本公共服务向均等化、普惠化、便捷化的方向发展。通过制定和实施统一的服务标准，确保不同地区之间的基本公共服务能够实现有序对接，减少地区间的发展差距，让所有公民都能享受到同等质量的公共服务。此外，西部地区还在积极探索利用现代信息技术，如互联网、大数据和人工智能，来提升公共服务的智能化水平，不仅能够提高服务的效率和便捷性，还能够通过精准分析和预测群众需求，实现更加个性化和有针对性的服务供给。总体来看，西部地区公共服务体系建设强调了协调发展、有序对接和一体化布局的重要性。通过创新供给方式、关注民生问题、建立标准体系和利用现代信息技术，西部地区全面提升了公共服务的质量和效率，为实现全民共享社会发展成果奠定了坚实的基础。

（四）全民共建共享

在西部大开发进程中，公共服务体系的构建是一个涉及众多参与者和环节的复杂工程。为了确保群众在公共服务领域的知情权、参与权、表达权和监督权得到充分尊重和保障，政府在提供服务前会开展深入的需求调查和研究，以确保服务与群众的实际需求高度匹配。在明确不同公共服务主体的权利和义务的前提下，致力于创建一个全民共同参与、共享成果的体制环境，并注重发挥市场机制的作用，引导和鼓励更多的社会资本投入到公共服务领域，支持社会力量兴办公益事业，以满足人民群众的多层次和多样化需求。在推进基本公共服务标准体系建设的基础上，政府针对义务教育、就业社保、医疗卫生、养老服务、住房保障、文化体育和社会服务等重点领域，采取了更具针对性、覆盖面更广、作用更直接、效果更明显的措施。这些措施旨在促进公共服务资源向基层、农村、边远地区和生活困难群众倾斜，加快补齐基本公共服务的软硬件短板，缩小不同区域、城乡和人群之间的服务差距。在非基本公共服务领域，紧紧围绕供需矛盾突出的领域，发挥引导作用，坚持社会效益优先，鼓励和支持社会力量加强养老、托育、教育、医疗等领域的普惠性服务供给，提升服务质量，使服务内容更加丰富，获取方式更加便捷，供给主体更加多元。政府致力于推动普惠性非基本公共服务实现付费可享有、价格可承受、质量有保障、安全有监管的目标。为了确保公共服务的质量和效果，加强对公共服务供给过程的监督和控制，依据群众需求满足状况和满意程度，科学评价公共服务的效果，并持续提升公共服务的质量。总体来说，西部大开发中的公共服务体系建设强调了群众参与、需求导向、标准化建设和质量监督的重要性，旨在构建一个更加公平、高效、便捷、多元的公共服务体系，满足人民群众日益增长的公共服务需求，促进社会和谐与可持续发展（徐增阳等，2019）。

第二节 幸福感更可持续：公共服务供给水平全面提升

一、做法

（一）提升人民教育质量

为提升西部地区教育水平，西部大开发致力于加大教育领域的财政投入，以提高教育质量并促进人才的培养与流动。在学前教育方面，支持普惠性幼儿园的扩展，特别是在农村地区，以确保所有儿童都能接受优质的早期教育。同时，鼓励民办幼儿园提供更多普惠性服务，满足更广泛的教育需求。在义务教育层面，致力于推动县域内教育的均衡发展和城乡一体化。这包括科学规划城乡公办学校的标准化建设，加强体育运动、艺术活动和信息化设施的配备。此外，政府也在统筹普通高中与中等职业教育的发展，计划新建或改扩建一批学校，以满足不同学生的学习需求。现代职业教育的发展以就业为导向，旨在服务于西部地区的经济社会发展。政府加强职业教育实习实训基地和“双师型”教师队伍的建设，并逐步推进中等职业教育免除学杂费，以降低教育成本，提高教育普及率。在教师队伍建设方面，实施乡村教师支持计划、中西部高等教育振兴计划和省级免费师范生定向培养计划等一系列支持计划，以提升教师的专业能力和教育质量。此外，政府还加强了东部高校对西部高校的对口支援，并鼓励有条件的西部高校开展中外合作办学，以促进教育资源的共享和教育质量的提升。为了进一步提高西部地区的高等教育水平，政府继续提高重点高校在西部地区的招生比例，并在国家重大人才工程中向西部高校倾斜，以吸引和培养更多优秀人才。同时，政府也在加快民族教育和特殊教育的发展，支持民族院校的建设，以满足不同群体的教育需求。总之，政府通过增加教育投资、支持普惠性教育、推动教育均衡发展、加强教师队伍建设、促进高等教育发展和加快民族及特殊教育发展等措施，全面提升西部地区的教育水平，为地区经济社会发展提供人才支持和智力保障。

（二）健全社会保障制度

随着西部地区的发展，社会保障体系正逐步完善，城乡居民在社会养老保险、医疗基础设施以及基本医疗保险方面的覆盖和参保率都有了显著提升。就业问题被放在优先位置，西部地区的地级以上城市建立了农民工综合服务中心，为农民工提供全面的服务，包括管理服务、权益维护、文化教育和党团活动。同时，合理设定低保标准，并逐步扩大低保的覆盖范围，以确保更多的困难群体得到必要的生活保障。为了提高服务效率，政府建立了统一的社会保险公共服务平台，并推广了以社会保障卡为载体的“一卡通”服务管理模式，简化了民众获取社会保障服务的流程。此外，失业保险金的发放标准不断提高，覆盖范围进一步扩大，以更好地保障失业人员的基本生活。养老服务体系的建设也在加速进行中，构建以居家为基础、社区为依托、机构为补充、医养相结合的养老服务模式。养老保险的省级统筹稳步推进，确保了城乡居民基本养老保险待遇的稳定和基础养老金的正常调整。为了提高养老服务的质量和供给，政府积极推进公办养老机构改革，全面开放养老服务市场，并引导社会资本投入养老服务业。同时，探索建立长期照护保障体系，以满足老年人多样化的养老服务需求。政府还加大对养老服务设施建设的支持力度，特别是在农村地区，加强特困人员供养服务机构的建设和管理，提高托底保障能力和服务质量。此外，实施养老服务专业人才培养工程等项目，以提升养老服务人员的专业水平，确保养老服务的专业性和质量。总体而言，西部地区正通过一系列措施，不断完善社会保障体系，提高就业保障，提高失业保险金的发放标准，扩大低保覆盖，建立统一的社会保险服务平台，加快养老服务体系建设，推进养老保险省级统筹，改革公办养老机构，开放养老服务市场，并加强养老服务人才培养，以满足人民群众日益增长的社会保障需求。

（三）加强医疗保障体系建设

为确保医疗保障体系的公平性和可持续性，党中央确立了合理的基本医疗保险保障标准，并不断优化医疗保险关系的转移和接续流程。目标是实现符合转诊规定的异地就医住院费用的直接结算，简化患者报销流程，减轻其经济负担。在大病保险方面，完善城乡居民的大病保险制度，全面开展针对重大疾病的医疗救助，并建立完善的疾病应急救助机制，以减轻重大疾病患者及其家庭的经济压力。工伤保险的管理层次也在提升，确保法定人群的全面覆盖，并试点工伤预防与康复项目，以提高工伤保险的预防性和康复性功能。同时，加强职业病的防治工作，保障职工的职业健康权益。在医疗资源配置方面，加强西部地区县级医院、妇幼保健院和中心乡镇卫生院的医疗设备配置，提升一般乡镇卫生院（社区卫生服务中心）的基本医疗服务能力，并强化县级公立医院和中心乡镇卫生院的能力和学科建设。医疗系统的对口支援也在深化，推动全国三级医院与西部地区县级医院建立一对一帮扶关系，提高西部地区医疗服务水平。完善基层医疗卫生服务体系，加强基层医护人员的专业培训，提高床位使用效率和县域内就诊率，并增强了流动医疗车的配置，以提升基层医疗服务的可及性和效率。此外，逐步提升医疗卫生信息化水平，探索利用人工智能、互联网等技术开展远程医疗服务，提高医疗服务的覆盖面和质量。总体而言，政府通过确立合理的医疗保险标准、完善大病保险制度、提升工伤保险管理、加强职业病防治、加强医疗资源配置、深化医疗对口支援、完善基层医疗卫生服务体系、提升医疗卫生信息化水平等一系列措施，全面提高西部地区的医疗服务水平，确保人民群众享有更高质量、更加公平、更可持续的医疗保障。

（四）强化公共文化体育服务

为了提高基本公共文化服务的质量和效率，国家长期致力于推动服务的标准化和均等化，确保所有群体都能享受到高质量的文化服务。这包括进一步完善公共文化设施网络，对现有不达标的设施进行升级改造，以增强公共数字文化的供给和服务能力。统筹规划建立基层综合性文化服务中心，以提升基层文化服务的覆盖面和质量。同时，加强文物和非物质文化遗产的保护工作，特别是在西部地区，重点推进石窟壁画的数字化保护和国家级文化生态保护区的建设。为了提升西部地区基层文化队伍的专业能力，地方政府加强对这些队伍的培训和支持，通过完善公共文化服务体系，推动文化信息资源的共享，使文化服务更加便捷和高效。在广播电视服务方面，加强农村电视维修服务网点的建设，加快中央广播电视节目的无线数字化覆盖，并提升了少数民族语言节目的制作、翻译和传播能力。为构建西部地区广泛覆盖、普惠性强的公共体育服务体系，各级政府利用数字技术，不断推动文化惠民工程的整合创新和提质升级。同时，支持民族地区发展现代体育事业，推进县级融媒体中心建设，实现广播电视的全面覆盖，并建立完善的应急广播平台和传输网络。另外，鼓励发展群众体育活动，包括少数民族传统体育，以丰富群众的文化生活，增强身体素质。加强公共体育场馆的建设，并推动场馆向公众免费或低收费开放，以提高公共体育服务的普及性和可及性。总的来说，通过提升公共文化服务的质量和效率、完善公共文化设施网络、加强文物和非物质文化遗产保护、建立基层综合性文化服务中心、推动文化信息资源共享、加强广播电视服务、构建公共体育服务体系、利用数字技术推动文化惠民工程、支持民族地区体育事业发展、推进融媒体中心建设、鼓励群众体育活动和加强公共体育场馆建设等措施，全面提高了西部地区的文化和体育服务水平，促进了文化繁荣和体育事业发展，增强了人民群众的文化获得感和幸福感。

典型案例　五峰书院——探索西部地区新型阅读空间发展路径

青海省西宁市城西区的五峰书院入选 2023 年全国基层公共文化服务高质量发展的典型案例。近年来，城西区采取政府主导、部门管理、逐步引入社会力量参与运营的策略，以打造居民“家门口的城市书房”为宗旨，成功建立了五峰书院佳豪书房、古城台书房、虎台书房等 9 家城市书房。这些书房作为公共图书馆的延伸，不仅丰富了西宁市的全民阅读活动，还为全省其他地区提供了引导社会力量参与公共文化服务发展的新路径，以及建设新型文化空间的参考。一方面，青海省致力于完善公共文化服务体系，以满足群众多样化的文化需求。各级文化和旅游部门逐步建立了覆盖城乡的五级公共文化服务网络，大力推进文化馆、博物馆、图书馆等公共文化设施免费向公众开放。截至 2022 年底，全省共有 50 个公共图书馆，藏书量达到 599.33 万册（吴梦婷，2023）。综合性文化服务中心不仅为民间剧团提供演出场地，还提供党员教育、社会公德、普法、科普、技能培训等多元化服务。另一方面，青海省关注实现阅读方式的现代化和阅读服务的智慧化。各地图书馆、文化馆不断拓展线上服务，通过“云直播、云展览、云讲座”等形式，让读者在家就能享受多样化、互动性强的阅读活动。此外，“文化+互联网”“文化+科技”“文化+创意”等跨界融合的发展模式，正在成为文化发展的新亮点。

（五）推动公共服务均等化

西部大开发致力于确保基本公共服务能够全面覆盖所有常住人口，包括那些符合条件的未落户农民工，使其在流入地能够平等享受到城镇的基本公共服务。借鉴城乡改革中的成功经验，即“资源变资产、资金变股金、农民变股东”的模式，并探索创新的“联股联业、联股联责、联股联心”机制，以促进资源的合理配置和农民的利益共享。在城乡发展方面，协调市政公用设施的建设，推动城镇基础设施向农村地区延伸，以缩小城乡差距。同时，优化住房保障政策，实施分类分级补助，特别是增加对农村危房改造的资金投入，以改善农村居民的居住条件。为了解决农村特困群体的住房安全问题，政府倡导利用闲置农房进行置换或长期租赁。此外，加强对易地搬迁安置区的基础设施和公共服务设施的建设，确保搬迁群众能够享受到更好的生活条件。总的来说，政府通过实现基本公共服务的全面覆盖、借鉴城乡改革经验、探索创新机制、协调城乡基础设施建设、优化住房保障政策、倡导闲置农房利用以及改善农村居民居住条件等措施，努力提升公共服务的普及性和均等性，促进城乡协调发展，提高人民群众的生活质量。

二、成效

（一）公共教育服务水平

2022 年，西部地区的公共财政预算教育经费达到 10 440 亿元，较 2000 年的 379 亿元增长了 26.5 倍。全面实施“两免一补”政策以来，西部地区的小学、初中师生比以及文盲率均有大幅下降，与全国平均水平的差距缩小。2000～2022 年，西部地区的小学和初中生师比分别从 22.71 和 17.13 下降到了 3.06 和 4.18，“两基”工作成效显著。九年义务教育制度的实施成果也十分明显。例如，2024 年，宁夏回族自治区的九年义务教育巩固率为 95.9%，比上年提高 0.2 个百分点。此外，西部地区还特别重视学前教育的发展。以四川省为例，自 2015 年起，该省实施了“一村一幼”教育计划，这不仅提高了学前教育的普及率，也提供了更加便利和高质量的教育服务。综上所述，西部地区在教育领域的投入和改革取得了显著成效，不仅大幅提升了教育经费的投入，而且通过一系列政策和措施，有效提高了教育质量和教育普及率，为促进地区经济社会发展和提高人民生活水平奠定了坚实的基础。

（二）公共卫生服务水平

截至 2022 年，西部地区实现了卫生室在所有行政村的全覆盖，确保了基本医疗服务的普及。同时，城乡医疗体系、疾病预防控制体系以及应对突发公共卫生事件的医疗救治体系也在不断完善和发展。例如，在 2019 年，西南五省推出了“跨省异地就医门诊费用直接结算”，极大地方便了群众就医。随着医疗卫生条件的改善，西部地区人民的健康水平有了显著提升，人均预期寿命也实现了大幅增长。社会保障体系的建设也在稳步推进，特别是自 2003 年起在部分县（市）试点的新型农村合作医疗制度，到 2010 年已经基本覆盖了西部地区农村居民，为他们提供了更加完善的医疗保障。总体来看，西部地区在医疗卫生和社会保障体系建设方面取得了显著成就，不仅提高了人民的健康水平和生活质量，也为促进区域经济社会的全面发展和持续增进人民福祉奠定了坚实的基础。

（三）公共服务设施水平

随着西气东输、西电东送等重大工程的相继启动，西部地区的公路、铁路、机场和大型水库建设取得了显著进展。到 2021 年底，中西部地区的铁路里程已经超过了 9 万千米，自 2012 年以来新增的铁路里程占全国比重接近 70%。同样，公路里程也超过了 350 万千米，2012 年以来新增的公路里程占全国比重接近 80%。中部地区的大通道大枢纽建设以及西部地区的“五横四纵四出境”综合运输通道建设正在快速推进，显著提升了区域基础设施的通达度、畅通性和均等化水平，为西部地区的经济社会发展提供了坚实的基础。总体来看，自西部大开发战略实施以来，国家通过大规模的资金投入和一系列重大工程项目的实施，有效推动了西部地区基础设施的跨越式发展，为促进区域均衡发展和提高人民生活水平发挥了重要作用。

（四）社会保障服务水平

面对西部偏远地区生活条件较差以及交通、网络信息化建设滞后的问题，国家不断推动公共服务资源全方位下沉，重点改善农村居民的生活条件。根据国家卫生和计划生育委员会，2016 年西部地区的农村累计改水受益率和卫生厕所普及率分别达到了 93.13%、66.49%，有效地改善了农村居民生活环境。在信息化建设方面，得益于政府实施的一系列文化资源和信息共享工程，包括广播电视“村村通工程”、“西新工程”和农村电影“2131 工程”等，丰富了农村地区的文化生活，加强了少数民族语言广播电视节目的制作、翻译和播放，促进了城乡信息化的协调发展，在改善农村居民生活条件、提升基础设施建设和推动信息化发展方面取得了积极进展，为缩小城乡差距、促进区域均衡发展奠定了坚实基础。根据《中国西部发展报告（2023）》（西部蓝皮书），2021 年，西部地区数字乡村发展水平达到 33.6%；西部地区移动电话普及率连续 3 年增速高于全国平均水平；西部地区农村互联网宽带接入用户数呈逐年增加趋势。

第三节 安全感更有保障：基本民生底线不断兜牢兜实

一、做法

（一）满足群众多样化的民生需求

当前，人民群众对美好生活有了更多的期盼，各族人民对基本公共服务的需求以及对基本公共服务的认知呈现多元化、多层次样态。对此，《中共中央 国务院关于新时代推进西部大开发形成新格局的指导意见》明确指出“把增强人民群众获得感、幸福感、安全感放到突出位置”，并从强化公共就业创业服务、支持教育高质量发展等方面提出提升基本公共服务质量的具体目标和措施。不仅关注数量递增如何影响发展速度，更关注质量优化如何稳固人民的客观福利，在致力于实现民生改善、强化主体意识的同时，促使基本公共服务体系朝着更加普惠、均衡的方向改善，着力消除各族群众之间的心理不信任、不合作与社会分化的张力，从而提升人民群众的获得感和幸福感。

（二）纳入有效衔接的生活服务

西部大开发关注西部地区人民对基本公共服务供给情况改善的诉求，解决制度安排与内容供需错配等问题，以“人民的需求和期望”作为改进公共部门产品与服务的指引，将与公共服务密切配合、有序衔接的生活服务同步纳入，作为公共服务体系的有益补充。生活服务完全可以通过市场配置资源，满足人民群众多样化、个性化、高品质的健康、养老、托育、文化、旅游、广电、体育、家政等服务需求。政府不直接提供这类服务，而是通过开放市场并加强监管，营造公平竞争的市场环境，鼓励和引导社会力量举办和经营，培育壮大市场主体，增加服务供给，强化服务标准，做大服务品牌，引导相关行业规范、可持续发展。统筹考虑基本公共服务、非基本公共服务、生活服务，使三者有机衔接又各有侧重，既有利于在保基本、促普惠的基础上更好满足广大人民群众对美好生活的新需要，让生活服务成为今后公共服务提质升级的蓄水池、储备库，也有利于引导各地区、各有关部门厘清权责边界、区分轻重缓急，尽力而为、量力而行，科学、合理地推进公共服务体系建设，推动基本公共服务由效率优位向质量优位转变，由人人可及转向人人满意、人人幸福，真正达到提质增效的要求。

典型案例 吉木萨尔县“健康+养生”农村互助养老模式

2014 年，新疆昌吉回族自治州吉木萨尔县三台镇建立了互助幸福院，为 75 位 60 岁以上的留守、空巢和孤寡老人提供住所，住宿设施包括 40 平方米的单人间和 50 平方米的双人间，附带约 10 平方米的菜园，以此推广“健康+养生”的农村互助养老模式。自2014年互助幸福院成立以来，吉木萨尔县将农村社会养老服务工作纳入民生保障规划的重点内容，积极探索解决农村养老难题的具体方案，整合6000余万元援疆、安居富民以及民政资金，截至2024年，陆续建立了12家农村互助幸福院，覆盖全县8个乡镇、27个村，总计为580多户900多名农村老年人提供服务。

为了确保幸福院的有效管理，2020年吉木萨尔县出台了专门的管理办法，为互助幸福院的规范化管理提供了制度保障，明确了三点：一是院长及院委会委员由院民选举产生并负责日常管理；二是入住前须由老人或其赡养人向村委会提出书面申请，经审核后方可入住；三是院内老人相互服务，互助养老，日常开支和生活需求由老人自理或子女保障。到2024年，吉木萨尔县民政局成功争取到厦门市450万元援疆资金，用于建设老台乡二期互助幸福院。预计全县的农村互助幸福大院将增至13所，提供1200张养老床位。未来计划进一步强化院委会管理，扩展养老服务功能，加强助餐、助医、助洁服务，实施适老化改造，丰富老年人的精神文化生活，并有效整合社工、志愿者等社会资源，形成“政府主导、民主管理、自我保障、互助服务、社会参与”的互助养老模式（王薇，2024）。

（三）保障重点人群民生兜底

西部大开发强调在乡村振兴中发挥好基本公共服务兜底和赋能的双重作用，巩固拓展社会保障兜底一批成果，完善农村社会保障和救助制度，增加农村教育、医疗等服务供给，为农民致富创造更有利的条件（刘旭等，2021）。为了加强和创新城乡社会治理，西部地区不断探索完善乡镇社会治理结构，强化党组织领导下的社区自治机制。此外，通过完善社会服务体系，政府正加快推广政府购买社会服务等市场化手段，以满足城乡群众的差异化服务需求。西部地区的社区服务体系和设施建设也在稳步推进，不断扩大服务覆盖面。对于低收入群体和需要特别帮扶的重点人群，西部地区通过社会保障和转移支付等手段，提供基本公共服务的兜底保障。在养老保险方面，健全养老保险制度体系，确保基本养老保险基金的长期平衡，并逐步提高城乡居民的基础养老金标准，以促进老年人的收入和生活水平的合理提升。残疾人帮扶制度也在逐步完善，以帮助残疾人普遍参与基本医疗和养老保险，并动态调整“两项补贴”，确保他们的基本生活需求得到满足。社会救助和慈善制度的优化也在进行中，通过再分配和三次分配的方式，健全基本生活救助和医疗、教育、住房等专项救助制度，以更好地扶助城乡低保对象、特殊困难人员和低收入家庭。总体而言，西部大开发战略通过一系列综合性措施，旨在提升农村地区的基本公共服务水平，加强社会保障体系，促进社会治理创新，提高养老服务质量，帮扶残疾人和低收入群体，以及优化社会救助制度，从而为乡村振兴和区域均衡发展提供坚实的基础。

（四）持续推动人力资本水平提升

《中华人民共和国国民经济和社会发展第十四个五年规划和 2035 年远景目标纲要》提出，把提升国民素质放在突出重要位置，构建高质量的教育体系和全方位全周期的健康体系，优化人口结构，拓展人口质量红利，提升人力资本水平和人的全面发展能力。西部大开发战略明确了增加教育、科技和文化卫生建设投入的倾斜性政策。通过加大对地方教育、科技、文化等民生公共物品的财政支出，旨在缓解西部地区公共服务供给的不足，改善经济发展的软环境。在教育领域，巩固义务教育基本均衡的成果，并推动其向优质均衡和城乡一体化发展，实现基本公共教育服务的均等化。同时，健全终身技能培训制度，增强职业技术教育的适应性，持续开展大规模职业技能培训，以有效增加人力资本积累，提升人力资本水平。在健康领域，深入实施健康中国行动，完善国民健康促进政策，加强国家公共卫生体系，为人民提供覆盖全生命周期的健康服务。这将对居民的心理和生理健康产生积极影响，从而提高劳动生产效率，增加个体收入水平，为增进民生福祉打下坚实的健康基础。总体而言，通过这些措施，西部大开发战略将促进西部地区的教育、科技、文化卫生等社会事业的发展，提高公共服务供给水平，优化人口结构，提升人力资本，为实现人的全面发展和增进民生福祉提供有力支撑（于井远和王金秀，2019）。

二、成效

《中共中央 国务院关于新时代推进西部大开发形成新格局的指导意见》围绕“坚持以人民为中心，把增强人民群众获得感、幸福感、安全感放到突出位置”的目标，强调了实现基本公共服务均等化对于西部地区发展的战略意义。党的二十大报告也提出“健全基本公共服务体系，提高公共服务水平，增强均衡性和可及性，扎实推进共同富裕”。[①]随着时代发展，西部地区的基本公共服务发展目标已经从简单的“有或无”、“均不均”转变为“优不优”。得益于一系列政策红利，特别是加快西部地区以保障和改善民生为重点的社会事业建设，西部地区已经构建起较为完备的基本公共服务供给体系，基础设施建设取得显著成就，教育、社会保障、医疗等社会事业实现全面进步。

从财政支出来看，西部地区民生财政支出总量持续增长，从 2011 年的 12 137.76 亿元增加到 2020 年的 33 195.69 亿元，年增长率达到 11.83%。随着基本公共服务体系的逐步完善，城镇化水平不断提高，医疗卫生、教育文化、社会保障等覆盖面持

① 《习近平：高举中国特色社会主义伟大旗帜 为全面建设社会主义现代化国家而团结奋斗——在中国共产党第二十次全国代表大会上的报告》，https://www.gov.cn/xinwen/2022-10/25/content_5721685.htm。

续扩大，欠发达地区面貌得到显著改善。基础设施的日益完善和产业结构的调整，促进了西部城市的人口聚集，加快了农民市民化的步伐。城镇化水平从 2000 年的 28.96%提高到 2017 年的 51.4%，年均提高 1.32 个百分点，增长幅度高于全国平均水平。这有效缓解了城乡二元结构对西部经济社会发展的制约。在收入增长方面，2019 年至 2023 年，西部地区全体居民收入增长与经济增长实现同步，增速明显高于东部地区。2023 年，西藏、甘肃、新疆的全体居民人均可支配收入分别增长 8.7%、7.5%和 7.0%，增速居全国前列。此外，西部地区的多层次社会保障体系逐步健全，城乡居民社会养老保险参保人数、医疗基础设施覆盖面、基本医疗保险参保率都有了大幅度提升，西部地区平均预期寿命明显提高。综上所述，西部大开发战略在新时代背景下，通过一系列政策措施，有效推动了西部地区的基本公共服务体系建设，促进了经济社会的全面发展，提高了人民的生活水平，为实现共同富裕和区域协调发展作出了重要贡献。

参 考 文 献

侯鲁梁. 1993. 毛泽东建军思想概论. 北京：解放军出版社.

刘旭等. 2021-11-05. 发挥基本公共服务兜底和赋能双重作用. 经济日报, (11).

孙鸿鹤. 2022-11-15. 提高公共服务水平 增强均衡性和可及性. 光明日报, (6).

王薇. 2024-03-22. 幸福院里幸福长：解锁吉木萨尔县“健康+养生”农村互助养老模式的“幸福密码”. 昌吉日报, (6).

王小霞等. 2022-09-21. 成都: 公共服务倍增的“幸福城”. 中国经济时报, (1).

吴梦婷. 2023-02-15. 城市书房让百姓乐享文化生活. 西海都市报, (8).

辛冲冲, 陈志勇. 2019. 中国基本公共服务供给水平分布动态、地区差异及收敛性 数量经济技术经济研究, 36 (8): 52-71.

徐增阳等. 2019-12-17. 新知新觉：不断提升公共服务水平. 人民日报, (9).

于井远, 王金秀. 2019. 区域性优惠政策有效缩小了城乡收入差距吗?——基于西部大开发的准自然实验分析. 经济问题探索, (8): 53-65.

张丽君, 巩蓉蓉, 吴本健. 2023. 西部大开发中的基本公共服务均等化：嬗变历程与路径展望.西北民族研究, (2): 129-143.

张三保, 康璧成, 张志学. 2020. 中国省份营商环境评价：指标体系与量化分析. 经济管理, 42(4): 5-19.

周真刚, 柏友恒. 2022. “三变”改革促进乡村振兴的问题、路径与方法: 基于六盘水市“三变”改革的调查. 贵州社会科学, (3):160-168.